高职高专"十三五"会计与财务管理专业系列规划教材

"互联网+"创新教育教材

江苏省高等学校精品教材

U0719687

纳税会计与申报

NASHUIKUAIJIYUSHENBAO

（第三版）

主　编　赵秀云

副主编　李　枫

西安交通大学出版社
XI'AN JIAOTONG UNIVERSITY PRESS

国 家 一 级 出 版 社
全国百佳图书出版单位

内 容 提 要

　　本书为满足高等职业教育教学改革的需要，以最新的税收法律、法规及财务会计准则为依据，结合纳税会计的实际工作，全面系统地阐述了各税种的计算、会计处理及纳税申报。

　　本书共包括6个项目。第一个项目为税务登记，包括开业税务登记、变更税务登记、注销税务登记、外出经营活动报验登记；第二个项目为流转税类的纳税会计与申报，包括增值税、消费税及关税的纳税会计与申报；第三至第五个项目为各种小税种的纳税会计与申报，包括印花税、资源税、房产税等的纳税会计与申报；第六个项目为所得税类的纳税会计与申报，包括企业所得税和个人所得税的纳税会计与申报。

　　本书注重实际操作，配有大量的实例，具有较强的实用性和可操作性。

　　本书可作为高职高专会计、会计电算化、税务代理等专业的教材，也可作为在职税务人员的岗位培训教材。

第三版前言
Foreword

本教材于 2010 年出版,2015 年进行了第一次修订。自 2015 年以来,我国税收法律制度进一步完善,出台了一系列新的税收政策。如:修订了《中华人民共和国增值税暂行条例》,发布了《增值税一般纳税人登记管理办法》;出台了支持小微企业发展的有关增值税和企业所得税的优惠政策,调整了增值税税率和小规模纳税人标准,修订了部分税的纳税申报表。2016 年 5 月 1 日,"营改增"在我国全面推开,自此,营业税退出历史舞台,部分会计科目也进行了调整。如:2016 年 5 月 1 日之前在"管理费用"科目中列支的"四小税"(房产税、城镇土地使用税、车船税、印花税),2016 年 5 月 1 日之后调整到"税金及附加"科目。

为适应我国税收相关法律法规的调整,满足教学的需要,我们对本教材进行了第二次修订。主要修订的内容如下:项目一进行了全部修订,尤其是开业税务登记部分内容;项目二主要对增值税的内容进行了修订,删去了营业税的内容;项目三主要对印花税的部分税率和纳税申报表进行了修订,对城市维护建设税和烟叶税进行了修订;项目四主要修订了资源税的税目税率表及纳税申报表,以及城镇土地使用税、土地增值税、耕地占用税的纳税申报表;项目五主要修订了房产税、契税、车船税的纳税申报表;项目六主要修订了企业所得税的部分内容,尤其是企业所得税纳税申报表。书中增加了部分数字资源,通过二维码即可查看部分最新税收规定。

修订后的教材保持了内容最新的特点,同时保留以下原有特色:

1.项目化体例

本书采用了项目化、任务驱动式的编写形式,共分为六个项目。每个项目中都有一个或多个是企业财会部门办税员业务岗位真实的工作任务,每个项目的完成都是按任务分析→任务操作→法理知识的顺序来编写的。项目的引入给出了学生应完成的任务,任务分析是为学生分析如何完成这个项目,法理知识给出了学生要完成这个任务需要的税收相关法律法规知识。

2.按项目组织内容

本书的内容按项目完成的步骤来组织,例如,增值税的进口货物的核算、出口退(免)税的核算、税法抽象的概念等都融于项目的完成过程,将枯燥的税法条文逐项落实到经济业务事项上,将会计和税收相关的理论知识分解嵌入各个办税项目中。为适应高职教学对象的特点,从实用性出发,我们编写了必备的法律法规知识和学生应拓展的知识,使学生能够有重点地学习。

本书由常州工程职业技术学院赵秀云担任主编,常州工程职业技术学院李枫担任副主编。具体分工如下:赵秀云对本书进行总纂定稿,并修订了项目一、项目二和项目六;李枫修订了项目三;商洛学院王怡修订了项目四;泰州职业技术学院朱鸿翔修订了项目五。

由于编者水平有限和时间仓促,书中难免会有疏漏和错误,恳请各位读者给予批评指正。

编　者

2018 年 5 月于常州

目 录
Contents

项目一　税务登记

学习目标

知识目标：了解纳税工作常识，熟悉税务登记的内容。

能力目标：能够为企业进行税务登记，能够为企业进行增值税一般纳税人的资格登记，能为企业领购发票。

项目描述

帝安白酒有限责任公司是独立核算的有限公司，适用企业会计准则，从业人数为 370 人，其中，残疾职工 8 人。统一社会信用代码：31320681R325W64066，邮政编码为 212003，电话为 0511-6484××××；开户行及账号：中国工商银行镇江分行长江路支行，账号 83200126000×××；主要产品：粮食白酒；公司有关人员的资料如下：

法定代表人：黄佳成　　电话：1352754××××　　身份证号：330904196608××××××

财务负责人：王伟昊　　电话：1352754××××　　身份证号：330904196809××××××

办　税　员：李阿五　　电话：1352754××××　　身份证号：330904197605××××××

营业执照如图 1-1 所示。

营业执照

统一社会信用代码：31320681R325W64066

名　　　　称：帝安白酒有限责任公司

住　　　　所：江苏省镇江市长江路×××号

法定代表人姓名：黄佳成　　　　　　　　注册资本：1000 万元

公　司　类　型：有限责任公司　　　　　实收资本：1000 万元

经　营　范　围：生产销售白酒、运输劳务

成　立　日　期：2016 年 10 月 15 日

营　业　期　限：2016 年 11 月 1 日至 2026 年 11 月 1 日

图 1-1　营业执照

帝安白酒有限责任公司 2016 年 10 月 15 日拿到营业执照,该公司主要生产销售粮食白酒,成立之初预计年销售额为 65 万元以上。该公司自设运输部门,一方面为企业销售的产品负责运输,另一方面也向社会承揽运输业务。2017 年 6 月,帝安白酒有限责任公司扩大经营范围,设立了非独立核算的酒店,一方面可以为本公司的客户提供食宿,另一方面也为社会提供服务。帝安白酒有限责任公司 2017 年 8 月 1 日,由江苏省镇江市长江路×××号搬迁至镇江市淮河路×××号,该公司的主管税务机关发生了变化。帝安白酒有限责任公司 2018 年 5 月 10 日在南京设立销售处,准备在南京销售自产的白酒。请代理帝安白酒有限责任公司办理税务登记,进行一般纳税资格的认定,确定帝安白酒有限责任公司领购发票的种类。

📖 项目分析

帝安白酒有限责任公司于 2016 年 10 月 15 日到镇江市工商行政管理局办理了营业执照,该公司在领取营业执照后,应办理开业税务登记,由于该公司的预计销售额超过了小规模纳税人的标准,可以申请认定为增值税一般纳税人。进行纳税人身份认定后,纳税人可以领购增值税专用发票。2017 年 6 月公司改变了经营范围,应进行变更税务登记。2017 年 8 月 1 日,公司变更了经营地址,按照我国企业登记注册的管理规定,该公司应办理注销税务登记。为此,帝安白酒有限责任公司需要完成以下任务。

任务一　开业税务登记

📝 任务分析

根据《中华人民共和国税收征收管理法》、《中华人民共和国税收征收管理法实施细则》和《税务登记管理办法》的规定:企业,企业在外地设立的分支机构和从事生产、经营的场所,个体工商户及从事生产、经营的事业单位,均应在取得营业执照后,向生产、经营所在地税务机关申报办理开业税务登记。税务登记是税务机关依据税法规定对纳税人的生产经营活动进行登记管理的一项基本制度,也是纳税人已经纳入税务机关监督管理的一项证明。税务机关对纳税人的经济活动进行登记,标志着企业整个纳税活动的开始,是税务机关对纳税人实施税收管理的基础工作。纳税人办理开业税务登记的工作步骤如图 1-2 所示。

👥 任务操作

> 第一步:确定帝安白酒有限责任公司进行开业税务登记的时间、地点

帝安白酒有限责任公司是 2016 年 10 月 15 日领取营业执照的,因此,从 10 月 15 日起 30 日内,到生产、经营所在地主管税务机关办理开业税务登记。如果纳税人所在地开通了新办企业涉税业务的网上办理业务,纳税人可登录所在地税务局电子税务局网站进行税务登记。

第一步	→	确定帝安白酒有限责任公司进行开业税务登记的时间、地点
第二步	→	帝安白酒有限责任公司填写单位纳税人税务登记信息
第三步	→	帝安白酒有限责任公司进行增值税一般纳税人资格登记
第四步	→	帝安白酒有限责任公司进行发票供票资格及最高开票限额的申请
第五步	→	帝安白酒有限责任公司申请税控设备及服务
第六步	→	帝安白酒有限责任公司与开户行签订委托扣款协议书
第七步	→	帝安白酒有限责任公司进行实名信息采集并取件

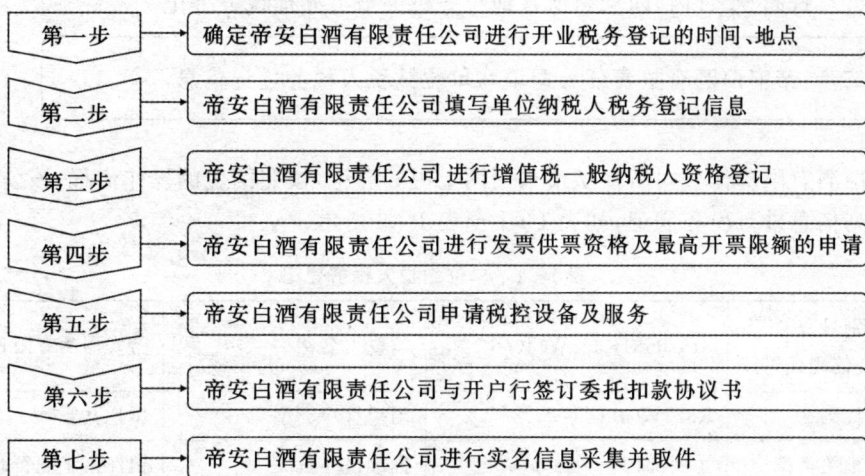

图1-2　纳税人办理开税登记的工作步骤

法理知识

《中华人民共和国税收征收管理法》、《中华人民共和国税收征收管理法实施细则》和《税务登记管理办法》规定：

一、开业税务登记的地点

企业，企业在外地设立的分支机构和从事生产、经营的场所，个体工商户和从事生产、经营的事业单位（以下统称从事生产、经营的纳税人），向生产、经营所在地税务机关申报办理税务登记。

二、开业税务登记的时间

（1）从事生产、经营的纳税人领取工商营业执照的，应当自领取工商营业执照之日起30日内申报办理税务登记。

（2）从事生产、经营的纳税人未办理工商营业执照但经有关部门批准设立的，应当自有关部门批准设立之日起30日内申报办理税务登记。

（3）从事生产、经营的纳税人未办理工商营业执照也未经有关部门批准设立的，应当自纳税义务发生之日起30日内申报办理税务登记。

（4）有独立的生产经营权、在财务上独立核算并定期向发包人或者出租人上交承包费或租金的承包承租人，应当自承包承租合同签订之日起30日内，向其承包承租业务发生地税务机关申报办理税务登记。

（5）从事生产、经营的纳税人外出经营，自其在同一县（市）实际经营或提供劳务之日起，在连续的12个月内累计超过180天的，应当自期满之日起30日内，向生产、经营地税务机关申报办理税务登记。

（6）境外企业在中国境内承包建筑、安装、装配、勘探工程和提供劳务的，应当自项目合同或协议签订之日起 30 日内,向项目所在地税务机关申报办理税务登记。

> 第二步:帝安白酒有限责任公司填写单位纳税人税务登记信息

帝安白酒有限责任公司所在城市采用网上税务登记,按照网上的操作流程,该公司在网上填报了下列信息进行税务登记,如表 1-1 至表 1-5 所示。

表 1-1 单位纳税人税务登记

纳税人识别号 (统一社会信用代码)	31320681R325W64066	纳税人名称	帝安白酒有限责任公司	
组织机构代码	R325W6406	国地管户类型	国地共管	
批准设立机关类型	工商部门	批准设立机关	镇江市工商行政管理局	
开业设立日期	2016/10/15	法定代表人(负责人)名称	黄佳成	
法定代表人证件种类	身份证	法定代表人身份证号码	330904196608×××××	
登记注册类型	有限责任公司	从业人数	370	
注册地联系电话	0511-6484××××	注册地邮编	212003	
生产经营地联系电话	0511-6484××××	生产经营地邮编	212003	
注册地址	江苏省镇江市长江路××号			
注册地址所在行政区划	镇江市			
生产经营地址	江苏省镇江市长江路××号			
生产经营行政区划	镇江市			
经营范围	生产销售白酒、运输劳务			
国标行业(主)	行业门类	行业大类	行业中类	行业小类
	C	15	151	1512
国标行业(附可多选)	C1512 白酒制造			
证照名称	企业法人营业执照(公司)	证照号码	31320681R325W64066	
单位性质	企业	隶属关系	县市	
适用会计制度	企业会计准则	总分机构类型	非总分机构	
纳税人所处街乡	长江路×××号	核算方式	独立核算自负盈亏	
经办人	李阿五	负责人	黄佳成	

表 1-2 相关人员信息

法定代表人信息	法定代表人名称	身份证件种类	身份证件号码	固定电话	移动电话	电子邮箱
	黄佳成	身份证	330904196608××××××		1352754××××	
财务负责人信息	财务负责人名称	身份证件种类	身份证件号码	固定电话	移动电话	电子邮箱
	王伟昊	身份证	330904196809××××××		1352754××××	
办税人信息	办税人名称	身份证件种类	身份证件号码	固定电话	移动电话	电子邮箱
	李阿五	身份证	330904197605××××××		1352754××××	
税务代理人信息	纳税人识别号	税务代理人姓名	联系电话	电子邮箱		

表 1-3 注册资本投资总额信息

国有控股类型	其他	自然人投资比例(%)	100				
外资投资比例(%)		国有投资比例(%)					
注册资本(元)	10 000 000	注册资本币种	人民币				
投资总额(元)	10 000 000	投资总额币种	人民币				
投资方信息							
序号	证件种类	证件号码	投资方名称	投资方经济性质	投资比例(%)	国籍	地址
1							
2							
3							

表 1-4 总分机构信息

总机构纳税人识别号		总机构法定代表人姓名	
总机构名称		总机构注册地址邮编	
总机构联系电话		总机构经营范围	
总机构注册地址			
分机构信息			
序号	分支机构纳税人识别号	分支机构名称	分支机构注册地址	
1				
2				
3				

表 1-5　银行账户和财务制度备案

纳税人识别号 (统一社会信用代码)	31320681R325W64066	纳税人名称	帝安白酒有限责任公司
财务、会计制度名称	企业会计准则	有效期起	
低值易耗品摊销方法名称	直线摊销法		
折旧方法(大类)名称	直线法		
折旧方法(小类)名称	平均年限法		
成本核算方法名称	品种法		
会计核算软件名称		会计核算软件版本号	
会计核算软件启用时间		会计核算软件数据库类型	

财务会计制度备案-会计报表情况			
序号	会计报表名称	会计报表类型	报送属期
1	资产负债表	季报表	15 日
2	利润表	季报表	15 日
3	现金流量表	季报表	15 日
4	所有者权益 (股东权益)	季报表	15 日

纳税存款账户账号报告表						
1 存款账户	账户性质	登记地址	银行种类	开户银行	账户名称	账号
	基本存款账户	镇江市	中国工商银行	长江路支行	帝安白酒有限责任公司	83200126000×××
	开户日期	币种	缴税账户	一般退税账户	出口退税账户	其他账户
	2016/10/18	人民币	是			
2 存款账户	账户性质	登记地址	银行种类	开户银行	账户名称	账号
	开户日期	币种	缴税账户	一般退税账户	出口退税账户	其他账户

法理知识

《中华人民共和国税收征收管理法》、《中华人民共和国税收征收管理法实施细则》和《税务登记管理办法》规定：

纳税人领取税务登记表或者注册税务登记表后，应当按照规定内容逐项如实填写，并加盖企业印章，经法定代表人签字或业主签字后，将税务登记表或者注册税务登记表报送主管国家税务机关。

企业在外地设立的分支机构或者从事生产、经营的场所，还应当按照规定内容逐项如实填报总机构名称、地址、法定代表人、主要业务范围、财务负责人等。

> 第三步：帝安白酒有限责任公司进行增值税一般纳税人资格登记

填写完第二步的表格后，进入增值税纳税人类型的确认，帝安白酒有限责任公司符合增值税一般纳税人的条件，选择为一般纳税人，填写主营业务类型。

法理知识

纳税人是我国税收法律制度的构成要素，也称纳税主体，主要是指履行纳税义务的法人、自然人及其他组织。征税对象是指对什么征税，指税收法律关系中征纳双方权利义务所指向的物或行为。

由于增值税实行凭增值税专用发票抵扣税款的制度，因此要求增值税纳税人会计核算健全，并能够准确核算销项税额、进项税额和应纳税额。目前我国众多纳税人的会计核算水平参差不齐，加上某些经营规模小的纳税人因其销售货物或提供应税劳务的对象多是最终消费者而无须开具增值税专用发票，为了严格增值税的征收管理，《中华人民共和国增值税暂行条例》将纳税人按其经营规模大小及会计核算健全与否划分为一般纳税人和小规模纳税人。

增值税纳税人，年应税销售额超过财政部、国家税务总局规定的小规模纳税人标准的，除按照政策规定，选择按照小规模纳税人纳税的，以及年应税销售额超过规定标准的其他个人外，应当向主管税务机关办理一般纳税人登记。

年应税销售额未超过规定标准的纳税人，会计核算健全，能够提供准确税务资料的，可以向主管税务机关办理一般纳税人登记。

年应税销售额超过小规模纳税人标准的其他个人按小规模纳税人纳税；非企业性单位、不经常发生应税行为的企业可选择按小规模纳税人纳税。

《财政部 税务总局关于统一增值税小规模纳税人标准的通知》规定，自2018年5月1日起，增值税小规模纳税人标准为年应征增值税销售额500万元及以下。按照《中华人民共和国增值税暂行条例实施细则》第二十八条规定已登记为增值税一般纳税人的单位和个人，在2018年12月31日前，可转登记为小规模纳税人，其未抵扣的进项税额作转出处理。

> 第四步：帝安白酒有限责任公司进行发票供票资格及最高开票限额的申请

帝安白酒有限责任公司选择为一般纳税人后，应选择发票资格，申请最高开票限额，填写表1-6。

表 1-6 发票供票资格及最高开票限额申请表

纳税人名称	帝安白酒有限责任公司	纳税人社会统一代码	31320681R325W64066
增值税专用发票最高开票	1 万元		
票种核定	发票种类	申请联次	份数
	增值税普通发票	2	5
	增值税专用发票	3	20
购票人员姓名	李阿五	联系电话	1352754××××
身份证件类型	身份证	身份证号码	330904197605×××××

法理知识

发票是指一切单位和个人在购销商品、提供劳务或接受劳务、服务以及从事其他经营活动,所提供给对方的收付款的书面证明,是财务收支的法定凭证,是会计核算的原始依据,也是审计机关、税务机关执法检查的重要依据。

发票分电脑版发票、手写版发票;专用发票、普通发票;行业发票、定额发票;等等。我国的发票主要包括以下几种类型:

1. 增值税专用发票

增值税专用发票是由国务院税务主管部门确定的企业印制的,供一般纳税人在购销过程中使用的原始凭证。增值税专用发票是我国实施新税制的产物,是国家税务部门根据增值税征收管理需要而设定的,专用于纳税人销售或者提供增值税应税项目的一种发票。专用发票既具有普通发票所具有的内涵,同时还具有比普通发票更特殊的作用。它不仅是记载商品销售额和增值税税额的财务收支凭证,而且是兼记销货方纳税义务和购货方进项税额的合法证明,是购货方据以抵扣税款的法定凭证,对增值税的计算起着关键性作用。

2. 普通发票

普通发票是针对增值税专用发票而言的,其他的增值税发票均为增值税普通发票,包括工业企业专用发票,商业企业专用发票,汽车修理业专用发票,免税农产品购凭证等等;普通发票主要由营业税纳税人和增值税小规模纳税人使用,增值税一般纳税人在不能开具专用发票的情况下也可使普通发票。普通发票由行业发票和专用发票组成。前者适用于某个行业和经营业务,如商业零售统一发票、商业批发统一发票、工业企业产品销售统一发票等;后者仅适用于某一经营项目,如广告费用结算发票,商品房销售发票等。

3. 专业发票

专业发票是指国有金融、保险企业的存贷、汇兑、转账凭证,保险凭证;国有邮政、电信企业的邮票、邮单、话务、电报收据,国有铁路、国有航空企业和交通部门、国有公路、水上运输企业的客票、货票等。

普通发票的基本联次为三联:第一联为存根联,开票方留存备查用;第二联为发票联,收执方作为付款或收款原始凭证;第三联为记账联,开票方作为记账原始凭证。增值税专用发票由基本联次或者基本联次附加其他联次构成,基本联次为三联:发票联、抵扣联和记账联。最高开票限额由一般纳税人申请,税务机关依法审批。最高开票限额为 10 万元及以下的,由区县级税务机关审批；最高开票限额为 100 万元的，由地市级税务机关审批；最高开票限额为 1 000 万元及以上的，由省级税务机关审批。

发票的基本内容包括：发票的名称、发票代码和号码、联次及用途、客户名称、开户银行及账号、商品名称或经营项目、计量单位、数量、单价、大小写金额、开票人、开票日期、开票单位：（个人）名称（章）等。

属于下列情形之一的，不得开具增值税专用发票：①应税销售行为的购买方为消费者个人的；②发生应税销售行为适用免税规定的。

试点地区的小规模纳税人，月销售额超过 3 万元（或季销售额超过 9 万元）的增值税小规模纳税人发生增值税应税行为，需要开具增值税专用发票的，可以通过增值税发票管理新系统自行开具；其他增值税小规模纳税人（以下简称小规模纳税人）需要开具专用发票的，可向主管税务机关申请代开。

依法办理税务登记的单位和个人，在领取税务登记证件后，向主管税务机关申请领购发票。

需要临时使用发票的单位和个人，可以凭购销商品、提供或者接受服务以及从事其他经营活动的书面证明、经办人身份证明，直接向经营地税务机关申请代开发票。依照税收法律、行政法规规定应当缴纳税款的，税务机关应当先征收税款，再开具发票。税务机关根据发票管理的需要，可以按照国务院税务主管部门的规定委托其他单位代开发票。

临时到本省、自治区、直辖市以外从事经营活动的单位或者个人，应当凭所在地税务机关的证明，向经营地税务机关领购经营地的发票。临时在本省、自治区、直辖市以内跨市、县从事经营活动领购发票的办法，由省、自治区、直辖市税务机关规定。

税务机关对外省、自治区、直辖市来本辖区从事临时经营活动的单位和个人领购发票的，可以要求其提供保证人或者根据所领购发票的票面限额以及数量交纳不超过 1 万元的保证金，并限期缴销发票。按期缴销发票的，解除保证人的担保义务或者退还保证金；未按期缴销发票的，由保证人或者以保证金承担法律责任。税务机关收取保证金应当开具资金往来结算票据。

需要领购发票的单位和个人，应当持税务登记证件、经办人身份证明、按照国务院税务主管部门规定式样制作的发票专用章的印模，向主管税务机关办理发票领购手续。主管税务机关根据领购单位和个人的经营范围和规模，确认领购发票的种类、数量以及领购方式，在 5 个工作日内发给发票领购簿。

购票申请报告经有权国家税务机关审查批准后，购票者应当领取国家税务机关核发的发票领购簿，根据核定的发票种类、数量以及购票方式，到指定的国家税务机关购领发票。单位或个人购买专用发票的，还应当场在发票联和抵扣联上加盖发票专用章或财务印章等章戳。有固定生产经营场所、财务和发票管理制度健全，发票使用量较大的单位，可以申请印有本单位名称的普通发票；如普通发票式样不能满足业务需要，也可以自行设计本单位的普通发票样式，报省辖市国家税务局批准，按规定数量、时间到指定印刷厂印制。自行印制的发票应当交主管国家税务机关保管，并按前款规定办理领购手续。

任何单位和个人不得有下列虚开发票行为：①为他人、为自己开具与实际经营业务情况不符的发票；②让他人为自己开具与实际经营业务情况不符的发票；③介绍他人开具与实际经营业务情况不符的发票。

第五步：帝安白酒有限责任公司申请税控设备及服务

　　帝安白酒公司可自行选择在线或线下申请税控设备。如果选择线下申请，可在税务机关完成审批后，根据发放的"增值税税控系统安装使用告知书"（见图 1 - 3）自行办理税控设备。选择在线申请税控设备，先选择税控服务单位，然后填写联系人及联系方式。

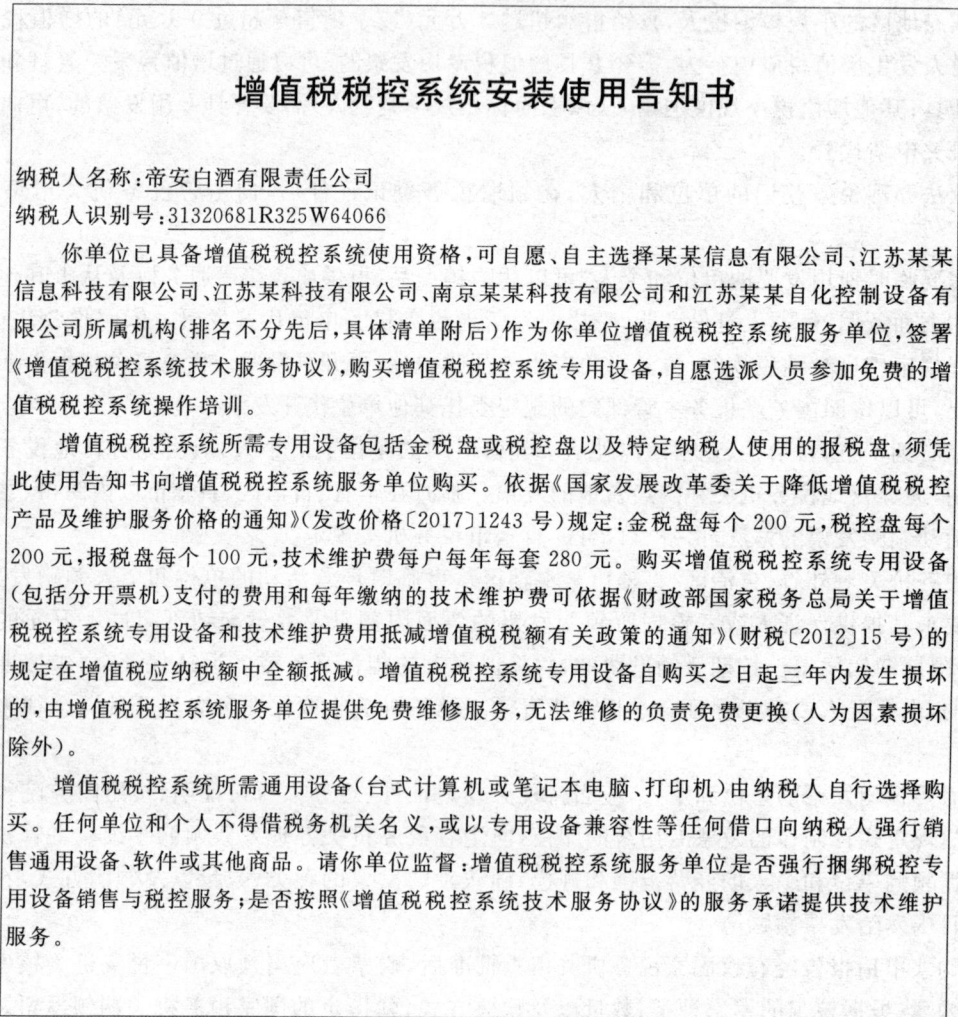

增值税税控系统安装使用告知书

纳税人名称：帝安白酒有限责任公司
纳税人识别号：31320681R325W64066

　　你单位已具备增值税税控系统使用资格，可自愿、自主选择某某信息有限公司、江苏某某信息科技有限公司、江苏某科技有限公司、南京某某科技有限公司和江苏某某自化控制设备有限公司所属机构（排名不分先后，具体清单附后）作为你单位增值税税控系统服务单位，签署《增值税税控系统技术服务协议》，购买增值税税控系统专用设备，自愿选派人员参加免费的增值税税控系统操作培训。

　　增值税税控系统所需专用设备包括金税盘或税控盘以及特定纳税人使用的报税盘，须凭此使用告知书向增值税税控系统服务单位购买。依据《国家发展改革委关于降低增值税税控产品及维护服务价格的通知》（发改价格〔2017〕1243 号）规定：金税盘每个 200 元，税控盘每个 200 元，报税盘每个 100 元，技术维护费每户每年每套 280 元。购买增值税税控系统专用设备（包括开分开票机）支付的费用和每年缴纳的技术维护费可依据《财政部国家税务总局关于增值税税控系统专用设备和技术维护费用抵减增值税税额有关政策的通知》（财税〔2012〕15 号）的规定在增值税应纳税额中全额抵减。增值税税控系统专用设备自购买之日起三年内发生损坏的，由增值税税控系统服务单位提供免费维修服务，无法维修的负责免费更换（人为因素损坏除外）。

　　增值税税控系统所需通用设备（台式计算机或笔记本电脑、打印机）由纳税人自行选择购买。任何单位和个人不得借税务机关名义，或以专用设备兼容性等任何借口向纳税人强行销售通用设备、软件或其他商品。请你单位监督：增值税税控系统服务单位是否强行捆绑税控专用设备销售与税控服务；是否按照《增值税税控系统技术服务协议》的服务承诺提供技术维护服务。

图 1 - 3　增值税税控系统安装使用告知书

第六步：帝安白酒有限责任公司与开户行签订委托扣款协议书

　　帝安白酒有限责任公司进行税务登记后，要与开户银行签订委托扣缴税款的协议书。

委托银行扣缴税款协议书

主管税务机关： 镇江市京口区国家税务局 镇江市京口区地方税务局(甲方)

纳　税　人： 帝安白酒有限责任公司 　　　　　　　　(乙方)

纳税人开户银行(到开户网点)：中国工商银行镇江分行长江路支行(丙方)

为简化办税程序,方便纳税人完成缴税义务,确保税款安全,提高税款征收、入库效率,经甲、乙、丙三方共同协商,达成如下协议:

一、乙方自愿采用银行扣缴税款方式缴纳税(费)款(含基金、社保费,下同)。

二、甲、乙、丙三方应当共同遵守《中华人民共和国税收征收管理法》《中华人民共和国合同法》及《中华人民共和国金库管理条例》。

三、乙方依照国家法律法规规定完成纳税申报后,其电子缴款信息通过财税库银联网系统实时传至中国人民银行国库信息处理系统(TIPS),并由该系统自动将乙方应缴税(费)款信息传到丙方,丙方根据接收到的乙方缴税(费)款信息,将乙方应缴税(费)款及时划缴至人民银行清算国库,并实时将划缴税(费)款信息通过(TIPS)系统传至甲方。

四、乙方在当地选择一家商业银行网点开立缴税(费)款账户。纳税人财税库银联网缴税(费)款账户须经丙方确认方能生效。

五、缴税(费)款账户一经确定,原则上不得变更。若乙方确需变更名称、账户账号、主管税务机关时,应提前5个工作日向甲方、丙方同时提出变更申请,并重新签订"协议书"。

六、乙方、丙方应保证缴税(费)款账户的真实性、有效性,丙方应保证乙方账户资金安全,甲方、丙方应依法为乙方缴税(费)款信息保密。

七、乙方在办理缴款涉税事项时,应保证缴税(费)款内有足够存款余额,并能正常结算。因乙方缴税(费)款账户资金余额不足造成丙方无法及时划缴税(费)款而导致逾期缴纳的,一切责任由乙方承担。

八、甲方、丙方应保证财税库银联网系统和各自业务处理系统正常运行、网络畅通及正确操作。因甲方、丙方业务系统、网络或操作原因导致丙方划缴税(费)款错误、失败的,在查明原因后,分别由问题方承担相关责任。因不可抗力造成系统瘫痪,三方应按应急预案规定办理,未按应急预案办理的,由过错方承担责任。因系统网络故障造成账务差错的,由甲方、丙方依据有关规定进行纠正。

九、乙方申报并缴税(费)款成功后,可登录国税和地税网上办税服务厅自行打印电子缴款凭证,以此作为缴纳税款的会计核算凭证;也可由丙方出具"电子缴税付款凭证",丙方应根据甲方传送的电子缴款书凭证打印"电子缴税付款凭证",并加盖银行收讫章,以此作为缴纳税款的会计核算凭证。乙方若需甲方开具正式完税,可到甲方办税服务厅换开。

十、税(费)款扣缴成功后,丙方保证将当天成功扣缴的所有税(费)款,全部划解到国库,不得占压。

十一、因甲方或丙方工作失误造成国家税款或乙方损失的,由责任方承担责任。

十二、除国家法律法规另有规定外,本协议将长期有效。乙方如注销税务登记,本协议即自行终止。乙方有正当理由需解除协议时,应提前通知甲方、丙方,并向甲方申报新的纳税方式。

十三、在协议有效期内发生纠纷,甲、乙、丙三方应协商解决。经协商后仍不能解决的,相关当事人可根据有关法律、法规申请复议、仲裁或诉讼。

十四、本协议自甲、乙、丙三方签章之日起生效。协议书一式四份,甲、乙、丙三方各执一份,均具同等法律效力。

国税征收机关代码:13200000000   协议书号:G_____

地税征收机关代码:23200000000   协议书号:D_____

以下资料由乙方填写确认:

乙方电话:_____1352754×××××_____

乙方统一社会信用代码:_____31320681R325W64066_____

乙方社保代码:_____略_____

乙方缴税(费)账户全称:_____中国工商银行镇江分行长江路支行_____

乙方缴税(费)账号:_____83200126000××××_____

以下资料由丙方(纳税人开户银行)填写确认:

乙方银行行号(大额支付系统行号):_____略_____

乙方缴税(费)专用账号:_____83200126000××××_____

乙方清算行行号(大额支付系统行号):_____略_____

甲方(印章):国税(盖章)   地税(盖章)

乙方(印章和银行预留印鉴)   丙方(印章):

乙方负责人:黄佳成   丙方负责人:李某某

2016 年 10 月 22 日   2016 年 10 月 22 日

附:协议书号为信用代码

图 1-4 委托银行扣缴税款协议

第七步:帝安白酒有限责任公司进行实名信息采集并取件

帝安白酒公司税务登记成功后,会收到税务机关取件和所需要携带的取件资料等信息,并要到税务大厅进行实名信息采集和取件。

任务二　变更税务登记

任务分析

根据《中华人民共和国税收征收管理法》、《中华人民共和国税收征收管理法实施细则》和《税务登记管理办法》的规定,企业、企业在外地设立的分支机构等,如果发生了企业名称改变、法人代表改变、住所等改变时,应当办理变更税务登记。纳税人办理变更税务登记的工作步骤如图1-5所示。

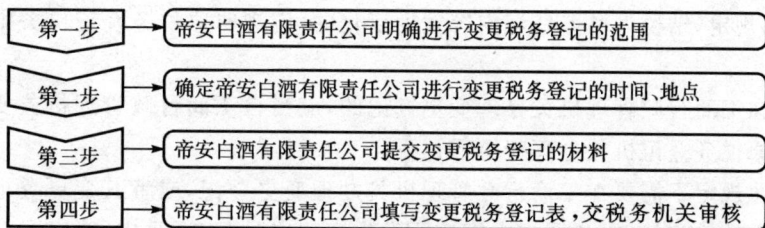

第一步	→	帝安白酒有限责任公司明确进行变更税务登记的范围
第二步	→	确定帝安白酒有限责任公司进行变更税务登记的时间、地点
第三步	→	帝安白酒有限责任公司提交变更税务登记的材料
第四步	→	帝安白酒有限责任公司填写变更税务登记表,交税务机关审核

图1-5　纳税人办理变更税务登记的工作步骤

任务操作

第一步:帝安白酒有限责任公司明确进行变更税务登记的范围

2017年6月,帝安白酒有限责任公司扩大生产经营规模,设立了非独立核算的酒店,应办理变更税务登记。

法理知识

《中华人民共和国税收征收管理法》、《中华人民共和国税收征收管理法实施细则》和《税务登记管理办法》规定纳税人发生下列行为应办理变更登记:

(1)纳税人改变名称;(批准变更名称的证明)

(2)法定代表人或者业主姓名改变;(新代表人的任命文件及身份证)

(3)经济类型、经济性质改变;(变更经济性质的批准证明书或其他证明文件)

(4)住所或者经营地点(指不涉及改变主管国家税务机关)改变;(新场地的使用证明)

(5)生产经营范围或经营方式的改变;

(6)开户银行及账号;

(7)增设或撤销分支机构;

(8)增减注册资本;(验资报告)

(9)改变隶属关系;

(10)生产经营期限改变。

第二步：确定帝安白酒有限责任公司进行变更税务登记的时间、地点

帝安白酒有限责任公司应先去镇江市工商行政管理机关办理变更登记，自工商行政管理机关变更登记之日起 30 日内，持工商行政管理机关批准的变更登记资料到原税务机关办理税务登记。

法理知识

《中华人民共和国税收征收管理法》、《中华人民共和国税收征收管理法实施细则》和《税务登记管理办法》规定，纳税人税务登记内容发生变化的，应当向原税务登记机关申报办理变更税务登记。

纳税人已在工商行政管理机关办理变更登记的，应当自工商行政管理机关变更登记之日起 30 日内，向原税务登记机关办理变更登记。

纳税人按照规定不需要在工商行政管理机关办理变更登记，或者其变更登记的内容与工商登记内容无关的，应当自税务登记内容实际发生变化之日起 30 日内，或者自有关机关批准或者宣布变更之日起 30 日内，到原税务登记机关申报办理变更税务登记。

第三步：帝安白酒有限责任公司提交变更税务登记的材料

帝安白酒有限责任公司应提交工商登记变更表及工商营业执照、纳税人变更登记内容的有关证明文件及其他有关资料。

法理知识

《中华人民共和国税收征收管理法》、《中华人民共和国税收征收管理法实施细则》和《税务登记管理办法》规定：

纳税人已在工商行政管理机关办理变更登记的，应当自工商行政管理机关变更登记之日起 30 日内，向原税务登记机关如实提供下列证件、资料，申报办理变更税务登记：

(1)工商登记变更表及工商营业执照；

(2)纳税人变更登记内容的有关证明文件；

(3)其他有关资料。

纳税人按照规定不需要在工商行政管理机关办理变更登记，或者其变更登记的内容与工商登记内容无关的，应当自税务登记内容实际发生变化之日起 30 日内，或者自有关机关批准或者宣布变更之日起 30 日内，持证件到原税务登记机关申报办理变更税务登记。

第四步：帝安白酒有限责任公司填写变更税务登记表，交税务机关审核

帝安白酒有限责任公司提交上述资料后，税务机关审核同意后，填写变更税务登记表，如表 1-7 所示。

表1-7 变更税务登记表

纳税人名称	帝安白酒有限责任公司		统一社会信用代码	31320681R325W64066
变更登记事项				
序号	变更项目	变更前内容	变更后内容	批准机关名称及文件
1	生产经营范围	生产销售白酒、运输劳务	生产销售白酒、运输劳务、酒店服务	市工商管理局

送缴证件情况:工商登记变更表、工商营业执照

纳税人

经办人:李阿五　　　　法定代表人(负责人):黄佳成　　　　纳税人(签章)

2017年6月××日　　　2017年6月××日　　　　　　2017年6月××日

经办税务机关审核意见:

经办人:　　　　　　负责人:　　　　　　税务机关(签章)

年 月 日　　　　　年 月 日　　　　　年 月 日

法理知识

《中华人民共和国税收征收管理法》、《中华人民共和国税收征收管理法实施细则》和《税务登记管理办法》规定:

纳税人提交的有关变更登记的证件、资料齐全的,应如实填写税务登记变更表,符合规定的,税务机关应当日办理;不符合规定的,税务机关应通知其补正。

纳税人报送资料齐全,税务机关向纳税人发放变更税务登记表一式两份,纳税人应于7日内将填写完毕的变更税务登记表交税务机关审核。

任务三　注销税务登记

任务分析

根据《中华人民共和国税收征收管理法》、《中华人民共和国税收征收管理法实施细则》和《税务登记管理办法》的规定,纳税人发生解散、破产、撤销以及其他情形,依法终止纳税义务的,应向原税务登记机关申报办理注销税务登记。纳税人办理注销税务登记的工作步骤如图1-6所示。

第一步	→	帝安白酒有限责任公司明确注销税务登记的范围、时间及地点
第二步	→	帝安白酒有限责任公司提出注销税务登记的申请并提交材料
第三步	→	帝安白酒有限责任公司填写注销税务登记申请审批表
第四步	→	帝安白酒有限责任公司领取注销税务登记有有关批件
第五步	→	帝安白酒有限责任公司到淮河路重新办理税务登记

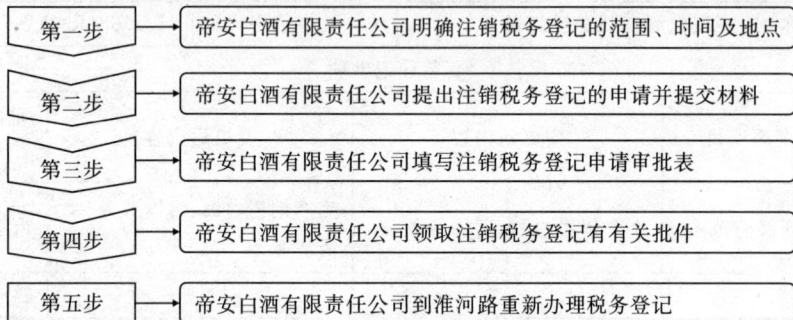

图 1-6　纳税人办理注销税务登记的工作步骤

任务操作

> **第一步:帝安白酒有限责任公司明确注销税务登记的范围、时间及地点**

帝安白酒有限责任公司 2017 年 8 月 1 日,由江苏省镇江市长江路×××号搬迁至镇江市淮河路×××号,该公司的主管税务机关发生了变化。依据《中华人民共和国税收征收管理法》、《中华人民共和国税收征收管理法实施细则》和《税务登记管理办法》规定,帝安白酒有限责任公司应办理注销税务登记。

法理知识

《中华人民共和国税收征收管理法》、《中华人民共和国税收征收管理法实施细则》和《税务登记管理办法》规定:

(1)纳税人发生破产、解散、撤销以及其他情形,依法终止纳税义务的,应当在向工商行政管理机关或者其他机关办理注销登记前,持有关证件和资料向原税务登记机关申报办理注销税务登记;按照规定不需要在工商行政管理机关或者其他机关办理注销登记的,应当自有权机关批准或者宣告终止之日起 15 日内,持有关证件和资料向原税务登记机关申报办理注销税务登记。

(2)纳税人因住所、经营地点变动,涉及改变税务登记机关的,应当在向工商行政管理机关或者其他机关申请办理变更或者注销工商登记前或者住所经营地点变动前,向原税务登记机关申报办理注销登记,并在 30 日内向迁达地税务机关申报办理税务登记。

(3)纳税人被工商行政管理机关吊销营业执照或者被其他机关予以撤销登记的,应当自营业执照被吊销或者被撤销登记之日起 15 日内,向原税务登记机关申报办理注销税务登记。

> **第二步:帝安白酒有限责任公司提出注销税务登记的申请并提交材料**

帝安白酒有限责任公司应向主管税务机关提出注销税务登记的申请,填写申请表,并提交材料,办理注销税务登记。

法理知识

《中华人民共和国税收征收管理法》、《中华人民共和国税收征收管理法实施细则》和《税务登记管理办法》规定,纳税人办理注销税务登记应提出申请并提交以下材料:

（1）申请办理注销税务登记的书面报告；

（2）主管部门或审批机关批准的文件；

（3）已领或已购买未用的发票、发票购买簿、缴款书；

（4）税务机关发的证件；

（5）税务机关要求提供的其他证明材料。

第三步:帝安白酒有限责任公司填写注销税务登记申请审批表

帝安白酒有限责任公司提出注销税务登记的申请后,税务机关审核同意,发给注销税务登记申请审批表。帝安白酒有限责任公司填写注销税务登记申请审批表(见表1-8)。同时,将已领购的或已购未用的发票、发票领购簿等税收票证交回税务机关审验核销。

表1-8 注销税务登记申请审批表

纳税人名称	帝安白酒有限责任公司		统一社会信用代码	31320681R325W64066
注销原因	经营地址迁移			
附送资料	营业执照			
	新场地的使用证明			
纳税人 经办人:李阿五 2017年7月25日	法定代表人(负责人):黄佳成 2017年7月25日		纳税人(签章) 2017年7月25日	
以下由税务机关填写				
受理时间	经办人: 年 月 日	负责人: 年 月 日		
清缴税款、滞纳金、罚款情况	经办人: 年 月 日	负责人: 年 月 日		
缴销发票情况	经办人: 年 月 日	负责人: 年 月 日		
税务检查意见	检查人员: 年 月 日	负责人: 年 月 日		

收缴税务证件情况	种类	税务登记证正本	税务登记证副本	临时税务登记证正本	临时税务登记证副本
	收缴数量				
	经办人：　　　　　负责人： 　　年 月 日　　　　　年 月 日				
批准意见	部门负责人：　　　　　税务机关（签章） 　　年 月 日　　　　　　年 月 日				

法理知识

《税务登记管理办法》规定：纳税人办理注销税务登记前，应当向税务机关提交相关证明文件和资料，结清应纳税款、多退（免）税款、滞纳金和罚款，缴销发票和其他税务证件，经税务机关核准后，办理注销税务登记手续。

> **第四步：帝安白酒有限责任公司领取注销税务登记的有关批件**

帝安白酒有限责任公司办理注销税务登记后，税务机关会核发注销税务登记通知书（见图1-7）和注销税务登记清税通知书（见图1-8）。

注销税务登记通知书

国税 〔170801〕 号

帝安白酒有限责任公司：

你单位报送的注销税务登记申请审批表经核批，准予注销。可凭此通知到有关部门办理其他手续。

主管税务机关（盖章）

2017 年 7 月 28 日

图 1-7　注销税务登记通知书

注销税务登记清税通知书

税销字第 1708012 号

长江路国税局：

纳税人帝安白酒有限责任公司于2017年7月25日申请注销税务登记，经我局审查，各项税务事宜均已办理完毕，准予注销税务登记。

特此证明

税务机关（印）

2017 年 7 月 28 日

附注销税务登记申请审批表一份

图 1-8　注销税务登记清税通知书

帝安白酒有限责任公司因生产、经营地点发生变化,改变了主管税务机关,在核准注销的同时,税务机关应签发纳税人迁移通知书,如图1-9所示。

纳税人迁移通知书

长江路国税 〔17080123〕 号

淮河路国税局:

　　我局所辖帝安白酒有限责任公司 31320681R325W64066(统一社会信用代码)因地址变更为镇江市淮河路×××号,迁往你局辖区,现该纳税人已于2017年7月31日终止在我局的纳税事项。

　　附:纳税人税收征管档案资料移交清单

税务机关(公章)

2017 年 7 月 28 日

图 1-9　纳税人迁移通知书

> **第五步:帝安白酒有限责任公司到淮河路重新办理税务登记**

帝安白酒有限责任公司凭纳税人迁移通知书、注销税务登记通知书、注销税务登记清税通知书到淮河路主管税务机关重新办理税务登记。长江路主管税务机关将"纳税人税收征管档案"附"纳税人税收征管档案资料移交清单"移交淮河路税务机关。帝安白酒有限责任公司向淮河路税务机关申请重新办理税务登记。

任务四　外出经营活动报验登记

任务分析

从事生产、经营的纳税人到外县(市)临时从事生产、经营活动的,应当持所在地税务机关填开的外出经营活动税收管理证明,向营业地税务机关报验登记,接受税务管理。在经营活动结束后向外出经营地税务机关申报核销。纳税人办理外出经营活动报验登记的工作步骤如图1-10所示。

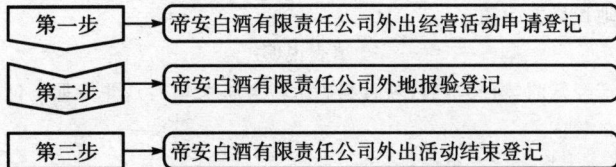

第一步	→	帝安白酒有限责任公司外出经营活动申请登记
第二步	→	帝安白酒有限责任公司外地报验登记
第三步	→	帝安白酒有限责任公司外出活动结束登记

图 1-10　纳税人办理外出经营活动报验登记的工作步骤

任务操作

> **第一步:帝安白酒有限责任公司外出经营活动申请登记**

　　帝安白酒有限责任公司要在 2018 年 5 月 10 日去南京从事销售业务,应在 2018 年 5 月 10 日之前,去镇江的主管税务机关申请开具"外出经营活动税收管理证明开具申请表"(见表 1-9)、"外出经营活动税收管理证明"(见表 1-10)。

表 1-9　外出经营活动税收管理证明开具申请表

☑ 新开　□ 续期

纳税人编码	374553805		项目编码	476
外出经营所在地市	南京		外出经营所在区县(镇)	江宁
外出经营负责人	葛丽	固定电话	44225678	移动电话	132567××××

纳税人声明:本表所填内容正确无误,所提交的证件、资料及复印件真实有效,如有虚假愿承担法律责任。

　　经办人:李阿五　　　　　　纳税人(签章)

以下由地税机关填写	
省内外出经营外管证有效日期	自 2018 年 5 月 10 日起至 2018 年 8 月 10 日

主管地税机关意见:

　　经办人:　　　　　负责人:　　　　　地税机关(签章)
　　年　月　日　　　　年　月　日　　　　年　月　日

　　备注:1.若纳税人到省内外出经营的,机构所在地主管地税机关将通过"大集中"征管系统传递电子版外管证至经营地主管地税机关,不需要向纳税人打印核发纸质版外管证。

　　2.纳税人在申请开具外管证后,在外出经营地进行生产经营前向经营地主管地税机关办理报验登记。

　　3.到省内外出经营的,应持有填表说明中的第一点提及的资料报验登记;外出经营活动结束时,应当在经营地地税机关结清税款、缴销发票,不需回机构地主管地税机关缴销外管证。到省外外出经营的,需持有的资料视经营地主管地税机关要求。外出经营活动结束后 10 天内,经外出经营地地税机关签章,纳税人应当持外管证回机构地主管地税机关缴销。

填表说明

　　1.纳税人在外出生产经营前,填写本表(项目编码由税务机关填写),并持如下证件和资料向机构所在地主管地税机关申请开具外管证:

　　(1)外出经营项目负责人身份证及复印件;

　　(2)外出经营项目的合同、协议等资料及复印件;

　　(3)主管地税机关要求提供的其他资料、证件。

　　2.纳税人原外管证到期但外出经营活动未结束,填写本表(项目编码由纳税人填写),并持如下证件和资料向机构所在地主管地税机关申请开具外管证:

　　(1)原外管证(出省经营的纳税人需提供);

　　(2)外出经营项目的合同、协议等资料及复印件。

表 1-10 外出经营活动税收管理证明

税外证〔××〕 号

纳税人名称	帝安白酒有限责任公司		统一社会信用代码	31320681R325W64066	
法定代表人(负责人)	黄佳成	身份证件名称	身份证	身份证件号码	330904196608××××××
税务登记地	镇江市淮河路×××号		外出经营地	南京	
登记注册类型	有限责任公司		经营方式	自营销售	

外出经营活动情况

应税劳务	劳务地点	有效期限	合同金额
		年 月 日至 年 月 日	
		年 月 日至 年 月 日	

货物名称	数量	销售地点	有效期限	货物总值
帝安白酒	15 吨	江宁区	2018 年 5 月 10 日至 2018 年 8 月 10 日	48 万元
			年 月 日至 年 月 日	

合同总金额	

税务登记地税务机关意见:

经办人: 负责人: 税务机关(签章)
    年 月 日   年 月 日   年 月 日

有效日期	自 年 月 日起至 年 月 日

以下由外出经营地税务机关填写

应税劳务	营业额	缴纳税款	使用发票名称	发票份数	发票号码
合计金额					

货物名称	销售数量	销售额	缴纳税款	使用发票名称	发票份数	发票号码
合计金额						

外出经营地税务机关意见:

经办人: 负责人: 税务机关(签章)
    年 月 日   年 月 日   年 月 日

使用说明

1. 本表依据《中华人民共和国税收征收管理法实施细则》第21条、《税务登记管理办法》第32条设置。

2. 适用范围：纳税人需要临时到外埠从事生产经营活动时使用。

3. 表中主要内容填表说明：

经营方式：填批发零售、工业加工、修理修配、建筑安装、服务、其他。

劳务地点：填劳务实际发生的地点。

4. 本表由纳税人在外出经营前向税务登记地税务机关领取并填写有关内容；到达外出经营地在开始经营前向外出经营地税务机关报验登记；外出经营活动结束后，经外出经营地税务机关签章，由纳税人持本表返税务登记地税务机关办理有关事项。

5. 本表一式三份，一份办税服务厅留存，一份交销售（收购）地税务机关留存，一份交销售（收购）地税务机关在纳税人经营活动结束后加盖公章后，再由纳税人返还原税务机关。

法理知识

《中华人民共和国税收征收管理法实施细则》和《税务登记管理办法》规定：纳税人到外县（市）临时从事生产经营活动的，应当在外出生产经营以前，持税务登记证副本向主管税务机关申请开具"外出经营活动税收管理证明"（以下简称外管证）。税务机关按照一地一证的原则，发放外管证，外管证的有效期限一般为30日，最长不得超过180天。从事生产、经营的纳税人外出经营，在同一地累计超过180天的，应当在营业地办理税务登记手续。

> **第二步：帝安白酒有限责任公司外地报验登记**

帝安白酒有限责任公司应在2018年5月10日之前，持外出经营活动税收管理证明，去南京主管税务机关进行外地报验登记。

法理知识

《中华人民共和国税收征收管理法实施细则》和《税务登记管理办法》规定：

纳税人应当在外管证注明地进行生产经营前向当地税务机关报验登记，并提交外管证。

纳税人在外管证注明地销售货物的，应如实填写"外出经营货物报验单"，申报查验货物。

> **第三步：帝安白酒有限责任公司外出活动结束登记**

帝安白酒有限责任公司应于南京结束销售活动时，向南京主管税务机关填报"外出经营活动情况申报表"，并结清税款、缴销发票。

法理知识

《中华人民共和国税收征收管理法实施细则》和《税务登记管理办法》规定：

纳税人外出经营活动结束，应当向经营地税务机关填报"外出经营活动情况申报表"，并结清税款、缴销发票。

纳税人应当在外管证有效期届满后10日内，持外管证回原税务登记地税务机关办理外管证缴销手续。

项目演练

心语化妆品有限责任公司是独立核算的有限公司，适用企业会计制度，从业人数为208人，邮政编码为512003，电话为0454－848××××；统一社会信用代码：210273452777700000；公司有关人员的资料如下：

法定代表人：蒋小伟　电话：1592754××××　身份证号：230804196608××××××

财务负责人：赵越超　电话：1592754××××　身份证号：230804196809××××××

办　税　员：陈　娟　电话：1592754××××　身份证号：230804197605××××××

营业执照如图1－13所示。

心语化妆品有限责任公司2017年8月2日拿到营业执照，该公司主要生产销售化妆品，成立之初预计年销售额为85万元以上。2018年3月心语化妆品有限责任公司，原法定代表人蒋小伟因贪污被免去工作，由束丽燕接任。心语化妆品有限责任公司2018年6月1日，由黑龙江省花海市化森路×××号搬迁至黑龙江省花海市花园路×××号，该公司的主管税务机关发生了变化。请代理心语化妆品有限责任公司办理税务登记，进行一般纳税人资格的登记，确定心语化妆品有限责任公司领购发票的种类。

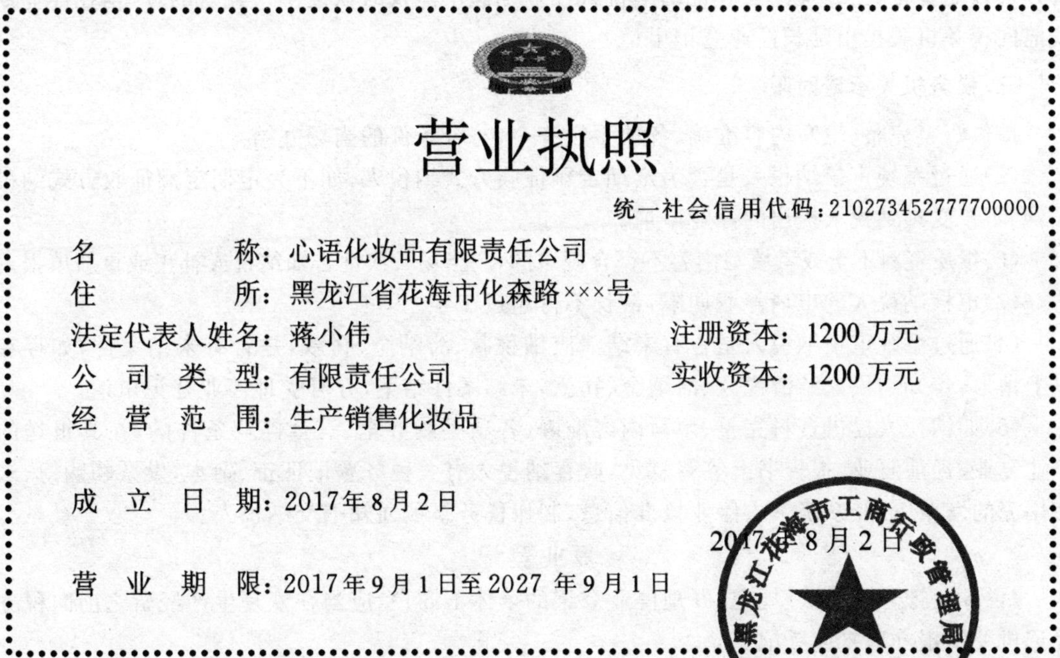

营业执照

统一社会信用代码：210273452777700000

名　　　　称：心语化妆品有限责任公司

住　　　　所：黑龙江省花海市化森路×××号

法定代表人姓名：蒋小伟　　　注册资本：1200万元

公　司　类　型：有限责任公司　　　实收资本：1200万元

经　营　范　围：生产销售化妆品

成　立　日　期：2017年8月2日

营　业　期　限：2017年9月1日至2027年9月1日

2017年8月2日

黑龙江花海市工商行政管理局

图1－11　营业执照

项目小结

通过本项目的学习,学生应该学会进行企业的税务登记。

拓展活动

停业登记

《税务登记管理办法》规定,实行定期定额征收方式的个体工商户需要停业的,应当在停业前向税务机关申报办理停业登记。

一、纳税人应提供主表、份数

(1)停业复业(提前复业)报告书(见表1–11)两份。

(2)发票领购簿及未使用的发票。

二、纳税人办理业务的时限要求

实行定期定额征收方式的个体工商户需要停业的,应当在发生停业的上月向税务机关申请办理停业登记;已办理停业登记的纳税人停业期满不能及时恢复生产经营的,应当在停业期满前向税务机关提出延长停业登记申请。

三、税务机关承诺时限

提供资料完整、填写内容准确、各项手续齐全,符合条件的当场办结。

(1)通过系统审核纳税人是否为定期定额征收方式纳税人,如不为定期定额征收方式纳税人,则不予受理纳税人提出的停业申请。

(2)纸质资料不全或者填写内容不符合规定的,应当场一次性告知纳税人补正或重新填报。

(3)审核纳税人的申请停业期限,最长不得超过1年。

(4)通过系统审核纳税人是否有未结清应纳税款、滞纳金、罚款,是否有未结案件,如存在以上情形,告知纳税人结清税款、滞纳金、罚款,未结案件结案,方可受理停业登记申请。

(5)如纳税人提供资料完整、填写内容准确、各项手续齐全、符合停业条件的,在其报送的停业复业(提前复业)报告书上签署意见,收存纳税人有关税务登记证正、副本,发票领购簿,未使用完的发票等;经系统录入停业核准信息,制作税务事项通知书交纳税人。

复业登记

《税务登记管理办法》规定,办理停业登记的个体工商户,应当在恢复生产经营之前向税务登记机关申报办理复业登记。

一、纳税人应提供资料

纳税人填写停业复业(提前复业)报告书,一式两份。

二、纳税人办理业务的时限要求

纳税人按核准的停业期限准期复业的,应当在停业到期前向税务机关申请办理复业登记;提前复业的,应当在恢复生产经营之前向税务机关申报办理复业登记。

三、税务机关承诺时限

提供资料完整、填写内容准确、各项手续齐全,符合条件的当场办结。准期复业的,以核准停业期满次日作为复业日期;提前复业的,以提前复业的日期作为复业日期;对停业期满未申请延期复业的纳税人,按准期复业处理,在系统中正确录入复业信息。

表 1-11 停业复业(提前复业)报告书

填表日期: 年 月 日

纳税人基本情况	纳税人名称			纳税人管理码			经营地点		
停业期限				复业时间					
缴回发票情况	种类	号码	本数	领回发票情况	种类	号码	本数		
缴存税务资料情况	发票领购簿	税务登记证	其他资料	领用税务资料情况	发票领购簿	税务登记证	其他资料		
	是(否)	是(否)	是(否)		是(否)	是(否)	是(否)		
结清税款情况	应纳税款	滞纳金	罚款	停业期是(否)纳税	已缴应纳税款	已缴滞纳金	已缴罚款		
	是(否)	是(否)	是(否)		是(否)	是(否)	是(否)		

纳税人(签章)

年 月 日

受理人: 受理日期: 年 月 日

说明:1.申请提前复业的纳税人在表头"提前复业"字样上划钩。

2.已缴还或领用税务资料的纳税人,在"是"字上划钩,未缴还或未领用税务资料的纳税人,在"否"字上划钩。

3.纳税人在停业期间有义务缴纳税款的,在"停业期是(否)纳税"项目的"是"字上划钩,然后填写后面内容;没有纳税义务的,在"停业期是(否)纳税"项目的"否"字上划钩,后面内容不用填写。

4.本表一式一份,由受理部门留存。

项目二　流转税类的纳税会计与申报

学习目标

知识目标：了解流转税的种类及特点，熟悉流转税的基本理论，掌握流转税的会计核算与申报。

能力目标：能够为企业进行流转税的会计核算，能够为企业进行流转税的纳税申报。

项目描述

帝安白酒有限责任公司下设一个烟、酒零售商店"帝安烟酒有限责任公司"，各个单位都独立核算，基本情况如下：

一、帝安白酒有限责任公司

(一)企业概况

企业名称：帝安白酒有限责任公司

企业性质：有限责任公司

企业地址：江苏省镇江市长江路×××号　电话：0511－6484××××

企业所属行业：工业企业

统一社会信用代码：31320681R325W64066

开户银行：中国工商银行镇江分行长江路支行　账号：83200126000××××

(二)具体业务

该公司生产白酒是以优质高粱为原料，以大麦、小麦、豌豆制作的高温火曲为发酵剂，白酒的成本为32 000元/吨。在销售过程中采用了直接收款、委托代销、分期付款等多种销售方式，客户可以采用自行提货或送货上门方式提货。该公司2017年11月无进项税留抵额，12月发生下列业务（下列单价为不含税价）：

(1)12月1日，以直接收款的方式向上海虹桥白酒批发公司销售白酒10吨，单价为40 000元/吨，开出增值税专用发票，为虹桥公司送货上门，收取运输费2 000元，开出普通发票，货物已发出。

(2)12月6日，帝安公司推出促销策略，销售旧包装白酒，购买10吨以内，按销售额的2%给予折扣；购买10至20吨，按销售额的5%给予折扣；购买20吨以上，按销售额的10%给予折扣，旧包装白酒的售价为36 000元/吨。上海虹桥公司购买白酒15吨，以转账支票支付货款，帝安公司开出增值税专用发票，发票上单独列明折扣额。

(3)12月8日，以现金折扣方式销售给南京中意白酒批发公司白酒10吨，单价40 000元/吨，折扣条件为(3/10,1/20,n/30)。

(4)12月12日，赊销给南通白酒批发公司的白酒，由于帝安白酒有限责任公司在运输过程中造成包装破损，无法按正常价格销售，帝安白酒有限责任公司同意退回该批白酒。11月

15 日销售给南通公司白酒 8 吨,单价为 40 000 元/吨。

(5)12 月 14 日,无锡金麦物资有限公司与帝安公司协商,以其 15.2 吨的高粱换 1 吨白酒,高粱的售价为 2 500 元/吨,白酒的售价为 38 000 元/吨,双方各自开具了增值税专用发票。

(6)12 月 3 日,与苏州晋陵白酒批发公司签订委托代销协议,双方协商价为 39 000 元/吨,晋陵公司按市场价格销售,帝安公司不参与晋陵公司的定价,当日晋陵公司自行提货 15 吨。

(7)12 月 5 日,与泰州鑫鑫白酒批发公司签订委托代销协议,双方协商鑫鑫公司按价格为 43 000 元/吨销售,帝安公司按售价的 5% 支付手续费,当日鑫鑫公司自行提货 20 吨。

(8)12 月 13 日,苏州晋陵白酒批发公司以 43 000 元/吨的价格销售白酒 10 吨,给帝安白酒有限责任公司开具了代销清单并支付了货款,帝安白酒有限责任公司开出增值税专用发票。

(9)12 月 28 日,收到泰州鑫鑫白酒批发公司的代销清单及货款,已销售白酒 12 吨,开出增值税专用发票。

(10)12 月 24 日,将开发的新品种白酒 1.85 吨分配给职工作为 2018 年元旦的职工福利,由于是新品种没有售价,新品种白酒的成本为 34 000 元/吨,成本利润率为 10%,帝安白酒有限责任公司的职工 10% 为管理人员,5% 为车间管理人员,85% 为生产工人。

(11)12 月 17 日,将从新城公司购入的小麦 2 吨,委托清竹面粉厂加工成面粉,将面粉作为职工福利分配职工,支付清竹面粉厂加工费,取得的增值税专用发票上注明价款 2 000 元,增值税税款 220 元,小麦的购入价格为 2 000 元/吨,无同类面粉的售价,成本利润率为 10%。

(12)12 月 20 日,根据企业产品结构调整的要求,将已实际使用 3 年免税进口的一套电子设备出售给另一企业,设备原值为 52.5 万元,售价为 41.6 万元,已提折旧 15 万元。该设备进口时的完税价格为 50 万元,关税税率为 5%,海关规定的监管年限为 5 年,该企业应补缴关税。

(13)12 月 4 日,采用直接收款方式向无锡井泉白酒批发公司销售白酒 20 吨,单价为 41 000 元/吨,收取出借包装物押金 7 000 元。

(14)12 月 18 日,因包装物损坏,没收出借给无锡井泉白酒批发公司的包装物押金 4 000 元。

(15)12 月 15 日,以赊销方式销售给新时代超市白酒 2 吨,单价为 39 000 元/吨,合同约定新时代超市当日先支付延期付款利息 2 000 元,2018 年 3 月 15 日支付货款。帝安公司开具了 2 000 元的普通发票。

(16)12 月 19 日,采用预收款方式向苏州晋陵白酒批发公司销售白酒 10 吨,售价 41 000 元/吨,当日预收款 50 000 元,已存入银行。

(17)12 月 16 日,上月销售给丹阳白酒批发公司的 10 吨白酒,由于质量问题,丹阳公司要求退货,收到了丹阳白酒批发公司"开具红字增值税专用发票通知单",开具红字增值税专用发票,退还货款 380 000 元,增值税 64 600 元。

(18)12 月 12 日,从新城粮油公司购进大麦、小麦、豌豆一批,取得的增值税专用发票上注明价款 1 050 000 元,增值税税款 115 500 元,开出商业承兑汇票一张。

(19)12 月 25 日,委托明达酒精厂加工酒精 6 吨,由帝安白酒有限责任公司提供原材料,原材料的成本为 50 000 元,加工完成支付加工费用,取得的增值税专用发票上注明价款 5 000 元,酒精无同类售价。帝安公司收回的酒精全部用于本月白酒的生产。

(20)12 月 7 日,从胜达公司购进包装物纸箱一批,取得的增值税专用发票上注明价款 10 000 元,增值税税款 1 700 元,款项已经支付。

(21)12 月 15 日,从华联商厦购进办公用品一批,取得的增值税专用发票上注明价款

10 000元,增值税税款1 700元,款项已经支付。

(22)12月3日,向长兴农场购进原材料高粱一批,取得长胜农场开具的农产品销售发票,注明买价890 000元,该批货物的运杂费合计11 000元,取得普通发票一张,货款及运费尚未支付。

(23)12月9日,从国外进口大麦一批,海关完税价为1 000 000元,关税税率为20%,取得海关完税凭证,款项已用信用证存款支付。

(24)12月25日,支付本月生产用电和办公楼用电的电费,取得的增值税专用发票上注明价款9 500元,增值税税款1 615元;支付本月生产用水的水费,取得的增值税专用发票上注明价款5 500元,增值税税款330元。

(25)12月25日,将购入的办公用品计算器分配给职工作为职工福利,成本为6 000元。

(26)12月17日,为修建厂房,购进钢材一批,取得的增值税专用发票上注明价款300 000元,增值税税款51 000元,款项已经支付。

(27)12月21日,盘点发现原材料豌豆因管理不善造成潮湿发霉损失了1吨,豌豆的成本为8 000元。

(28)12月14日,以信用证存款从国外进口一批加工设备共20台,每台价格3 000元人民币,该批设备运抵我国大连港起卸前的包装、运输、保险和其他劳务费用共计5 000元,海关于12月15日填发税款缴款书,由于该公司发生暂时经济困难,于12月28日才缴清税款,该类设备进口关税税率为30%。

(29)12月18日,以信用证存款进口酒精一批,全部用于本月白酒的生产,支付国外的买价220万元、国外的经纪费4万元、自己的采购代理人佣金6万元;支付运抵我国海关地前的运输费用20万元、装卸费用和保险费用11万元;支付海关地再运往商贸公司的运输费用8万元、装卸费用和保险费用3万元。

(30)12月18日,将以前年度进口的设备运往境外修理,设备进口时成交价格58万元,发生境外运费和保险费共计6万元;在海关规定的期限内复运进境,进境时同类设备价格65万元;发生境外修理费8万元,料件费9万元,境外运输费和保险费共计3万元,进口关税税率20%。

(31)12月28日,向韩国出口白酒1 500吨,国内港口的离岸价格为520万元,出口关税税率为30%,退税率为13%。

二、帝安烟酒有限责任公司

(一)企业概况

企业名称:帝安烟酒有限责任公司

企业性质:有限责任公司

企业地址:江苏省镇江市延安路×××号　　电话:0511-5467××××

企业所属行业:商业

纳税人识别号:340208830020266

开户银行:中国工商银行镇江分行延安路支行　　账号:83200345000××××

(二)具体业务

帝安烟酒有限责任公司为增值税小规模纳税人,2017年12月发生下列业务:

(1)购进卷烟一批,取得的增值税普通发票注明价款为11 700元;

(2)购进红酒一批,取得的增值税专用发票上注明价款 3 000 元;

(3)销售白酒 5 150 元,未开发票;

(4)销售卷烟 7 210 元,开具增值税普通发票;

(5)采用买一赠一的促销活动销售红酒 3 090 元,赠送卷烟 309 元。

项目分析

帝安白酒有限责任公司生产销售白酒应交增值税及消费税,从事进出口业务应交关税;帝安烟酒有限责任公司应按小规模纳税人交增值税。我们想解决上述问题,必须先学习我国税收法律的相关规定,学习各种税的征税对象、税目税率、应纳税额的计算、涉税的会计处理、纳税申报的程序等。为此,我们还需要从完成下列任务入手。

任务一 增值税的纳税会计与申报

◆子任务一 一般纳税人增值税的纳税会计与申报

任务分析

我国现行税法体系按照税法规定的具体内容的不同,可分为税收实体法和税收程序法。税收实体法是构成我国现行税法体系的最基本的组成部分,由 16 个税种组成,可分为五类:①流转税类,包括增值税、消费税和关税;②资源税类,包括资源税、城镇土地使用税、土地增值税和耕地占用税;③所得税类,包括企业所得税和个人所得税;④财产税类,包括房产税、契税、车船税;⑤行为税类,包括城市维护建设税、车辆购置税、印花税和烟叶税。

增值税是我国的第一大流转税,增值税的核算分为一般纳税人和小规模纳税人的核算,一般纳税人增值税的核算是增值税核算的难点,以下的任务操作是以一般纳税人为例进行的。

增值税核算是进行增值税纳税申报的基础,增值税核算的正确与否直接影响着增值税纳税申报表的数据。完成增值税的核算需经以下步骤,如图 2-1 所示。

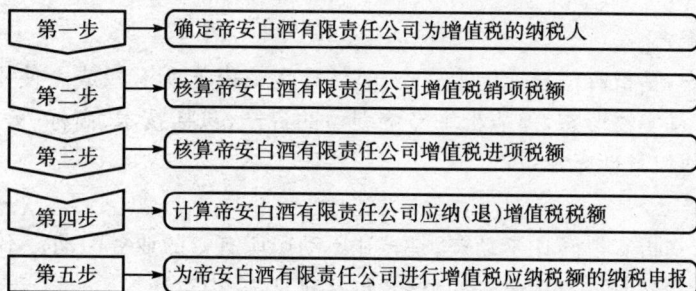

第一步	→	确定帝安白酒有限责任公司为增值税的纳税人
第二步	→	核算帝安白酒有限责任公司增值税销项税额
第三步	→	核算帝安白酒有限责任公司增值税进项税额
第四步	→	计算帝安白酒有限责任公司应纳(退)增值税税额
第五步	→	为帝安白酒有限责任公司进行增值税应纳税额的纳税申报

图 2-1 一般纳税人增值税核算步骤

任务操作

> 第一步:确定帝安白酒有限责任公司为增值税的纳税人

帝安白酒有限责任公司的主营业务是生产销售白酒,即销售货物,因此,该公司为增值税的纳税人,帝安白酒有限责任公司以任何方式销售白酒都要缴纳增值税;由于帝安白酒有限责任公司在项目一中已经被登记为增值税一般纳税人,销售白酒的增值税税率应为17%。

法理知识

一、增值税的纳税人及征税范围

(一)增值税的纳税义务人

根据《中华人民共和国增值税暂行条例》的规定,在中华人民共和国境内销售货物或者加工、修理修配劳务(以下简称劳务),销售服务、无形资产、不动产以及进口货物的单位和个人,为增值税的纳税人,应当缴纳增值税。

(二)增值税征税范围

1.销售货物

货物,是指有形动产,包括电力、热力、气体在内。销售货物,是指有偿转让货物的所有权。

2.提供加工、修理修配劳务

加工,是指受托加工货物,即委托方提供原料及主要材料,受托方按照委托方的要求,制造货物并收取加工费的业务。修理修配,是指受托对损伤和丧失功能的货物进行修复,使其恢复原状和功能的业务。提供加工、修理修配劳务,是指有偿提供加工、修理修配劳务。单位或者个体工商户聘用的员工为本单位或者雇主提供加工、修理修配劳务,不包括在内。有偿,是指从购买方取得货币、货物或者其他经济利益。

3.销售服务

销售服务,是指提供交通运输服务、邮政服务、电信服务、建筑服务、金融服务、现代服务、生活服务。

4.销售无形资产

销售无形资产,是指有偿转让无形资产,是转让无形资产所有权或者使用权的业务活动。无形资产,是指不具实物形态,但能带来经济利益的资产,包括技术、商标、著作权、商誉、自然资源使用权和其他权益性无形资产。

5.销售不动产

销售不动产,是指有偿转让不动产,是转让不动产所有权的业务活动。不动产是指不能移动或者移动后会引起性质、形状改变的财产,包括建筑物、构筑物等。

6.进口货物

进口是指将货物从我国境外移送到我国境内的行为。进口货物是指报关进口的货物,对进口货物在报关进口时向海关缴纳进口环节的增值税。

二、增值税税率

(1)纳税人销售交通运输、邮政、基础电信、建筑、不动产租赁服务,销售不动产,转让土地

使用权,销售或者进口下列货物,税率为11%:

①粮食等农产品、食用植物油、食用盐;

②自来水、暖气、冷气、热水、煤气、石油液化气、天然气、二甲醚、沼气、居民用煤炭制品;

③图书、报纸、杂志、音像制品、电子出版物;

④饲料、化肥、农药、农机、农膜;

⑤国务院规定的其他货物。

(2)纳税人出口货物,税率为零;但是,国务院另有规定的除外。

(3)境内单位和个人跨境销售国务院规定范围内的服务、无形资产,税率为零。

(4)除上述规定外,纳税人销售货物、劳务、有形动产租赁服务或者进口货物,税率为17%。

(5)除上述规定外,纳税人销售服务、无形资产,税率为6%。

(6)小规模纳税人增值税征收率为3%。

自2014年7月1日起,固定业户临时外出经营、拍卖行取得的拍卖收入,按3%的征收率征税;一般纳税人销售自己使用过的固定资产,按简易办法依3%征收率减按2%征收增值税;纳税人销售旧货,按照简易办法依照3%征收率减按2%征收增值税。

纳税人适用按照简易办法依3%征收率减按2%征收增值税政策的,按下列公式确定销售额和应纳税额:

$$销售额=含税销售额÷(1+3\%)$$
$$应纳税额=销售额×2\%$$

自2018年5月1起,纳税人发生增值税应税销售行为或者进口货物,原适用17%和11%税率的,税率分别调整为16%、10%。

三、按简易办法征收增值税,不得抵扣进项税额

(1)一般纳税人销售货物属于下列情形之一的,暂按简易办法依照3%征收率计算缴纳增值税:

①寄售商店代销寄售物品(包括居民个人寄售的物品在内);

②典当业销售死当物品;

③经国务院或国务院授权机关批准的免税商店零售的免税品。

(2)对属于一般纳税人的自来水公司销售自来水按简易办法依照3%征收率征收增值税,不得抵扣其购进自来水取得增值税扣税凭证上注明的增值税税款。

第二步:核算帝安白酒有限责任公司增值税销项税额(一)

【业务1】12月1日,以直接收款的方式向上海虹桥白酒批发公司销售白酒10吨,单价为40 000元/吨,开出增值税专用发票,为虹桥公司送货上门,收取运输费2 000元,开出普通发票,货物已发出。

帝安白酒有限责任公司销售白酒开出了增值税专用发票,应根据发票上的税额填制记账凭证,借记"银行存款"等,贷记"主营业务收入""应交税费——应交增值税(销项税额)"。收取

的运输费是含税价,应换算为不含税价并入销售额征税。根据开出的普通发票填制记账凭证,普通发票上金额是含税的,要换算成不含税的金额,计算销项税额。

帝安白酒有限责任公司收取运输费的换算为:

不含税销售额=2 000÷(1+17%)=1 709.4(元)

销项税额=1 709.4×17%=290.6(元)

会计处理:

借:银行存款　　　　　　　　　　470 000

　贷:主营业务收入　　　　　　　　　　　　401 709.4(=40 000×10+1 709.4)

　　应交税费——应交增值税(销项税额)　　68 290.6(=40 000×10×17%+290.6)

法理知识

一、增值税销项税的一般规定

纳税人销售货物、劳务、服务、无形资产或不动产,按照销售额和规定的税率计算并向购买方收取的增值税额,为销项税额。销项税额计算公式:

$$销项税额=不含税销售额×适用税率$$

$$不含税销售额=含税销售额÷(1+税率)$$

销售额是指纳税人销售货物、劳务、服务、无形资产或不动产向购买方收取的全部价款和价外费用,但不包括收取的销项税额。

价外费用,包括价外向购买方收取的手续费、补贴、基金、集资费、返还利润、奖励费、违约金、滞纳金、延期付款利息、赔偿金、代收款项、代垫款项、包装费、包装物租金、储备费、优质费、运输装卸费以及其他各种性质的价外收费。但下列项目不包括在内:

(1)受托加工应征消费税的消费品所代收代缴的消费税。

(2)同时符合以下条件的代垫运输费用:①承运部门的运输费用发票开具给购买方的;②纳税人将该项发票转交给购买方的。

(3)同时符合以下条件代为收取的政府性基金或者行政事业性收费:①由国务院或者财政部批准设立的政府性基金,由国务院或者省级人民政府及其财政、价格主管部门批准设立的行政事业性收费;②收取时开具省级以上财政部门印制的财政票据;③所收款项全额上缴财政。

(4)销售货物的同时代办保险等而向购买方收取的保险费,以及向购买方收取的代购买方缴纳的车辆购置税、车辆牌照费。

小贴士

对增值税一般纳税人(包括纳税人自己或代其他部门)向购买方收取的价外费用和逾期包装物押金,应视为含税收入,在征税时换算成不含税收入再并入销售额。

二、兼营行为

纳税人兼营不同税率的项目,应当分别核算不同税率项目的销售额;未分别核算销售额的,从高适用税率。

纳税人兼营免税、减税项目的,应当分别核算免税、减税项目的销售额;未分别核算销售额的,不得免税、减税。

> **第二步：核算帝安白酒有限责任公司增值税销项税额（二）**

【业务2】12月6日，帝安公司推出促销策略，销售旧包装白酒，购买10吨以内，按销售额的2%给予折扣；购买10至20吨，按销售额的5%给予折扣；购买20吨以上，按销售额的10%给予折扣，旧包装白酒的售价为36 000元/吨。上海虹桥公司购买白酒15吨，以转账支票支付货款，帝安公司开出增值税专用发票，发票上单独列明折扣额。

帝安白酒有限责任公司销售旧包装白酒的促销策略是折扣销售，应按折扣后的金额计算销项税额。会计处理：

借：银行存款　　　　　　　　　　　　600 210
　　贷：主营业务收入　　　　　　　　　　　　513 000（＝36 000×15×95%）
　　　　应交税费——应交增值税（销项税额）　87 210（＝513 000×17%）

【业务3】12月8日，以现金折扣方式销售给南京中意白酒批发公司白酒10吨，单价40 000元/吨，折扣条件为(3/10,1/20,n/30)。

以现金折扣方式销售给南京中意白酒批发公司的白酒，应按全价计销项税。会计处理：

借：应收账款　　　　　　　　　　　　468 000
　　贷：主营业务收入　　　　　　　　　　　　400 000（＝40 000×10）
　　　　应交税费——应交增值税（销项税额）　68 000（＝40 000×10×17%）

【业务4】12月12日，赊销给南通白酒批发公司的白酒，由于帝安白酒有限责任公司在运输过程中造成包装破损，无法按正常价格销售，帝安白酒有限责任公司同意退回该批白酒。11月15日销售给南通公司白酒8吨，单价为40 000元/吨。

赊销给南通白酒批发公司的白酒，应按折让后的金额计算增值税。会计处理：

借：主营业务收入　　　　　　　　　　320 000（＝40 000×8）
　　应交税费——应交增值税（销项税额）　54 400（＝320 000×17%）
　　贷：应收账款　　　　　　　　　　　　　　374 400

【业务5】12月14日，无锡金麦物资有限公司与帝安公司协商，以其15.2吨的高粱换1吨白酒，高粱的售价为2 500元/吨，白酒的售价为38 000元/吨，双方各自开具了增值税专用发票。

帝安白酒有限责任公司以白酒与无锡金麦物资有限公司换高粱的行为，是以物易物的行为，交易的双方都应将换入的货物作购进、换出的货物作销售处理。会计处理：

借：原材料　　　　　　　　　　　　　38 000
　　应交税费——应交增值税（进项税额）　6 460
　　贷：主营业务收入　　　　　　　　　　　　38 000
　　　　应交税费——应交增值税（销项税额）　6 460

法理知识

一、折扣销售

折扣销售是指销货方在销售货物、劳务、服务、无形资产或不动产时，因购货方购货数量较大等原因而给予购方价格优惠。如果销售额和折扣额在同一张发票上分别注明的，可按折扣后的余额作为销售额计算增值税。如果将折扣额另开发票，不论其在财务上如何处理，均不得从销售额中减除折扣额。纳税人采取折扣方式销售货物,销售额和折扣额在同一张发票上分别注明是指销售额和折扣额在同一张发票上的"金额"栏分别注明的,可按折扣后的销售额征收增值税。未在同一张发票"金额"栏注明折扣额,而仅在发票的"备注"栏注明折扣额的,折扣额不得从销售额中减除。

折扣销售不同于销售折扣:销售折扣(会计上叫现金折扣)是指销货方在销售货物、劳务、服务、无形资产或不动产后,为了鼓励购货方及早偿还货款而协议许诺给予购货方的一种折扣优待。销售折扣不得从销售额减除。销售折让是指货物销售后,由于其品种、质量等原因购货方未予退货,但销货方需给予购货方的一种价格折让。对销售折让可以折让后的货款为销售额。

折扣销售仅限于货物价格的折扣,如果销货者将自产、委托加工和购买的货物用于实物折扣的则该实物款额不能从货物销售额中减除,且该实物应按"视同销售货物"中的"赠送他人"计算征收增值税。对折扣销售之所以规定销售额与折扣额须在同一张发票上注明,是从保证增值税征税、扣税相一致的角度考虑的。

二、以物易物方式销售

以物易物双方都应作购销处理,以各自发出的货物核算销售额并计算销项税额,以各自收到的货物按规定核算购货额并计算进项税额。

三、采取以旧换新方式销售

采取以旧换新方式销售货物的,应按新货物的同期销售价格确定销售额,不得扣减旧货物的收购价格。对金银首饰以旧换新业务,可以按销售方实际收取的不含增值税的全部价款征收增值税。

会计处理:

借:银行存款

　库存商品

　贷:主营业务收入(未扣除旧货物收购的销售额)

　　　应交税费——应交增值税(销项税额)(未扣除旧货物收购的销售额×税率)

四、采取还本销售方式销售

还本销售是指纳税人在销售货物后,到一定期限由销售方一次或分次退还给购货方全部或部分价款。税法规定,采取还本销售方式销售货物,其销售额就是货物的销售收入,不得从销售收入减除还本支出。

会计处理:

借:银行存款

　贷:主营业务收入(未扣除还本支出的销售额)

　　　应交税费——应交增值税(销项税额)(未扣除还本支出的销售额×税率)

> 第二步:核算帝安白酒有限责任公司增值税销项税额(三)

【业务6】12月3日,与苏州晋陵白酒批发公司签订委托代销协议,双方协商价为39 000元/吨,晋陵公司按市场价格销售,帝安公司不参与晋陵公司的定价,当日晋陵公司自行提货

15 吨。

将货物交付他人代销,按会计准则的规定,不符合收入确认的条件,不确认收入。

帝安白酒有限责任公司会计处理:

借:委托代销商品　　　　　　　　　　480 000

　　贷:库存商品　　　　　　　　　　　　480 000(＝32 000×15)

苏州晋陵白酒批发公司会计处理:

借:受托代销商品　　　　　　　　　　585 000

　　贷:代销商品款　　　　　　　　　　　585 000

【业务7】12 月 5 日,与泰州鑫鑫白酒批发公司签订委托代销协议,双方协商鑫鑫公司按价格为 43 000 元/吨销售,帝安公司按售价的 5% 支付手续费,当日鑫鑫公司自行提货 20 吨。

帝安白酒有限责任公司会计处理:

借:委托代销商品　　　　　　　　　　640 000

　　贷:库存商品　　　　　　　　　　　　640 000(＝32 000×20)

泰州鑫鑫白酒批发公司会计处理:

借:受托代销商品　　　　　　　　　　640 000

　　贷:代销商品款　　　　　　　　　　　640 000

【业务8】12 月 13 日,苏州晋陵白酒批发公司以 43 000 元/吨的价格销售白酒 10 吨,给帝安白酒有限责任公司开具了代销清单并支付了货款,帝安白酒有限责任公司开出增值税专用发票。

委托代销收到代销清单时,发生纳税义务,同时也符合会计准则收入确认的条件,应确认收入,结转成本。

帝安白酒有限责任公司会计处理:

借:银行存款　　　　　　　　　　　　456 300

　　贷:主营业务收入　　　　　　　　　　390 000

　　　应交税费——应交增值税(销项税额)　　66 300

借:主营业务成本　　　　　　　　　　390 000

　　贷:委托代销商品　　　　　　　　　　390 000

苏州晋陵白酒批发公司会计处理:

借:银行存款　　　　　　　　　　　　503 100

　　贷:主营业务收入　　　　　　　　　　430 000

　　　应交税费——应交增值税(销项税额)　　73 100

借:主营业务成本　　　　　　　　　　390 000

　　贷:受托代销商品　　　　　　　　　　390 000

借:代销商品款　　　　　　　　　　　390 000

　　应交税费——应交增值税(进项税额)　　66 300

　　贷:银行存款　　　　　　　　　　　　456 300

【业务9】12 月 28 日,收到泰州鑫鑫白酒批发公司的代销清单及货款,已销售白酒 12 吨,开出增值税专用发票。

帝安白酒有限责任公司会计处理:

借:应收账款　　　　　　　　　　　　603 720
　　贷:主营业务收入　　　　　　　　　　　　516 000
　　　　应交税费——应交增值税(销项税额)　　87 720
借:主营业务成本　　　　　　　　　　　384 000
　　贷:委托代销商品　　　　　　　　　　　　384 000
借:销售费用　　　　　　　　　　　　　25 800
　　贷:应收账款　　　　　　　　　　　　　　25 800
借:银行存款　　　　　　　　　　　　　577 920
　　贷:应收账款　　　　　　　　　　　　　　577 920

苏州晋陵白酒批发公司会计处理:
借:银行存款　　　　　　　　　　　　　603 720
　　贷:应付账款——帝安公司　　　　　　　　516 000
　　　　应交税费——应交增值税(销项税额)　　87 720
借:应交税费——应交增值税(进项税额)　87 720
　　贷:应付账款——帝安公司　　　　　　　　87 720
借:代销商品款　　　　　　　　　　　　384 000
　　贷:受托代销商品　　　　　　　　　　　　384 000
借:应付账款——帝安公司　　　　　　　603 720
　　贷:银行存款　　　　　　　　　　　　　　577 920
　　　　其他业务收入——代销手续费收入　　　25 800

【业务10】12月24日,将开发的新品种白酒1.85吨分配给职工作为2018年元旦的职工福利,由于是新品种没有售价,新品种白酒的成本为34 000元/吨,成本利润率为10%,帝安白酒有限责任公司的职工10%为管理人员,5%为车间管理人员,85%为生产工人。

将自产的新品种白酒作为职工福利分配给职工,应视同销售计算增值税销项税额,但不符合会计准则收入确认的条件,不确认收入,直接结转成本。会计处理:

借:生产成本　　　　　　　　　　　　　88 311.6
　　制造费用　　　　　　　　　　　　　 5 194.8
　　管理费用　　　　　　　　　　　　　10 389.6
　　贷:应付职工薪酬——职工福利　　　　　　103 896
借:应付职工薪酬——职工福利　　　　　103 896
　　贷:主营业务收入　　　　　　　　　　　　88 800
　　　　应交税费——应交增值税(销项税额)　　15 096

销项税额的计算如下:

组成计税价格＝(成本＋利润＋课税数量×定额税率)÷(1－比例税率)
　　　　　　＝[34 000×1.85×(1＋10%)＋1.85×2 000×0.5]÷(1－20%)
　　　　　　＝(69 190＋1 850)÷(1－20%)＝88 800(元)

销项税额＝88 800×17%＝15 096(元)

借:主营业务成本　　　　　　　　　　　62 900
　　贷:库存商品　　　　　　　　　　　　　　62 900

【业务11】 12月17日,将从新城公司购入的小麦2吨,委托清竹面粉厂加工成面粉,将面粉作为职工福利分配职工,支付清竹面粉厂加工费,取得的增值税专用发票上注明价款2 000元,增值税税款220元,小麦的购入价格为2 000元/吨,无同类面粉的售价,成本利润率为10%。

企业将委托加工的货物用于职工福利,税法上视同销售按组成计税价格计算增值税销项税。会计处理:

借:委托加工物资	4 000	
贷:原材料		4 000
借:委托加工物资	2 000	
应交税费——应交增值税(进项税额)	220	
贷:银行存款		2 220
借:应付职工薪酬——职工福利	7 326	
贷:主营业务收入		6 600
应交税费——应交增值税(销项税额)		726
借:主营业务成本	6 000	
贷:委托加工物资		6 000

法理知识

一、单位或者个体工商户的下列行为,视同销售货物

(1)将货物交付其他单位或者个人代销。(会计处理见业务6至9)

(2)销售代销货物。(会计处理见业务6至9)

(3)设有两个以上机构并实行统一核算的纳税人,将货物从一个机构移送其他机构用于销售,但相关机构设在同一县(市)的除外。

设有两个以上机构并实行统一核算的纳税人,将货物从一个机构移送至不在同一县(市)的其他机构销售,会计上属企业内部货物转移,不应确认收入。但由于两个机构分别向其机构所在地主管税务机关申报纳税,应视同销售,因此货物调出方确认收入并计算销项税额。

会计处理:

借:应收账款

　贷:主营业务收入

　　　应交税费——应交增值税(销项税额)

(4)将自产、委托加工的货物用于集体福利或者个人消费。(会计处理见业务10、11)

(5)将自产、委托加工或者购进的货物作为投资,提供给其他单位或者个体工商户。

企业将货物对外投资,符合收入确认的条件,应确认收入,结转成本。

会计处理:

借:长期股权投资

　贷:主营业务收入

　　　应交税费——应交增值税(销项税额)

借:主营业务成本

　贷:库存商品

(6)将自产、委托加工或者购进的货物分配给股东或者投资者。

企业将货物分配给股东或投资者,是企业的日常活动,表现为企业负债减少,是一种间接的经济利益总流入,符合收入确认的条件,应按其公允价值确认收入。

会计处理:

借:应付股利

　　贷:主营业务收入

　　　　应交税费——应交增值税(销项税额)

借:主营业务成本

　　贷:库存商品

(7)将自产、委托加工或者购进的货物无偿赠送其他单位或者个人。

将货物无偿赠送他人不是企业的日常活动,不会导致企业资产增加或负债减少;既不会导致所有者权益增加,也无经济利益流入企业,不符合收入的定义。因此不能确认收入只能按成本结转。

会计处理:

借:营业外支出

　　贷:主营业务收入

　　　　应交税费——应交增值税(销项税额)

借:主营业务成本

　　贷:库存商品

(8)单位和个体工商户向其他单位或者个人无偿提供服务,但以公益活动为目的的或者以社会公众为对象的除外。

(9)财政部和国家税务总局规定的其他情形。

二、视同销售货物行为按下列顺序确定销售额

(1)按纳税人最近时期同类货物的平均销售价格确定;

(2)按其他纳税人最近时期同类货物的平均销售价格确定;

(3)按组成计税价格确定。

组成计税价格的公式为:

$$组成计税价格＝成本×(1＋成本利润率)$$

属于应征消费税的货物,其组成计税价格中应加计消费税税额。

$$组成计税价格＝成本×(1＋成本利润率)÷(1－消费税税率)$$

消费税实行复合计税办法计算纳税的组成计税价格计算公式为:

$$组成计税价格＝(成本＋利润＋课税数量×定额税率)÷(1－比例税率)$$

公式中的成本是指:销售自产货物的为实际生产成本,销售外购货物的为实际采购成本。公式中的成本利润率由国家税务总局确定。

第二步:核算帝安白酒有限责任公司增值税销项税额(四)

【业务12】12月20日,根据企业产品结构调整的要求,将已实际使用3年免税进口的一套电子设备出售给另一企业,设备原值为52.5万元,售价为41.6万元,已提折旧15万元。该设备进口时的完税价格为50万元,关税税率为5%,海关规定的监管年限为5年,该企业应补

缴关税。

借:固定资产清理	375 000	
累计折旧	150 000	
贷:固定资产		525 000
借:银行存款	416 000	
贷:固定资产清理		355 555.56
应交税费——应交增值税(销项税额)		60 444.44

应交增值税＝固定资产的销售额÷(1＋17％)×17％＝60 444.44(万元)

应补缴关税的会计处理(计算见关税):

借:固定资产清理	10 000	
贷:银行存款		10 000
借:营业外支出	29 444.44	
贷:固定资产清理		29 444.44

法理知识

一般纳税人销售自己使用过的属于《中华人民共和国增值税暂行条例》第十条规定不得抵扣且未抵扣进项税额的固定资产,按照简易办法依照3％征收率减按2％征收增值税。

一般纳税人销售自己使用过的其他固定资产,按照以下规定执行:

①销售自己使用过的2009年1月1日以后购进或者自制的固定资产,按照适用税率征收增值税。

②2008年12月31日以前未纳入扩大增值税抵扣范围试点的增值税一般纳税人,销售自己使用过的2008年12月31日以前购进或者自制的固定资产,按照简易办法依照3％征收率减按2％征收增值税。

③2008年12月31日以前已纳入扩大增值税抵扣范围试点的增值税一般纳税人,销售自己使用过的在本地区扩大增值税抵扣范围试点以前购进或者自制的固定资产,按照简易办法依照3％征收率减按2％征收增值税;销售自己使用过的在本地区扩大增值税抵扣范围试点以后购进或者自制的固定资产,按照适用税率征收增值税。

第二步:核算帝安白酒有限责任公司增值税销项税额(五)

【业务13】12月4日,采用直接收款方式向无锡井泉白酒批发公司销售白酒20吨,单价为41 000元/吨,收取出借包装物押金7 000元。

帝安白酒有限责任公司销售白酒收取的包装物押金应视为含税收入并入销售额计算增值税销项税额。会计处理:

借:银行存款	966 400	
贷:主营业务收入		820 000
应交税费——应交增值税(销项税额)		139 400
其他应付款		7 000
借:销售费用	1 017.09	

贷:应交税费——应交增值税(销项税额)　　　　1 017.09[＝7 000÷(1＋17%)×17%]

【业务14】12月18日,因包装物损坏,没收出借给无锡井泉白酒批发公司的包装物押金4 000元。

会计处理:

借:其他应付款　　　　　　　　　　4 000

　　贷:销售费用　　　　　　　　　　　　　　4 000

法理知识

纳税人为销售货物而出租出借包装物收取的押金,单独记账核算的,时间在1年以内又未过期的,不并入销售额征收增值税;但对因逾期未收回包装物的不再退还的押金,应按所包装货物的适用率计算销项税额。纳税人为销售货物出租、出借包装物而收取的押金,无论包装物周转使用期限长短,超过1年(含1年)以上仍不退还的,均并入销售额征收增值税。对逾期包装物押金,应视为含税收入,在征税时换算成不含税收入再并入销售额。对销售除啤酒、黄酒外的其他酒类产品而收取的包装物押金,无论是否返还以及会计上如何核算,均应并入当期销售额征税。对销售啤酒、黄酒所收取的押金,按上述一般押金的规定处理。

第二步:核算帝安白酒有限责任公司增值税销项税额(六)

【业务15】12月15日,以赊销方式销售给新时代超市白酒2吨,单价为39 000元/吨,合同约定新时代超市当日先支付延期付款利息2 000元,2018年3月15日支付货款。帝安公司开具了2 000元的普通发票。

帝安白酒有限责任公司采用赊销方式销售白酒应于合同约定的收款日确定增值税销项税额,收取的延期付款的利息是价外费用,应换算为不含税的收入计增值税销项税额。会计处理:

借:银行存款　　　　　　　　　　　2 000

　　贷:主营业务收入　　　　　　　　　　　1 709.4

　　　　应交税费——应交增值税(销项税额)　　290.6

2018年3月15日收到货款的会计处理:

借:银行存款　　　　　　　　　　　91 260

　　贷:主营业务收入　　　　　　　　　　　78 000

　　　　应交税费——应交增值税(销项税额)　　13 260

【业务16】12月19日,采用预收款方式向苏州晋陵白酒批发公司销售白酒10吨,售价41 000元/吨,当日预收款50 000元,已存入银行。

帝安白酒有限责任公司采用预收款方式销售,收到预收款时,不作收入处理,不计算增值税,当货物发出时计增值税。12月19日收款的会计处理:

借:银行存款　　　　　　　　　　　50 000

　　贷:预收账款　　　　　　　　　　　　　50 000

货物发出的会计处理:

借:预收账款

　　贷:主营业务收入

应交税费——应交增值税(销项税额)

【业务17】12月16日,上月销售给丹阳白酒批发公司的10吨白酒,由于质量问题,丹阳公司要求退货,收到了丹阳白酒批发公司发来的"开具红字增值税专用发票通知单",开具红字增值税专用发票,退还货款380 000元,增值税64 600元。

销售退回时,收到退货方的"开具红字增值税专用发票通知单",开具红字发票,并以红字发票为原始凭证冲减退回当月的收入及销项税额。会计处理:

借:主营业务收入   380 000
　　应交税费——应交增值税(销项税额)   64 600
　　贷:银行存款   444 600

法理知识

一、增值税的纳税义务发生时间

(1)纳税人销售货物、劳务、服务、无形资产、不动产,其纳税义务发生时间为收讫销售款项或者取得索取销售款项凭据的当天;先开具发票的,为开具发票的当天。其中,收讫销售款项或者取得索取的销售款项凭据的当天按销售结算方式的不同,具体为:

①采取直接收款方式销售货物,不论货物是否发出,均为收到销售款或者取得索取销售款凭据的当天,先开具发票的,为开具发票的当天。

②采取托收承付和委托银行收款方式销售货物,为发出货物并办妥托收手续的当天。

③采取赊销和分期收款方式销售货物,为书面合同约定的收款日期的当天,无书面合同的或者书面合同没有约定收款日期的,为货物发出的当天。

④采取预收货款方式销售货物,为货物发出的当天,但生产销售生产工期超过12个月的大型机械设备、船舶、飞机等货物,为收到预收款或者书面合同约定的收款日期的当天。

⑤委托其他纳税人代销货物,为收到代销单位的代销清单或者收到全部或者部分货款的当天。未收到代销清单及货款的,为发出代销货物满180天的当天。

⑥销售应税劳务,为提供劳务同时收讫销售款或者取得索取销售款的凭据的当天。

⑦纳税人发生视同销售货物行为的,为货物移送、服务及无形资产转让完成的当天或不动产权属变更的当天。

⑧纳税人提供租赁服务采取预收款方式的,其纳税义务发生时间为收到预收款的当天。

⑨纳税人从事金融商品转让的,为金融商品所有权转移的当天。

(2)纳税人进口货物,其纳税义务发生时间为报送进口的当天。

(3)增值税扣缴义务发生时间为纳税人增值税纳税义务发生的当天。

二、销售退回

一般纳税人销售货物或者应税劳务,开具增值税专用发票后,发生销售货物退回或者折让、开票有误等情形,应按国家税务总局的规定开具红字增值税专用发票。未按规定开具红字增值税专用发票的,增值税额不得从销项税额中扣减。具体处理如下:

(1)购买方在未付货款并且未作账务处理的情况下,须将原专用发票的发票联和抵扣联主动退还销售方。销售方收到后,应在该发票联和抵扣联及有关的存根联、记账联上注明"作废"字样,整套保存,并重新填开退货后或销售折让后所需的专用发票。

(2)在购买方已付货款,或者货款未付但已作账务处理,专用发票发票联及抵扣联无法退还的情况下,购买方必须取得当地主管国家税务机关开具的进货退出或索取折让证明单(以下简称证明单)送交销售方,作为销售方开具红字专用发票的合法依据。销售方在未收到证明单以前,不得开具红字专用发票;收到证明单后,根据退回货物的数量、价款或折让金额向购买方开具红字专用发票。红字专用发票的存根联、记账联作为销售方扣减当期销项税额的凭证,其发票联和抵扣联作为购买方扣减进项税额的凭证。购买方收到红字专用发票后,应将红字专用发票所注明的增值税额从当期进项税额中扣减。如不扣减,造成不纳税或少纳税的,属于偷税行为。

纳税人提供的适用一般计税方法的应税服务,因服务中止或者折让而退还给购买方的增值税额,应当从当期的销项税额中扣减;发生服务中止、购进货物退出、折让而收回的增值税额,应当从当期的进项税额中扣减。

一般纳税人因销售货物退回或者折让而退还给购买方的增值税额,应从发生销售货物退回或者折让当期的销项税额中扣减;因购进货物退出或者折让而收回的增值税额,应从发生购进货物退出或者折让当期的进项税额中扣减。

第三步:核算帝安白酒有限责任公司增值税进项税额

【业务18】12月12日,从新城粮油公司购进大麦、小麦、豌豆一批,取得的增值税专用发票上注明价款1 050 000元,增值税税款115 500元,开出商业承兑汇票一张。

会计处理:

借:原材料　　　　　　　　　　　　　　　　1 050 000

　应交税费——应交增值税(进项税额)　　　　115 500

　贷:应付票据　　　　　　　　　　　　　　　　　1 165 500

【业务19】12月25日,委托明达酒精厂加工酒精6吨,由帝安白酒有限责任公司提供原材料,原材料的成本为50 000元,加工完成支付加工费用,取得的增值税专用发票上注明价款5 000元,酒精无同类售价。帝安公司收回的酒精全部用于本月白酒的生产。

会计处理:

借:委托加工物资　　　　　　　　　　　　　50 000

　贷:原材料　　　　　　　　　　　　　　　　　　50 000

借:委托加工物资　　　　　　　　　　　　　5 000

　应交税费——应交增值税(进项税额)　　　　850

　贷:银行存款　　　　　　　　　　　　　　　　　5 850

【业务20】12月7日,从胜达公司购进包装物纸箱一批,取得的增值税专用发票上注明价款10 000元,增值税税款1 700元,款项已经支付。

会计处理:

借:原材料　　　　　　　　　　　　　　　　10 000

　应交税费——应交增值税(进项税额)　　　　1 700

　贷:银行存款　　　　　　　　　　　　　　　　　11 700

【业务21】12月15日,从华联商厦购进办公用品一批,取得的增值税专用发票上注明价款10 000元,增值税税款1 700元,款项已经支付。

会计处理：

借：管理费用　　　　　　　　　　　　　　10 000

　　应交税费——应交增值税（进项税额）　　1 700

　　　贷：银行存款　　　　　　　　　　　　　　11 700

【业务22】12月3日，向长兴农场购进原材料高粱一批，取得长胜农场开具的农产品销售发票，注明买价890 000元，该批货物的运杂费合计11 000元，取得普通发票一张，货款及运费尚未支付。

购进免税农产品，按收购凭证金额的11%计算抵扣进项税额。

会计处理：

借：原材料　　　　　　　　　　　791 000（＝890 000＋11 000－110 000）

　　应交税费——应交增值税（进项税额）　　110 000[＝890 000×11%÷(1－11%)]

　　　贷：银行存款　　　　　　　　　　　901 000

【业务23】12月9日，从国外进口大麦一批，海关完税价为1 000 000元，关税税率为20%，取得海关完税凭证，款项已用信用证存款支付。

国外进口的原材料的进项税＝（关税完税价＋关税）×增值税税率

会计处理：

借：原材料　　　　　　　　　　　　　　1 200 000

　　应交税费——应交增值税（进项税额）　　204 000

　　　贷：其他货币资金　　　　　　　　　1 404 000

【业务24】12月25日，支付本月生产用电和办公楼用电的电费，取得的增值税专用发票上注明价款9 500元，增值税税款1 615元；支付本月生产用水的水费，取得的增值税专用发票上注明价款5 500元，增值税税款330元。

会计处理：

借：应付账款　　　　　　　　　　　　　　15 000

　　应交税费——应交增值税（进项税额）　　1 945

　　　贷：银行存款　　　　　　　　　　　　16 945

【业务25】12月25日，将购入的办公用品计算器分配给职工作为职工福利，成本为6 000元。

借：应付职工薪酬——职工福利　　　　　　7 020

　　贷：管理费用　　　　　　　　　　　　　6 000

　　　应交税费——应交增值税（进项税额转出）　　1 020

【业务26】12月17日，为修建厂房，购进钢材一批，取得的增值税专用发票上注明价款300 000元，增值税税款51 000元，款项已经支付。

借：工程物资　　　　　　　　　　　　　351 000

　　贷：银行存款　　　　　　　　　　　　351 000

【业务27】12月21日，盘点发现原材料豌豆因管理不善造成潮湿发霉损失了1吨，豌豆的成本为8 000元。

帝安白酒有限责任公司因管理不善造成损失的原材料，税法规定其进项税额不得扣除，已扣除的进项税额应转出。

会计处理：

借:待处理财产损溢——待处理流动资产损溢　　8 880

　　贷:原材料　　　　　　　　　　　　　　　　8 000

　　　应交税费——应交增值税(进项税额转出)　　880(=8 000×11%)

【业务28】12月14日,以信用证存款从国外进口一批加工设备共20台,每台价格3 000元人民币,该批设备运抵我国大连港起卸前的包装、运输、保险和其他劳务费用共计5 000元,海关于12月15日填发款缴款书,由于该公司发生暂时经济困难,于12月28日才缴清税款,该类设备进口关税税率为30%。

帝安白酒有限责任公司进口的加工设备属于可抵扣进项税额的设备范围内,按进口货物的组成计税价格计算增值税进项税额(计算过程见关税)。

会计处理:

借:固定资产　　　　　　　　　　　　　　84 500

　　应交税费——应交增值税(进项税额)　14 365

　　贷:其他货币资金——信用存款　　　　　65 000

　　　应交税费——应交关税　　　　　　　　19 500

　　　应付账款　　　　　　　　　　　　　　14 365

【业务29】12月18日,以信用证存款进口酒精一批,全部用于本月白酒的生产,支付国外的买价220万元、国外的经纪费4万元、自己的采购代理人佣金6万元;支付运抵我国海关地前的运输费用20万元、装卸费用和保险费用11万元;支付海关地再运往商贸公司的运输费用8万元、装卸费用和保险费用3万元。

帝安白酒有限责任公司进口酒精属于原材料,进口的增值税可以作为进项税抵扣,计算过程及会计处理如下:

关税完税价格=220+4+20+11=255(万元)

进口环节应缴纳关税=255×20%=51(万元)

进口环节应缴纳增值税=(220+4+20+11+51)÷(1-5%)×17%

　　　　　　　　　　=322.11×17%=54.76(万元)

借:原材料　　　　　　　　　　　　　　2 550 000

　　应交税费——应交增值税(进项税额)　547 600

　　贷:其他货币资金——信用存款　　　　3 097 600

【业务30】12月18日,将以前年度进口的设备运往境外修理,设备进口时成交价格58万元,发生境外运费和保险费共计6万元;在海关规定的期限内复运进境,进境时同类设备价格65万元;发生境外修理费8万元,料件费9万元,境外运输费和保险费共计3万元,进口关税税率20%。

帝安白酒有限责任公司运往境外修理的设备,复运进境时应交关税和增值税(计算过程见关税)。

会计处理:

借:管理费用　　　　　　　　　　　　　234 000

　　应交税费——应交增值税(进项税额)　34 680

　　贷:银行存款　　　　　　　　　　　　234 680

　　　应交税费——应交关税　　　　　　　34 000

法理知识

一、准予抵扣的进项税额

1.进项税额

纳税人购进货物、劳务、服务、无形资产、不动产支付或者负担的增值税额,为进项税额。

2.准予从销项税额中抵扣的进项税额

(1)从销售方取得的增值税专用发票上注明的增值税额。

(2)从海关取得的海关进口增值税专用缴款书上注明的增值税额。

①纳税人进口货物,凡已缴纳了进口环节增值税的,不论其是否已经支付货款,其取得的海关完税凭证均可作为增值税进项税额抵扣凭证。

②对纳税人丢失的海关完税凭证,纳税人应当凭海关出具的相关证明,向主管税务机关提出抵扣申请。主管税务机关受理申请后,应当进行审核,并将纳税人提供的海关完税凭证电子数据纳入稽核比对无误后,可予以抵扣进项税额。

③纳税人进口货物,按照组成计税价格和17%或11%的税率计算应纳税额。组成计税价格和应纳税额计算公式:

不交消费税货物的组成计税价格＝关税完税价格＋关税＝关税完税价格×(1＋关税税率)

从价计税的应征消费税的消费品组成计税价格

＝关税完税价格＋关税＋消费税＝关税完税价格×(1＋关税税率)÷(1－消费税税率)

复合计税的应征消费税的消费品组成计税价格

＝(关税完税价格＋关税＋进口应税消费品数量×定额税率)÷(1－比例税率)

应纳增值税税额＝组成计税价格×增值税税率

(3)购进农产品,除取得增值税专用发票或者海关进口增值税专用缴款书外,按照农产品收购发票或者销售发票上注明的农产品买价和11%的扣除率计算的进项税额,国务院另有规定的除外。自2018年5月1日起,纳税人购进农产品,原适用11%扣除率的,扣除率调整为10%。买价,包括纳税人购进农产品在农产品收购发票或者销售发票上注明的价款和按规定缴纳的烟叶税。进项税额计算公式:

进项税额＝买价×扣除率

2012年4月6日财政部、国家税务总局发布了《关于在部分行业试行农产品增值税进项税额核定扣除办法的通知》(财税〔2012〕38号)。

自2012年7月1日起,以购进农产品为原料生产销售液体乳及乳制品、酒及酒精、植物油的增值税一般纳税人,纳入农产品增值税进项税额核定扣除试点范围,其购进农产品无论是否用于生产上述产品,增值税进项税额均按照《农产品增值税进项税额核算扣除试点实施办法》的规定抵扣。除上述规定以外的纳税人,其购进农产品仍按现行增值税的有关规定抵扣农产品进项税额。农产品是指列入《农业产品征税范围注释》的初级农业产品。

农产品增值税进项税额核定方法:

①试点纳税人以购进农产品为原料生产货物的,农产品增值税进项税额可按照以下三种方法核定:

A.投入产出法。参照国家标准、行业标准确定销售单位数量货物耗用外购农产品的数量(以下简称农产品单耗数量)。

$$\frac{当期允许抵扣农产品}{增值税进项税额}=\frac{当期农产品}{耗用数量}\times 平均购买单价\times 扣除率/(1+扣除率)$$

$$\frac{当期农产品}{耗用数量}=\frac{当期销售货物数量(不含采购除农产}{品以外的半成品生产的货物数量)}\times 农产品单耗数量$$

B. 成本法。依据试点纳税人年度会计核算资料,计算确定耗用农产品的外购金额占生产成本的比例(以下称农产品耗用率)。

$$\frac{当期允许抵扣农产品}{增值税进项税额}=当期主营业务成本\times 农产品耗用率\times 扣除率/(1+扣除率)$$

$$农产品耗用率=上年投入生产的农产品外购金额/上年生产成本$$

农产品外购金额(含税)不包括不构成货物实体的农产品(包括包装物、辅助材料、燃料、低值易耗品等)和在购进农产品之外单独支付的运费、入库前的整理费用。

C. 参照法。新办的试点纳税人或者试点纳税人新增产品的,试点纳税人可参照所属行业或者生产结构相近的其他试点纳税人确定农产品单耗数量或者农产品耗用率。

②试点纳税人购进农产品直接销售的,农产品增值税进项税额按照以下方法核定扣除:

$$\frac{当期允许抵扣农产}{品增值税进项税额}=当期销售农产品数量/(1-损耗率)\times 农产品平均购买单价\times 11\%/(1+11\%)$$

$$损耗率=损耗数量/购进数量$$

③试点纳税人购进农产品用于生产经营且不构成货物实体的(包括包装物、辅助材料、燃料、低值易耗品等),增值税进项税额按照以下方法核定扣除:

$$\frac{当期允许抵扣农产品}{增值税进项税额}=当期耗用农产品数量\times 农产品平均购买单价\times 11\%/(1+11\%)$$

(4)自境外单位或者个人购进劳务、服务、无形资产或者境内的不动产,从税务机关或者扣缴义务人取得的代扣代缴税款的完税凭证上注明的增值税额。

(5)准予抵扣进项税额的固定资产范围。仅限于现行增值税征税范围内的固定资产,包括机器、机械、运输工具以及其他与生产、经营有关的设备、工具、器具。但是,购进的应征消费税的小汽车、摩托车和游艇不得抵扣进项税额。房屋、建筑物等不动产,虽然在会计制度中允许作为固定资产核算,但不能纳入增值税的抵扣范围,不得抵扣进项税额。

二、不得从销项税额中抵扣的进项税额

下列项目的进项税额不得从销项税额中抵扣:

(1)用于简易计税方法计税项目、免征增值税项目、集体福利或者个人消费的购进货物、劳务、服务、无形资产和不动产(见帝安白酒有限责任公司业务 25 与业务 26)。

下列项目免征增值税:

①农业生产者销售的自产农产品。农业生产者,包括从事农业生产的单位和个人。农产品,是指初级农产品,具体范围由财政部、国家税务总局确定。

②避孕药品和用具。

③古旧图书。古旧图书,是指向社会收购的古书和旧书。

④直接用于科学研究、科学试验和教学的进口仪器、设备。

⑤外国政府、国际组织无偿援助的进口物资和设备。

⑥由残疾人的组织直接进口供残疾人专用的物品。

⑦销售的自己使用过的物品。自己使用过的物品,是指其他个人自己使用过的物品。

(2)非正常损失的购进货物以及相关的劳务和交通运输服务(见帝安白酒有限责任公司业务27)。

会计处理:

借:待处理财产损溢

　贷:原材料等

　　　应交税费——应交增值税(进项税额转出)

(3)非正常损失的在产品、产成品所耗用的购进货物(不包括固定资产)、劳务和交通运输服务。

上述的非正常损失,是指因管理不善造成被盗、丢失、霉烂变质的损失,以及被执法部门依法没收或者强令自行销毁的货物。

借:待处理财产损溢

　贷:库存商品等

　　　应交税费——应交增值税(进项税额转出)

(4)国务院规定的其他项目。

三、防伪税控专用发票进项税额抵扣的时间限定

自2017年7月1日起,增值税一般纳税人取得的2017年7月1日及以后开具的增值税专用发票和机动车销售统一发票,应自开具之日起360日内认证或登录增值税发票选择确认平台进行确认,并在规定的纳税申报期内,向主管国税机关申报抵扣进项税额。

增值税一般纳税人取得的2017年7月1日及以后开具的海关进口增值税专用缴款书,应自开具之日起360日内向主管国税机关报送"海关完税凭证抵扣清单",申请稽核比对。

第四步:计算帝安白酒有限责任公司应纳(退)增值税税额

帝安白酒有限责任公司销项税额

＝68 290.6＋87 210＋68 000－54 400＋6 460＋66 300＋87 720＋15 096＋726＋139 400＋

　1 017.09＋290.6－64 600＋60 444.44

＝481 954.73(元)

帝安白酒有限责任公司进项税额

＝6 460＋220＋115 500＋850＋1 700＋1 700＋110 000＋204 000＋1 945－1 020－800＋

　14 365＋547 600＋34 680

＝1 037 200(元)

【业务31】12月28日,向韩国出口白酒1 500吨,国内港口的离岸价格为520万元,出口关税税率为30%,退税率为13%。

1. 计算当期不得免征和抵扣税额

当期不得免征和抵扣税额＝离岸价格×外汇人民币牌价×(增值税率－出口退税率)

　　　　　　　　　＝5 200 000×(17%－13%)＝208 000(元)

借:主营业务成本　　　　　　　　　　208 000

　贷:应交税费——应交增值税(进项税额转出)　208 000

2.计算当期应纳税额

当期应纳税额＝当期销项税额－(当期进项税额－当期不得免征和抵扣税额)－上期留抵额

$$=481\ 954.73-(1\ 037\ 200-208\ 000)$$

$$=-347\ 245.27(元)$$

当期留抵额＝347 245.27(元)

3.计算当期免抵退税额

当期免抵退税额＝出口货物离岸价×外汇人民币牌价×出口退税率

$$=5\ 200\ 000×13\%=676\ 000(元)$$

当期免抵退税额应计入"应交税费——应交增值税(出口退税)"的贷方。

4.比较当期留抵额与当期免抵退税额

当期留抵额(347 245.27 元)小于当期免抵退税额(676 000 元)。

5.确定应退税额,并计算当期免抵税额

上述计算说明,当期应免抵退税总额是 676 000 元,期末还有 347 245.27 元没有抵减,所以其差额应为退税额。

当期应退税额＝347 245.27(元)

当期免抵税额＝676 000－347 245.27＝328 754.73(元)

当期免抵税额是已经从当期销项税中抵减的免抵退税额。当期应退税额计入"应收出口退税"账户的借方,当期免抵税额计入"应交税费——应交增值税(出口抵减内销产品应纳税额)"的借方,当期免抵退税额应计入"应交税费——应交增值税(出口退税)"的贷方。会计处理如下:

借:应收出口退税　　　　　　　　　　　　　　　　　347 245.27

　　应交税费——应交增值税(出口抵减内销产品应纳税额)　328 754.73

　　贷:应交税费——应交增值税(出口退税)　　　　　　　　　　　676 000

法理知识

一、企业无出口业务的应纳税额的核算

(一)应纳税额的计算

纳税人销售货物、劳务、服务、无形资产、不动产,应纳税额为当期销项税额抵扣当期进项税额后的余额。应纳税额计算公式:

$$应纳税额＝当期销项税额－当期进项税额$$

当期销项税额小于当期进项税额不足抵扣时,其不足部分可以结转下期继续抵扣。

(二)一般纳税人期末结转增值税的会计处理

月末根据计算的增值税额,与当月已交的增值税比较:

(1)如果当月已交税金大于应纳税额,会计处理为:

借:应交税费——未交增值税

　　贷:应交税费——应交增值税(转出多交增值税)

(2)如果当月已交税金小于应纳税额,会计处理为:

借:应交税费——应交增值税(转出未交增值税)

　　贷:应交税费——未交增值税

二、企业出口业务应纳(退)税额的核算

(一)可以退(免)税的出口货物一般应具备的四个条件

(1)必须是属于增值税、消费税征税范围的货物。

(2)必须是报关离境的货物。

(3)必须是在财务上作销售处理的货物。

(4)必须是出口收汇并已核销的货物。

(二)企业出口退(免)税的基本政策及退税率

1.基本政策

生产企业自营出口或委托外贸企业代理出口满足上述四个条件的自产货物,除另有规定外,给予免税并退税。

2.出口货物退税率

出口货物的退税率,是出口货物的实际退税额与退税计税依据的比例。目前增值税出口退税率主要有17%、11%、9%、8%、6%、5%等几档。自2018年5月1日起,原适用17%税率且出口退税率为17%的出口货物,出口退税率调整至16%。原适用11%税率且出口退税率为11%的出口货物、跨境应税行为,出口退税率调整到10%。

(三)出口货物退税的计算

自营出口或委托外贸企业代理出口自产货物的生产企业实行"免、抵、退"办法。"免",是指对生产企业出口的自产货物免征出口环节应纳的增值税部分;"抵"是指用生产企业出口自产货物所耗用的原材料、零部件、燃料、动力等所含的进项税额抵顶内销货物的应纳税额;"退",是指生产企业出口的自产货物在当月内应抵顶的进项税额大于应纳税额时,对未抵顶完的部分予以退税。计算过程及会计处理如下:

1.计算免抵退税不得免征和抵扣税额的抵减额

当期免抵退税不得免征和抵扣税额抵减额＝当期免税购进原材料价格×(出口货物征税率－出口货物退税率)

若企业当期没有免税购进的原材料时,此公式不用计算。

2.计算不得免征和抵扣税额

免抵退税不得免征和抵扣的税额＝离岸价格×外汇人民币牌价×(增值税率－出口货物征税率)－当期免抵退税不得免征和抵扣税额抵减额

3.计算当期应纳增值税额

当期应纳税额＝内销的销项税额－(进项税额－免抵退税不得免抵税额)－上期末留抵税额

如果计算的当期应纳税额大于零,说明企业从内销货物销项税额中抵扣出口的退(免)税后仍有余额,企业当期应交增值税,无需退税,企业应纳(退)税额的核算结束,企业应作如下会计处理:

借:应交税费——应交增值税(转出未交增值税)

　　贷:应交税费——未交增值税

如果当期应纳税额等于零时,说明企业不用交税也不退税,不用作会计处理。

如果计算的当期应纳税额小于零,应为当期期末留抵额,说明应退税,需要下面的公式计算实际应退税额。

4.计算免抵退税额抵减额

当期免抵退税额抵减额＝当期免税购进原材料价格×出口货物征税率

若企业当期没有免税购进的原材料时,此公式不用计算。

5.计算免抵退税额

免抵退税额=出口货物离岸价×外汇人民币牌价×出口货物征税率-当期免抵退税额抵减额

6.比较确定应退税额

(1)当期期末留抵额小于等于当期免抵退税额时。

当期应退税额=当期期末留抵额

当期免抵税额=当期免抵退税额-当期应退税额

企业应作会计处理:

借:应收出口退税 （=当期应退税额）

应交税费——应交增值税(出口抵减内销产品应纳税额) （=当期免抵税额）

贷:应交税费——应交增值税(出口退税) （=当期免抵退税额）

(2)当期期末留抵额大于当期免抵退税额时。

当期应退税额=当期免抵退税额

当期免抵税额=0

企业应作会计处理:

借:应收出口退税 （=当期应退税额）

贷:应交税费——应交增值税(出口退税) （=当期免抵退税额）

(四)申报退免税时间

出口企业应在货物报关出口之日起90日内,向退税部门申报办理出口货物退(免)税手续。逾期不申报的,除另有规定者和确有特殊原因经地市级以上税务机关批准者外,不再受理该笔出口货物的退(免)税申报。

> 第五步:为帝安白酒有限责任公司进行增值税应纳税额的纳税申报

帝安白酒有限责任公司应于2018年1月10日之前,填写增值税纳税申报表(见表2-1)及其附列资料(略),向其机构所在地的主管税务机关进行纳税申报,并缴纳税款。

法理知识

一、增值税的纳税申报期限、地点及起征点

1.纳税期限

增值税的纳税期限分别为1日、3日、5日、10日、15日、1个月或者1个季度。纳税人以1个月或者1个季度为1个纳税期的,自期满之日起15日内申报纳税;以1日、3日、5日、10日或者15日为1个纳税期的,自期满之日起5日内预缴税款,于次月1日起15日内申报纳税并结清上月应纳税款。

2.纳税地点

(1)固定业户应当向其机构所在地的主管税务机关申报纳税。总机构和分支机构不在同一县(市)的,应当分别向各自所在地的主管税务机关申报纳税;经国务院财政、税务主管部门或者其授权的财政、税务机关批准,可以由总机构汇总向总机构所在地的主管税务机关申报纳税。

表2-1　增值税纳税申报表

(适用于增值税一般纳税人)

根据国家税收法律法规及增值税相关规定制定本表。纳税人不论有无销售额,均应按税务机关核定的纳税期限填写本表,并向当地税务机关申报。

税款所属时间:自2017年12月1日至2017年12月31日　填表日期:2018年1月5日　金额单位:元至角分

纳税人识别号:	3 1 3 2 0 6 8 1 R 3 2 5 W 6 4 0 6 6			所属行业:工业	
纳税人名称	帝安白酒有限责任公司(公章)		法定代表人姓名 黄佳成	生产经营地址	江苏省镇江市长江路×××号
开户银行及账号	中国工商银行镇江分行长江路支行 8320012 6000××××		注册地址 江苏省镇江市长江路×××号	电话号码	0511-6484××××

项目		栏次	一般项目		即征即退项目	
			本月数	本年累计	本月数	本年累计
销售额	(一)按适用税率计税销售额	1	2 654 118.8			
	其中:应税货物销售额	2	2 654 118.8			
	应税劳务销售额	3				
	纳税检查调整的销售额	4				
	(二)按简易办法计税销售额	5				
	其中:纳税检查调整的销售额	6				
	(三)免、抵、退办法出口销售额	7			—	—
	(四)免税销售额	8			—	—
	其中:免税货物销售额	9			—	—
	免税劳务销售额	10			—	—
税款计算	销项税额	11	481 954.73			
	进项税额	12	1 037 200		—	
	上期留抵税额	13			—	
	进项税额转出	14	208 000			
	免、抵、退应退税额	15	347 245.27			
	按适用税率计算的纳税检查应补缴税额	16			—	
	应抵扣税额合计	17=12+13-14-15+16	481 954.73		—	
	实际抵扣税额	18(如17<11,则为17,否则为11)	481 954.73			
	应纳税额	19=11-18	0			

续表 2-1

项目		序号				
税款计算	期末留抵税额	20＝17－18	0	—	—	—
	简易计税办法计算的应纳税额	21				
	按简易计税办法计算的纳税检查应补缴税额	22		—		—
	应纳税额减征额	23				
	应纳税额合计	24＝19＋21－23				
税款缴纳	期初未缴税额（多缴为负数）	25		—	—	—
	实收出口开具专用缴款书退税额	26		—	—	—
	本期已缴税额	27＝28＋29＋30＋31		—	—	—
	①分次预缴税额	28		—	—	—
	②出口开具专用缴款书预缴税额	29		—	—	—
	③本期缴纳上期应纳税额	30				
	④本期缴纳欠缴税额	31		—	—	—
	期末未缴税额（多缴为负数）	32＝24＋25＋26－27		—	—	—
	其中：欠缴税额（≥0）	33＝25＋26－27	—	—	—	—
	本期应补（退）税额	34＝24－28－29	—	—	—	—
	即征即退实际退税额	35	—		—	—
	期初未缴查补税额	36	—	—	—	—
	本期入库查补税额	37		—	—	—
	期末未缴查补税额	38＝16＋22＋36－37		—	—	—

授权声明：如果你已委托代理人申报，请填写下列资料：
为代理一切税务事宜，现授权_____（地址）_____为本纳税人的代理申报人，任何与本申报表有关的往来文件，都可寄予此人。
授权人签字：

申报人声明：此纳税申报表是根据国家税收法律法规及相关规定填报的，我确定它是真实的、可靠的、完整的。
声明人签字：

主管税务机关：　　　　　　接收人：　　　　　　接收日期：

(2)固定业户到外县(市)销售货物或者应税劳务,应当向其机构所在地的主管税务机关申请开具外出经营活动税收管理证明,并向其机构所在地的主管税务机关申报纳税;未开具证明的,应当向销售地或者劳务发生地的主管税务机关申报纳税;向销售地或者劳务发生地的主管税务机关申报纳税的,由其机构所在地的主管税务机关补征税款。

(3)非固定业户销售货物或者劳务,应当向销售地或者劳务发生地的主管税务机关申报纳税;未向销售地或者劳务发生地的主管税务机关申报纳税的,由其机构所在地或者居住地的主管税务机关补征税款。

(4)进口货物,应当向报关地海关申报纳税。

扣缴义务人应当向其机构所在地或者居住地的主管税务机关申报缴纳其扣缴的税款。

3.起征点

纳税人销售额未达到国务院财政、税务主管部门规定的起征点的免征增值税。增值税起征点的适用范围适用于个人(不包括登记为一般纳税人的个体工商户),增值起征点的幅度规定如下:

(1)按期纳税的,为月销售额5 000—20 000元(含本数)。

(2)按次纳税的,为每次(日)销售额300—500元(含本数)。

二、一般纳税人填写纳税申报表并缴纳税款

1.填报增值税纳税申报表

一般纳税人的增值税纳税申报表包括:增值税纳税申报表,反映本期销售情况明细的增值税纳税申报表附列资料(一),反映本期进项税额明细的增值税纳税申报表附列资料(二),反映服务、不动产和无形资产扣除项目明细的增值税纳税申报表附列资料(三),反映税额抵减情况的增值税纳税申报表附列资料(四),以及反映不动产分期抵扣的增值税申报表附列资料(五)。增值税纳税申报表填写说明如下:

(1)"税款所属时间":指纳税人申报的增值税应纳税额的所属时间,应填写具体的起止年、月、日。

(2)"填表日期":指纳税人填写本表的具体日期。

(3)"纳税人识别号":填写纳税人的税务登记证号码。

(4)"所属行业":按照国民经济行业分类与代码中的小类行业填写。

(5)"纳税人名称":填写纳税人单位名称全称。

(6)"法定代表人姓名":填写纳税人法定代表人的姓名。

(7)"注册地址":填写纳税人税务登记证所注明的详细地址。

(8)"生产经营地址":填写纳税人实际生产经营地的详细地址。

(9)"开户银行及账号":填写纳税人开户银行的名称和纳税人在该银行的结算账户号码。

(10)"登记注册类型":按纳税人税务登记证的栏目内容填写。

(11)"电话号码":填写可联系到纳税人的常用电话号码。

(12)"即征即退项目"列:填写纳税人按规定享受增值税即征即退政策的货物、劳务和服务、不动产、无形资产的征(退)税数据。

(13)"一般项目"列:填写除享受增值税即征即退政策以外的货物、劳务和服务、不动产、无形资产的征(免)税数据。

(14)"本年累计"列:一般填写本年度内各月"本月数"之和。其中,第13、20、25、32、36、38

栏及第18栏"实际抵扣税额""一般项目"列的"本年累计"分别按本填写说明第(27)、(34)、(39)、(46)、(50)、(52)、(32)条要求填写。

(15)第1栏"(一)按适用税率计税销售额":填写纳税人本期按一般计税方法计算缴纳增值税的销售额,包含:在财务上不作销售但按税法规定应缴纳增值税的视同销售和价外费用的销售额;外贸企业作价销售进料加工复出口货物的销售额;税务、财政、审计部门检查后按一般计税方法计算调整的销售额。

营业税改征增值税的纳税人,应税服务有扣除项目的,本栏应填写扣除之前的不含税销售额。

本栏"一般项目"列"本月数"=附列资料(一)第9列第1至5行之和-第9列第6、7行之和;本栏"即征即退项目"列"本月数"=附列资料(一)第9列第6、7行之和。

(16)第2栏"其中:应税货物销售额":填写纳税人本期按适用税率计算增值税的应税货物的销售额。包含在财务上不作销售但按税法规定应缴纳增值税的视同销售货物和价外费用销售额,以及外贸企业作价销售进料加工复出口货物的销售额。

(17)第3栏"应税劳务销售额":填写纳税人本期按适用税率计算增值税的应税劳务的销售额。

(18)第4栏"纳税检查调整的销售额":填写纳税人因税务、财政、审计部门检查,并按一般计税方法在本期计算调整的销售额。但享受增值税即征即退政策的货物、劳务和服务、不动产、无形资产,经纳税检查发现偷税的,不填入"即征即退项目"列,而应填入"一般项目"列。

营业税改征增值税的纳税人,服务、不动产和无形资产有扣除项目的,本栏应填写扣除之前的不含税销售额。

本栏"一般项目"列"本月数"=附列资料(一)第7列第1至5行之和。

(19)第5栏"按简易办法计税销售额":填写纳税人本期按简易计税方法计算增值税的销售额。包含纳税检查调整按简易计税方法计算增值税的销售额。

营业税改征增值税的纳税人,服务、不动产和无形资产有扣除项目的,本栏应填写扣除之前的不含税销售额;服务、不动产和无形资产按规定汇总计算缴纳增值税的分支机构,其当期按预征率计算缴纳增值税的销售额也填入本栏。

本栏"一般项目"列"本月数"≥附列资料(一)第9列第8至13行之和-第9列第14、15行之和;本栏"即征即退项目"列"本月数"≥附列资料(一)第9列第14、15行之和。

(20)第6栏"其中:纳税检查调整的销售额":填写纳税人因税务、财政、审计部门检查,并按简易计税方法在本期计算调整的销售额。但享受增值税即征即退政策的货物、劳务和服务、不动产、无形资产,经纳税检查发现偷税的,不填入"即征即退项目"列,而应填入"一般项目"列。

营业税改征增值税的纳税人,服务、不动产和无形资产有扣除项目的,本栏应填写扣除之前的不含税销售额。

(21)第7栏"免、抵、退办法出口销售额":填写纳税人本期适用免、抵、退税办法的出口货物、劳务和服务、无形资产的销售额。

营业税改征增值税的纳税人,服务、无形资产有扣除项目的,本栏应填写扣除之前的销售额。

本栏"一般项目"列"本月数"=附列资料(一)第9列第16、17行之和。

(22)第8栏"免税销售额":填写纳税人本期按照税法规定免征增值税的销售额和适用零

税率的销售额,但零税率的销售额中不包括适用免、抵、退税办法的销售额。

营业税改征增值税的纳税人,服务、不动产和无形资产有扣除项目的,本栏应填写扣除之前的免税销售额。

本栏"一般项目"列"本月数"=附列资料(一)第9列第18、19行之和。

(23)第9栏"其中:免税货物销售额":填写纳税人本期按照税法规定免征增值税的货物销售额及适用零税率的货物销售额,但零税率的销售额中不包括适用免、抵、退税办法出口货物的销售额。

(24)第10栏"免税劳务销售额":填写纳税人本期按照税法规定免征增值税的劳务销售额及适用零税率的劳务销售额,但零税率的销售额中不包括适用免、抵、退税办法的劳务的销售额。

(25)第11栏"销项税额":填写纳税人本期按一般计税方法计税的货物、劳务和应税服务的销项税额。

营业税改征增值税的纳税人,服务、不动产和无形资产有扣除项目的,本栏应填写扣除之后的销项税额。

本栏"一般项目"列"本月数"=附列资料(一)(第10列第1、3、4a行之和-第10列第6行)+(第14列第2、4、5行之和-第14列第7行);本栏"即征即退项目"列"本月数"=附列资料(一)第10列第6行+第14列第7行。

(26)第12栏"进项税额":填写纳税人本期申报抵扣的进项税额。

本栏"一般项目"列"本月数"+"即征即退项目"列"本月数"=附列资料(二)第12栏"税额"。

(27)第13栏"上期留抵税额"。

①上期留抵税额按规定须挂账的纳税人,按以下要求填写本栏的"本月数"和"本年累计":

上期留抵税额按规定须挂账的纳税人是指试点实施之日前一个税款所属期的申报表第20栏"期末留抵税额""一般项目"列"本月数"大于零,且兼有营业税改征增值税服务、不动产和无形资产的纳税人(下同)。其试点实施之日前一个税款所属期的申报表第20栏"期末留抵税额""一般货物、劳务和应税服务"列"本月数",以下称为货物和劳务挂账留抵税额。

A.本栏"一般项目"列"本月数":试点实施之日的税款所属期填写"0";以后各期按上期申报表第20栏"期末留抵税额""一般项目"列"本月数"填写。

B.本栏"一般项目"列"本年累计":反映货物和劳务挂账留抵税额本期期初余额。试点实施之日的税款所属期按试点实施之日前一个税款所属期的申报表第20栏"期末留抵税额""一般货物、劳务和应税服务"列"本月数"填写;以后各期按上期申报表第20栏"期末留抵税额""一般项目"列"本年累计"填写。

C.本栏"即征即退项目"列"本月数":按上期申报表第20栏"期末留抵税额""即征即退项目"列"本月数"填写。

②其他纳税人,按以下要求填写本栏"本月数"和"本年累计":

其他纳税人是指除上期留抵税额按规定须挂账的纳税人之外的纳税人(下同)。

A.本栏"一般项目"列"本月数":按上期申报表第20栏"期末留抵税额""一般项目"列"本月数"填写。

B.本栏"一般项目"列"本年累计":填写"0"。

C.本栏"即征即退项目"列"本月数":按上期申报表第20栏"期末留抵税额""即征即退项目"列"本月数"填写。

(28)第14栏"进项税额转出":填写纳税人已经抵扣,但按税法规定本期应转出的进项税额。

本栏"一般项目"列"本月数"+"即征即退项目"列"本月数"=附列资料(二)第13栏"税额"。

(29)第15栏"免、抵、退应退税额":反映税务机关退税部门按照出口货物、劳务和服务、无形资产免、抵、退办法审批的增值税应退税额。

(30)第16栏"按适用税率计算的纳税检查应补缴税额":填写税务、财政、审计部门检查,按一般计税方法计算的纳税检查应补缴的增值税税额。

本栏"一般项目"列"本月数"≤附列资料(一)第8列第1至5行之和+附列资料(二)第19栏。

(31)第17栏"应抵扣税额合计":填写纳税人本期应抵扣进项税额的合计数。按表中所列公式计算填写。

(32)第18栏"实际抵扣税额"。

①上期留抵税额按规定须挂账的纳税人,按以下要求填写本栏的"本月数"和"本年累计":

A.本栏"一般项目"列"本月数":按表中所列公式计算填写。

B.本栏"一般项目"列"本年累计":填写货物和劳务挂账留抵税额本期实际抵减一般货物和劳务应纳税额的数额。将"货物和劳务挂账留抵税额本期期初余额"与"一般计税方法的一般货物及劳务应纳税额"两个数据相比较,取二者中小的数据。

其中:货物和劳务挂账留抵税额本期期初余额=第13栏"上期留抵税额""一般项目"列"本年累计";一般计税方法的一般货物及劳务应纳税额=(第11栏"销项税额""一般项目"列"本月数"−第18栏"实际抵扣税额""一般项目"列"本月数")×一般货物及劳务销项税额比例;一般货物及劳务销项税额比例=[附列资料(一)第10列第1、3、4a行之和−第10列第6行]÷第11栏"销项税额""一般项目"列"本月数"×100%。

C.本栏"即征即退项目"列"本月数":按表中所列公式计算填写。

②其他纳税人,按以下要求填写本栏的"本月数"和"本年累计":

A.本栏"一般项目"列"本月数":按表中所列公式计算填写。

B.本栏"一般项目"列"本年累计":填写"0"。

C.本栏"即征即退项目"列"本月数":按表中所列公式计算填写。

(33)第19栏"应纳税额":反映纳税人本期按一般计税方法计算并应缴纳的增值税额。按以下公式计算填写:

①本栏"一般项目"列"本月数"=第11栏"销项税额""一般项目"列"本月数"−第18栏"实际抵扣税额""一般项目"列"本月数"−第18栏"实际抵扣税额""一般项目"列"本年累计"。

②本栏"即征即退项目"列"本月数"=第11栏"销项税额""即征即退项目"列"本月数"−第18栏"实际抵扣税额""即征即退项目"列"本月数"。

(34)第20栏"期末留抵税额"。

①上期留抵税额按规定须挂账的纳税人,按以下要求填写本栏的"本月数"和"本年累计":

A.本栏"一般项目"列"本月数":反映试点实施以后,货物、劳务和服务、不动产、无形资产共同形成的留抵税额。按表中所列公式计算填写。

B.本栏"一般项目"列"本年累计":反映货物和劳务挂账留抵税额,在试点实施以后抵减一般货物和劳务应纳税额后的余额。按以下公式计算填写:

本栏"一般项目"列"本年累计"=第 13 栏"上期留抵税额""一般项目"列"本年累计"-第 18 栏"实际抵扣税额""一般项目"列"本年累计"。

C.本栏"即征即退项目"列"本月数"：按表中所列公式计算填写。

②其他纳税人,按以下要求填写本栏"本月数"和"本年累计"：

A.本栏"一般项目"列"本月数"：按表中所列公式计算填写。

B.本栏"一般项目"列"本年累计"：填写"0"。

C.本栏"即征即退项目"列"本月数"：按表中所列公式计算填写。

(35)第 21 栏"简易计税办法计算的应纳税额"：反映纳税人本期按简易计税方法计算并应缴纳的增值税额,但不包括按简易计税方法计算的纳税检查应补缴税额。按以下公式计算填写：

本栏"一般项目"列"本月数"=附列资料(一)(第 10 列第 8、9a、10、11 行之和-第 10 列第 14 行)+(第 14 列第 9b、12、13a、13b 行之和-第 14 列第 15 行)；

本栏"即征即退项目"列"本月数"=附列资料(一)第 10 列第 14 行+第 14 列第 15 行。

营业税改征增值税的纳税人,服务、不动产和无形资产按规定汇总计算缴纳增值税的分支机构,应将预征增值税额填入本栏。预征增值税额=应预征增值税的销售额×预征率。

(36)第 22 栏"按简易计税办法计算的纳税检查应补缴税额"：填写纳税人本期因税务、财政、审计部门检查并按简易计税方法计算的纳税检查应补缴税额。

(37)第 23 栏"应纳税额减征额"：填写纳税人本期按照税法规定减征的增值税应纳税额。包含按照规定可在增值税应纳税额中全额抵减的增值税税控系统专用设备费用以及技术维护费。

当本期减征额小于或等于第 19 栏"应纳税额"与第 21 栏"简易计税办法计算的应纳税额"之和时,按本期减征额实际填写；当本期减征额大于第 19 栏"应纳税额"与第 21 栏"简易计税办法计算的应纳税额"之和时,按本期第 19 栏与第 21 栏之和填写。本期减征额不足抵减部分结转下期继续抵减。

(38)第 24 栏"应纳税额合计"：反映纳税人本期应缴增值税的合计数。按表中所列公式计算填写。

(39)第 25 栏"期初未缴税额(多缴为负数)"："本月数"按上一税款所属期申报表第 32 栏"期末未缴税额(多缴为负数)""本月数"填写。"本年累计"按上年度最后一个税款所属期申报表第 32 栏"期末未缴税额(多缴为负数)""本年累计"填写。

(40)第 26 栏"实收出口开具专用缴款书退税额"：本栏不填写。

(41)第 27 栏"本期已缴税额"：反映纳税人本期实际缴纳的增值税额,但不包括本期入库的查补税款。按表中所列公式计算填写。

(42)第 28 栏"①分次预缴税额"：填写纳税人本期已缴纳的准予在本期增值税应纳税额中抵减的税额。

营业税改征增值税的纳税人,分以下几种情况填写：

①服务、不动产和无形资产按规定汇总计算缴纳增值税的总机构,其可以从本期增值税应纳税额中抵减的分支机构已缴纳的税款,按当期实际可抵减数填入本栏,不足抵减部分结转下期继续抵减。

②销售建筑服务并按规定预缴增值税的纳税人,其可以从本期增值税应纳税额中抵减的已缴纳的税款,按当期实际可抵减数填入本栏,不足抵减部分结转下期继续抵减。

③销售不动产并按规定预缴增值税的纳税人,其可以从本期增值税应纳税额中抵减的已缴纳的税款,按当期实际可抵减数填入本栏,不足抵减部分结转下期继续抵减。

④出租不动产并按规定预缴增值税的纳税人,其可以从本期增值税应纳税额中抵减的已缴纳的税款,按当期实际可抵减数填入本栏,不足抵减部分结转下期继续抵减。

(43)第29栏"②出口开具专用缴款书预缴税额":本栏不填写。

(44)第30栏"③本期缴纳上期应纳税额":填写纳税人本期缴纳上一税款所属期应缴未缴的增值税额。

(45)第31栏"④本期缴纳欠缴税额":反映纳税人本期实际缴纳和留抵税额抵减的增值税欠税额,但不包括缴纳入库的查补增值税额。

(46)第32栏"期末未缴税额(多缴为负数)":"本月数"反映纳税人本期期末应缴未缴的增值税额,但不包括纳税检查应缴未缴的税额。按表中所列公式计算填写。"本年累计"与"本月数"相同。

(47)第33栏"其中:欠缴税额(≥0)":反映纳税人按照税法规定已形成欠税的增值税额。按表中所列公式计算填写。

(48)第34栏"本期应补(退)税额":反映纳税人本期应纳税额中应补缴或应退回的数额。按表中所列公式计算填写。

(49)第35栏"即征即退实际退税额":反映纳税人本期因符合增值税即征即退政策规定,而实际收到的税务机关退回的增值税额。

(50)第36栏"期初未缴查补税额":"本月数"按上一税款所属期申报表第38栏"期末未缴查补税额""本月数"填。"本年累计"按上年度最后一个税款所属期申报表第38栏"期末未缴查补税额""本年累计"填写。

(51)第37栏"本期入库查补税额":反映纳税人本期因税务、财政、审计部门检查而实际入库的增值税额,包括按一般计税方法计算并实际缴纳的查补增值税额和按简易计税方法计算并实际缴纳的查补增值税额。

(52)第38栏"期末未缴查补税额":"本月数"反映纳税人接受纳税检查后应在本期期末缴纳而未缴的查补增值税额。按表中所列公式计算填写,"本年累计"与"本月数"相同。

2.办理税款缴纳手续

(1)专用发票认证。

增值税专用发票的认证方式可选择手工认证和网上认证。手工认证是单位办税员月底持专用发票"抵扣联"和到所属主管税务机关服务大厅"认证窗口"进行认证;网上认证是纳税人月底前通过扫描仪将专用发票抵扣联扫入认证专用软件,生成电子数据,将数据文件传给税务机关完成认证。自2016年5月1日起,纳税信用A级、B级纳税人对取得的增值税专用发票可以不再进行认证,通过增值税发票税控开票软件登录本省增值税发票查询平台,查询、选择用于申报抵扣或者出口退税的增值税发票信息。

(2)抄税。

抄税就是在当月的最后一天,通常是在次月1日早上开票的,利用防伪税控开票系统进行抄税处理,将本月开具增值税专用发票的信息读入IC卡(抄税完成后本月不允许再开具发票)。

(3)报税。

报税是在报税期间,一般单位在15日前,将IC卡拿到税务机关,由税务人员将IC卡的信息读入税务机关的金税系统。经过报税,税务机关则确保所有抵扣的进项发票都进入金税系统,可以在系统内由系统进行自动比对,确保任何一张抵扣的进项发票都有销项发票与其对应。

(4)办理申报。

申报工作可分为上门申报和网上申报。上门申报是指在申报期内,携带填写的申报表、资产负债表、利润表及其他相关资料到主管税务机关办理纳税申报,税务机关审核后申报表退还一联给纳税人。网上申报是指纳税人在征税期内,通过互联网将增值税纳税申报表主表、附表及其他必报资料的电子信息传送至电子申报系统,纳税人应从办理税务登记的次月1日起15日内,不论有无销售额均应按主管税务机关核定的纳税期限按期向当地税务机关申报。

(5)税款缴纳。

税务机关将申报表单据送到开户银行,由银行进行自动转账处理。对于未实行税库银联网的纳税人需自己到税务机关指定的银行进行现金缴纳。

◆子任务二 小规模纳税人增值税的纳税会计与申报

任务分析

小规模纳税人的增值税的核算比一般纳税人的核算简单,小规模纳税的增值税不得抵扣进项税,只是按征收率计算应纳税额。完成增值税的核算需经以下步骤,如图2-2所示。

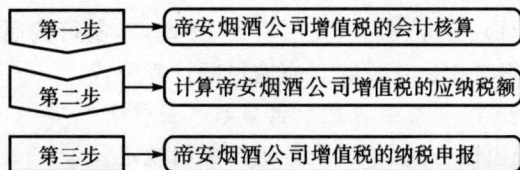

```
第一步 ──→ 帝安烟酒公司增值税的会计核算
第二步 ──→ 计算帝安烟酒公司增值税的应纳税额
第三步 ──→ 帝安烟酒公司增值税的纳税申报
```

图2-2 小规模纳税人增值税核算步骤

任务操作

第一步:帝安烟酒公司增值税的会计核算

帝安烟酒公司2017年12月发生经济业务会计处理如下:

【业务1】购进卷烟一批,取得的增值税普通发票注明价款为11 700元。

借:库存商品　　　　　　　　　　　11 700
　　贷:银行存款　　　　　　　　　　　　　11 700

【业务2】购进红酒一批,取得的增值税专用发票上注明价款3 000元。

借:库存商品　　　　　　　　　　　3 510
　　贷:银行存款　　　　　　　　　　　　　3 510

【业务3】销售白酒5 150元,未开发票。

借:库存现金　　　　　　　　　　　5 150
　　贷:主营业务收入　　　　　　　　　　　5 000

    应交税费——应交增值税   150

【业务4】销售卷烟 7 210 元,开具增值税普通发票。

借:库存现金   7 210

    贷:主营业务收入   7 000

        应交税费——应交增值税   210

【业务5】采用买一赠一的促销活动销售红酒 3 090 元,赠送红酒 309 元。

借:库存现金   3 090

  营业外支出   309

    贷:主营业务收入   3 300

        应交税费——应交增值税   99

> **第二步:计算帝安烟酒公司增值税的应纳税额**

帝安烟酒公司 2017 年 12 月应纳增值税的计算如下:

应纳税额=(5 150+7 210+3 090+309)÷(1+3%)×3%=459(元)

法理知识

一、小规模纳税人增值税的计算

小规模纳税人销售货物、劳务、服务、无形资产、不动产,实行按照销售额和征收率计算应纳税额的简易办法,并不得抵扣进项税额。应纳税额计算公式:

$$应纳税额=销售额×征收率$$

小规模纳税人的标准由国务院财政、税务主管部门规定。

小规模纳税人应分别核算销售货物或者加工、修理修配劳务的销售额和销售服务、无形资产的销售额。增值税小规模纳税人销售货物或者加工、修理修配劳务月销售额不超过 3 万元(按季纳税 9 万元),销售服务、无形资产月销售额不超过 3 万元(按季纳税 9 万元)的,自 2018 年 1 月 1 日起至 2020 年 12 月 31 日,可分别享受小微企业暂免征收增值税优惠政策。

二、小规模纳税人的会计处理

借:银行存款等

  贷:主营业务收入

    应交税费——应交增值税

三、小规模纳税人的含税销售额的换算

小规模纳税人销售货物、劳务、服务、无形资产、不动产采用销售额和应纳税额合并定价方法的,按下列公式计算销售额:

$$销售额=含税销售额÷(1+征收率)$$

> **第三步:帝安烟酒公司增值税的纳税申报**

帝安烟酒公司应于 2018 年 1 月 15 日之前填写纳税申报表（见表 2-2）及附列资料，向其机构所在地的主管税务机关进行纳税申报，并缴纳税款。

表 2-2 增值税纳税申报表

（小规模纳税人适用）

纳税人识别号：略

纳税人名称（公章）： 金额单位：元至角分

税款所属期：2017 年 12 月 1 日至 2017 年 12 月 31 日 填表日期：2018 年 1 月 5 日

项 目		栏次	本期数		本年累计	
			货物及劳务	服务、不动产和无形资产	货物及劳务	服务、不动产和无形资产
一、计税依据	（一）应征增值税不含税销售额	1	15 300			
	税务机关代开的增值税专用发票不含税销售额	2				
	税控器具开具的普通发票不含税销售额	3				
	（二）销售、出租不动产不含税销售额	4	—		—	
	税务机关代开的增值税专用发票不含税销售额	5	—		—	
	税控器具开具的普通发票不含税销售额	6	—		—	
	（三）销售使用过的固定资产不含税销售额	7(7≥8)	—		—	
	其中：税控器具开具的普通发票不含税销售额	8	—		—	
	（四）免税销售额	9＝10＋11＋12				
	其中：小微企业免税销售额	10				
	未达起征点销售额	11				
	其他免税销售额	12				
	（五）出口免税销售额	13(13≥14)				
	其中：税控器具开具的普通发票销售额	14				
二、税款计算	本期应纳税额	15	459			
	本期应纳税额减征额	16				
	本期免税额	17				
	其中：小微企业免税额	18	459			
	未达起征点免税额	19				
	应纳税额合计	20＝15－16				
	本期预缴税额	21				
	本期应补（退）税额	22＝20－21				

纳税人或代理人声明：	如纳税人填报，由纳税人填写以下各栏：	
本纳税申报表是根据国家税收法律法规及相关规定填报的，我确定它是真实的、可靠的、完整的。	办税人员：	财务负责人：
	法定代表人：	联系电话：
	如委托代理人填报，由代理人填写以下各栏：	
	代理人名称（公章）：	经办人：
		联系电话：

主管税务机关：　　　　　　　　接收人：　　　　　　　　接收日期：

任务二　消费税的纳税会计与申报

◆子任务一　消费税的纳税会计

📋 任务分析

　　消费税是对在我国境内生产、委托加工和进口应税消费品的单位和个人，就其销售额或销售数量征收的一种税。消费税以特定消费品为课税对象，主要针对某些高档消费品或奢侈品如金银首饰、珠宝玉石等；某些不可再生的资源类消费品，如木制地板等；某些危害人类健康和社会生态环境的消费品，如卷烟、粮食白酒等。消费税实行一道环节征税，一般在消费品的生产、委托加工和进口环节征税，在以后的批发、零售等环节不再征税（金银首饰除外）。消费税根据不同的应税消费品分别采用从价定率征税、从量定额征税和复合计税办法征税。消费税是价内税，计算消费税的销售额中应包括消费税。

　　帝安白酒有限责任公司生产的白酒属于应税消费品，因此，它是消费税的纳税义务人，该公司的生产过程中要进行消费税的核算，正确计算消费税并进行会计处理。帝安白酒有限责任公司消费税的核算与申报经过如图 2-3 所示的步骤。

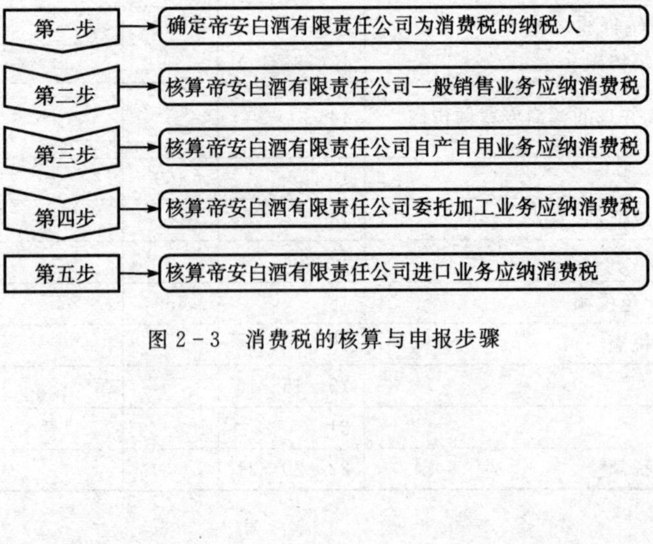

第一步	→	确定帝安白酒有限责任公司为消费税的纳税人
第二步	→	核算帝安白酒有限责任公司一般销售业务应纳消费税
第三步	→	核算帝安白酒有限责任公司自产自用业务应纳消费税
第四步	→	核算帝安白酒有限责任公司委托加工业务应纳消费税
第五步	→	核算帝安白酒有限责任公司进口业务应纳消费税

图 2-3　消费税的核算与申报步骤

任务操作

> 第一步:确定帝安白酒有限责任公司为消费税的纳税人

帝安白酒有限责任公司的主营业务是生产销售白酒,白酒是应征消费税的消费品,因此,该公司为消费税的纳税人,其销售白酒要缴纳消费税。

法理知识

一、纳税义务人

在中华人民共和国境内生产、委托加工和进口《中华人民共和国消费税暂行条例》规定的消费品的单位和个人,以及国务院确定的销售该条例规定的消费品的其他单位和个人,为消费税的纳税人,应当依照该条例缴纳消费税。单位,是指企业、行政单位、事业单位、军事单位、社会团体及其他单位。个人,是指个体工商户及其他个人。在中华人民共和国境内,是指生产、委托加工和进口属于应当缴纳消费税的消费品的起运地或者所在地在境内。

二、税目及税率

消费税税目税率如表 2-3 所示。

表 2-3 消费税税目税率表

税 目	税 率
一、烟	
1.卷烟	
工业	
(1)甲类卷烟	56%加 0.003 元/支
(2)乙类卷烟	36%加 0.003 元/支
批发环节	11%加 0.005 元/支
2.雪茄	36%
3.烟丝	30%
二、酒	
1.白酒	20%加 0.5 元/500 克(或者 500 毫升)
2.黄酒	240 元/吨
3.啤酒	
(1)甲类啤酒	250 元/吨
(2)乙类啤酒	220 元/吨
4.其他酒	10%
三、高档化妆品	15%

续表 2-3

税 目	税 率
四、贵重首饰及珠宝玉石	
1.金银首饰、铂金首饰和钻石及钻石饰品	5%
2.其他贵重首饰和珠宝玉石	10%
五、鞭炮、焰火	15%
六、成品油	
1.汽油	1.52元/升
2.柴油	1.2元/升
3.航空煤油	1.2元/升
4.石脑油	1.52元/升
5.溶剂油	1.52元/升
6.润滑油	1.52元/升
7.燃料油	1.2元/升
七、摩托车	
1.气缸容量250毫升的	3%
2.气缸容量在250毫升(不含)以上的	10%
八、小汽车	
1.乘坐用车	
(1)气缸容量(排气量,下同)在1.0升(含1.0升)以下的	1%
(2)气缸容量在1.0升以上至1.5升(含1.5升)的	3%
(3)气缸容量在1.5升以上至2.0升(含2.0升)的	5%
(4)气缸容量在2.0升以上至2.5升(含2.5升)的	9%
(5)气缸容量在2.5升以上至3.0升(含3.0升)的	12%
(6)气缸容量在3.0升以上至4.0升(含4.0升)的	25%
(7)气缸容量在4.0升以上的	40%
2.中轻型商用客车	5%
九、高尔夫球及球具	10%
十、高档手表	20%
十一、游艇	10%
十二、木制一次性筷子	5%
十三、实木地板	5%
十四、电池	4%
十五、涂料	4%

第二步:核算帝安白酒有限责任公司一般销售业务应纳消费税

【业务1】12月1日,以直接收款的方式向上海虹桥白酒批发公司销售白酒10吨,单价为40 000元/吨,开出增值税专用发票,为虹桥公司送货上门,收取运输费2 000元,开出普通发票,货物已发出。

帝安白酒有限责任公司生产销售的是白酒,消费税采用复合计税方法,即要按销售额乘以比例税率算从价计税的消费税,还要按销售数量乘以定额税率算从量计税的消费税。其中,运费是价外费用,应换算为含税的并入销售额征税,计算过程及会计处理如下:

应纳消费税=[10×40 000+2 000÷(1+17%)]×20%+10×2 000×0.5
　　　　　=[400 000+1 709.4]×20%+20 000×0.5=90 341.88(元)

借:税金及附加　　　　　　　　　　　90 341.88
　　贷:应交税费——应交消费税　　　　　　　　90 341.88

【业务2】12月6日,帝安公司推出促销策略,销售旧包装白酒,购买10吨以内,按销售额的2%给予折扣;购买10至20吨,按销售额的5%给予折扣;购买20吨以上,按销售额的10%给予折扣,旧包装白酒的售价为36 000元/吨。上海虹桥公司购买白酒15吨,以转账支票支付货款,帝安公司开出增值税专用发票,发票上单独列明折扣额。

帝安白酒有限责任公司以折扣销售(又称商业折扣)的方式销售白酒,符合法律规定,按折扣后的金额计算消费税,计算过程及会计处理如下:

应纳消费税=15×36 000×(1-5%)×20%+15×2 000×0.5
　　　　　=1 026 00+15 000=117 600(元)

借:税金及附加　　　　　　　　　　　117 600
　　贷:应交税费——应交消费税　　　　　　　　117 600

【业务3】12月8日,以现金折扣方式销售给南京中意白酒批发公司白酒10吨,单价40 000元/吨,折扣条件为(3/10,1/20,n/30)。

帝安白酒有限责任公司以现金折扣的方式销售白酒,按全额计算消费税,不得扣减折扣额,计算过程及会计处理如下:

应纳消费税=10×40 000×20%+10×2 000×0.5=80 000+10 000=90 000(元)

借:税金及附加　　　　　　　　　　　90 000
　　贷:应交税费——应交消费税　　　　　　　　90 000

【业务4】12月12日,赊销给南通白酒批发公司的白酒,由于帝安白酒有限责任公司在运输过程中造成包装破损,无法按正常价格销售,帝安白酒有限责任公司同意退回该批白酒。11月15日销售给南通公司白酒8吨,单价为40 000元/吨。

帝安白酒有限责任公司的销售退回应冲减退回当月的消费税,计算过程及会计处理如下:

应冲减的消费税=8×40 000×20%+8×2 000×0.5=64 000+8 000=72 000(元)

借:应交税费——应交消费税　　　　　72 000
　　贷:税金及附加　　　　　　　　　　　　　72 000

【业务5】12月14日,无锡金麦物资有限公司与帝安公司协商,以其15.2吨的高粱换1吨白酒,高粱的售价为2 500元/吨,白酒的售价为38 000元/吨,双方各自开具了增值税专用发票。

帝安白酒有限责任公司以白酒换高粱的行为,是以应税消费品换取生产资料,应按最高售价计算消费税,计算过程及会计处理如下:

应纳消费税＝1×43 000×20％＋1×2 000×0.5＝8 600＋1 000＝9 600(元)

借:税金及附加　　　　　　　　　　　9 600

　　贷:应交税费——应交消费税　　　　　　　　　9 600

【业务8】12月13日,苏州晋陵白酒批发公司以43 000元/吨的价格销售白酒10吨,给帝安白酒有限责任公司开具了代销清单并支付了货款,帝安白酒有限责任公司开出增值税专用发票。

帝安白酒有限责任公司委托代销行为的纳税义务发生时间为收到代销清单的当天,所以,应计算消费税,计算过程及会计处理如下:

应纳消费税＝10×39 000×20％＋10×2 000×0.5＝78 000＋10 000＝88 000(元)

借:税金及附加　　　　　　　　　　　88 000

　　贷:应交税费——应交消费税　　　　　　　　　88 000

【业务9】12月28日,收到泰州鑫鑫白酒批发公司的代销清单及货款,已销售白酒12吨,开出增值税专用发票。

帝安白酒有限责任公司委托代销行为的纳税义务发生时间为收到代销清单的当天,所以,应计算消费税,计算过程及会计处理如下:

应纳消费税＝12×43 000×20％＋12×2 000×0.5＝103 200＋12 000＝115 200(元)

借:税金及附加　　　　　　　　　　　115 200

　　贷:应交税费——应交消费税　　　　　　　　　115 200

法理知识

消费税的计算方法有以下三种:

一、从价定率计算方法

应纳税额＝应税消费品的销售额×比例税率

1.销售额

销售额是纳税人销售应税消费品向购买方收取的全部价款和价外费用。价外费用,是指价外向购买方收取的手续费、补贴、基金、集资费、返还利润、奖励费、违约金、滞纳金、延期付款利息、赔偿金、代收款项、代垫款项、包装费、包装物租金、储备费、优质费、运输装卸费以及其他各种性质的价外收费。但下列项目不包括在内:

(1)承运部门的运输费用发票开具给购买方,纳税人将该项发票转交给购买方的代垫运输费用。

(2)由国务院或者财政部批准设立的政府性基金,由国务院或者省级人民政府及其财政、价格主管部门批准设立的行政事业性收费,收取时开具省级以上财政部门印制的财政票据,所收款项全额上缴财政代为收取的政府性基金或者行政事业性收费。

2.含增值税销售额的换算

不含税销售额＝含税销售额÷(1＋税率或征收率)

3.自产销售应税消费品的会计处理

借:税金及附加

　　贷:应交税费——应交消费税

二、从量定额计算方法(会计处理同从价计税)

$$应纳税额＝应税消费品的销售数量×定额税率$$

1. 销售数量的确定

(1)销售应税消费品的,为应税消费品的销售数量。

(2)自产自用应税消费品的,为应税消费品的移送使用数量。

(3)委托加工应税消费品的,为纳税人收回的应税消费品数量。

(4)进口应税消费品的,为海关核定的应税消费品进口征税数量。

2. 计量单位的换算标准

啤　　酒 1 吨＝988 升	黄　　酒 1 吨＝962 升	汽　　油 1 吨＝1 388 升
柴　　油 1 吨＝1 176 升	航空煤油 1 吨＝1 246 升	石脑油 1 吨＝1 385 升
溶剂油 1 吨＝1 282 升	润　滑　油 1 吨＝1 126 升	燃料油 1 吨＝1 015 升

三、从价定率和从量定额复合计算方法(会计处理同从价计税)

$$应纳税额＝应税消费品的销售额×比例税率＋应税消费品的销售数量×定额税率$$

现行消费税的征税范围中,只有卷烟、白酒采用复合计算方法。

> **第三步:核算帝安白酒有限责任公司自产自用业务应纳消费税**

【业务 10】12 月 24 日,将开发的新品种白酒 1.85 吨分配给职工作为 2018 年元旦的职工福利,由于是新品种没有售价,新品种白酒的成本为 34 000 元/吨,成本利润率为 10%,帝安白酒有限责任公司的职工 10% 为管理人员,5% 为车间管理人员,85% 为生产工人。

帝安白酒有限责任公司将自产的白酒用于职工福利,属于自产自用用于其他方面,应视同销售,由于没有同类售价,按组成计税价格计算,计算过程及会计处理如下:

消费税组成计税价格＝[34 000×(1＋10%)×1.85＋1.85×2 000×0.5]÷(1－20%)

＝(69 190＋1 850)÷(1－20%)＝88 800(元)

应纳税消费税＝消费税组成计税价格×消费税税率＋销售数量×单位税额

＝88 800×20%＋1.85×2 000×0.5＝17 760＋1 850＝19 610(元)

借:应付职工薪酬　　　　　　　　　　　　　　　19 610

　　贷:应交税费——应交消费税　　　　　　　　　　　　19 610

【业务 13】12 月 4 日,采用直接收款方式向无锡井泉白酒批发公司销售白酒 20 吨,单价为 41 000 元/吨,收取出借包装物押金 7 000 元。

我国税法规定,对销售除啤酒、黄酒外的其他酒类产品而收取的包装物押金,无论是否返还以及会计上如何核算,均应并入当期销售额征收消费税;包装物押金应视为含税收入,换算为不含税收入计算消费税,计算过程及会计处理如下:

应纳消费税＝[20×41 000＋7 000÷(1＋17%)]×20%＋20×2 000×0.5

＝(820 000＋5 982.91)×20%＋20 000＝185 196.58(元)

借:税金及附加　　　　　　　　　　　　　185 196.58

　　贷:应交税费——应交消费税　　　　　　　　185 196.58

【业务 15】12 月 15 日,以赊销方式销售给新时代超市白酒 2 吨,单价为 39 000 元/吨,合同约定新时代超市当日先支付延期付款利息2 000元,2018年3月15日支付货款。帝安公司开具了2 000元的普通发票。

延期付款利息是价外费用,应视为含税收入,换算为不含税收入计算消费税,计算过程及会计处理如下:

延期付款利息应纳的消费税＝2 000÷(1＋17％)×20％＝341.88(元)

借:税金及附加 341.88
　贷:应交税费——应交消费税 341.88

【业务16】12月19日,采用预收款方式向苏州晋陵白酒批发公司销售白酒10吨,售价41 000元/吨,当日预收款50 000元,已存入银行。

采用预收方式销售白酒,收取预收款时不纳税,等到货物发出时再计算消费税。

【业务17】12月16日,上月销售给丹阳白酒批发公司的10吨白酒,由于质量问题,丹阳公司要求退货,收到了丹阳白酒批发公司"开具红字增值税专用发票通知单",开具红字增值税专用发票,退还货款380 000元,增值税64 600元。

帝安白酒有限责任公司的销售退回应冲减退回当月的消费税,计算过程及会计处理如下:

应冲减的消费税＝380 000×20％＋10×2 000×0.5＝76 000＋10 000＝86 000(元)

借:应交税费——应交消费税 86 000
　贷:税金及附加 86 000

法理知识

一、自产自用应税消费品

自产自用的应税消费品用于连续生产应税消费品的不征税。用于连续生产应税消费品,是指纳税人将自产自用的应税消费品作为直接材料生产最终应税消费品,自产自用应税消费品构成最终应税消费品的实体。

纳税人自产自用的应税消费品,除用于连续生产应税消费品外,凡用于其他方面的,于移送使用时纳税。用于其他方面,是指纳税人将自产自用应税消费品用于生产非应税消费品、在建工程、管理部门、非生产机构、提供劳务、馈赠、赞助、集资、广告、样品、职工福利、奖励等方面。

二、自产自用消费品价格的确定

(1)自产自用应税消费品凡用于其他方面,应当纳税的,按照纳税人生产的同类消费品的销售价格计算纳税。同类消费品的销售价格,是指纳税人或者代收代缴义务人当月销售的同类消费品的销售价格,如果当月同类消费品各期销售价格高低不同,应按销售数量加权平均计算。但销售的应税消费品有下列情况之一的,不得列入加权平均计算:①销售价格明显偏低并无正当理由的;②无销售价格的。

如果当月无销售或者当月未完结,应按照同类消费品上月或者最近月份的销售价格计算纳税。

(2)没有同类消费品销售价格的,按照组成计税价格计算纳税。

①实行从价定率办法计算纳税的组成计税价格计算公式:

组成计税价格＝(成本＋利润)÷(1－比例税率)

②实行复合计税办法计算纳税的组成计税价格计算公式:

组成计税价格＝(成本＋利润＋自产自用数量×定额税率)÷(1－比例税率)

三、自产自用应税消费品的会计处理

(一)生产的应税消费品用于在建工程或者直接转为固定资产的会计核算

借：固定资产——生产用固定资产

　　贷：库存商品

　　　　应交税费——应交增值税（销项税额）

　　　　　　——应交消费税

(二)生产的应税消费品用于职工福利、劳动保护的会计核算

借：应付职工薪酬

　　贷：主营业务收入

　　　　应交税费——应交增值税（销项税额）

　　　　　　——应交消费税

(三)生产的应税消费品用于捐赠的会计核算

借：营业外支出

　　贷：主营业务收入

　　　　应交税费——应交增值税（销项税额）

　　　　　　——应交消费税

(四)将自产应税消费品用于对外投资

借：长期股权投资

　　贷：主营业务收入

　　　　应交税费——应交增值税（销项税额）

　　　　　　——应交消费税

四、包装物的消费税规定

应税消费品连同包装物销售的，无论包装物是否单独计价以及在会计上如何核算，均应并入应税消费品的销售额中缴纳消费税。如果包装物不作价随同产品销售，而是收取押金，此项押金则不应并入应税消费品的销售额中征税。但对因逾期未收回的包装物不再退还的或者已收取的时间超过 12 个月的押金，应并入应税消费品的销售额，按照应税消费品的适用税率缴纳消费税。

对既作价随同应税消费品销售，又另外收取押金的包装物的押金，凡纳税人在规定的期限内没有退还的，均应并入应税消费品的销售额，按照应税消费品的适用税率缴纳消费税。

对销售除啤酒、黄酒外的其他酒类产品而收取的包装物押金，无论是否返还以及会计上如何核算，均应并入当期销售额征收消费税。

五、销售退回的规定

纳税人销售的应税消费品，如因质量等原因由购买者退回时，经机构所在地或者居住地主管税务机关审核批准后，可退还已缴纳的消费税税款。

第四步：核算帝安白酒有限责任公司委托加工业务应纳消费税

【业务 19】12 月 25 日，委托明达酒精厂加工酒精 6 吨，由帝安白酒有限责任公司提供原

材料,原材料的成本为50 000元,加工完成支付加工费用,取得的增值税专用发票上注明价款5 000元,酒精无同类售价。帝安公司收回的酒精全部用于本月白酒的生产。

帝安白酒有限责任公司委托加工酒精应交的消费税由明达酒精厂代扣代缴,酒精无同类售价应组成计税价格计算消费税计入原材料成本,计算过程及会计处理如下:

组成计税价格=(50 000+5 000)÷(1-5%)=57 894.74(元)

代收代缴的消费税=组成计税价格×税率=57 894.74×5%=2 894.74

借:原材料——酒精   2 894.74

    贷:银行存款   2 894.74

注:2014年12月1日起取消酒精消费税。此处为举例方便暂按缴纳消费税计算。

法理知识

一、委托加工的应税消费品

委托加工的应税消费品是指由委托方提供原料和主要材料,受托方只收取加工费和代垫部分辅助材料加工的应税消费品。对于由受托方提供原材料生产的应税消费品,或者受托方先将原材料卖给委托方,然后再接受加工的应税消费品,以及由受托方以委托方名义购进原材料生产的应税消费品,不论在财务上是否作销售处理,都不得作为委托加工应税消费品,而应当按照销售自制应税消费品缴纳消费税。

二、委托加工应税消费品组成计税价格的计算

(一)实行从价定率办法计算纳税的组成计税价格

组成计税价格=(材料成本+加工费)÷(1-比例税率)

材料成本是指委托方所提供加工材料的实际成本。委托加工应税消费品的纳税人,必须在委托加工合同上如实注明(或者以其他方式提供)材料成本,凡未提供材料成本的,受托方主管税务机关有权核定其材料成本。加工费是指受托方加工应税消费品向委托方所收取的全部费用(包括代垫辅助材料的实际成本,不包括增值税税金)。

(二)实行复合计税办法计算纳税的组成计税价格计算公式

组成计税价格=(材料成本+加工费+委托加工数量×定额税率)÷(1-比例税率)

三、外购或委托加工收回的应税消费品已纳税款的扣除

委托加工的应税消费品,除受托方为个人外,由受托方在向委托方交货时代收代缴税款。委托加工的应税消费品直接出售的,不再缴纳消费税,应将受托方代收代缴的消费税随同应支付的加工费一并计入委托加工的应税消费成本。委托个人加工的应税消费品,由委托方收回后缴纳消费税。委托加工产品收回后用于连续生产应税消费品的,受托方代收代缴的消费税准予按规定抵扣。

(一)委托加工应税消费品的扣除范围

(1)以外购或委托加工收回的已税烟丝为原料生产的卷烟;

(2)以外购或委托加工收回的已税高档化妆品为原料生产的高档化妆品;

(3)以外购或委托加工收回的已税珠宝、玉石为原料生产的贵重首饰及珠宝玉石;

(4)以外购或委托加工收回的已税鞭炮、焰火为原料生产的鞭炮、焰火;

(5)以外购或委托加工收回的已税摩托车生产的摩托车;

(6) 以外购或委托加工收回的已税杆头、杆身和握把为原材料生产的高尔夫球杆;

(7) 以外购或委托加工收回的已税木制一次性筷子为原材料生产的木制一次性筷子;

(8) 以外购或委托加工收回的已税实木地板为原材料生产的实木地板;

(9) 以外购或委托加工收回的已税汽油、柴油、石脑油、燃料油、润滑油为原材料生产的应税成品油。

从上述规定可以看出,除石脑油外,其他应税消费品在抵税时要求必须是同类消费品抵税;酒、小汽车、高档手表、游艇等应税消费品不得抵扣消费税。

允许扣除已纳税款的应税消费品只限于从工业企业购进的应税消费品和进口环节已缴纳消费税的应税消费品,对从境内商业企业购进应税消费品的已纳税款一律不得扣除。

(二)当期准予扣除的委托加工收回的应税消费品已纳消费税税款的计算公式

当期准予扣除的委托加工应税消费品已纳税款=期初库存的委托加工应税消费品已纳税款+当期收回的委托加工应税消费品已纳税款-期末库存的委托加工应税消费品已纳税款

📖 小贴士

纳税人用委托加工收回的已税珠宝石生产的改在零售环节征收消费税的金银首饰,在计税时一律不得扣除委托加工收回的珠宝石的已纳消费税税款。

四、委托加工的会计处理

企业委托加工的应税消费品,由受托方在向委托方交货时代扣代缴税款(除受托加工或翻新改制金银首饰按规定由受托方缴纳消费税外)。

(1) 委托加工的消费品,委托方用于连续生产应税消费品的,消费税计入"应交税费——应交消费税"科目的借方。

借:委托加工物资
　贷:原材料
借:委托加工物资
　　应交税费——应交消费税
　　应交税费——应交增值税(进项税额)
　贷:银行存款
借:原材料
　贷:委托加工物资

(2) 委托加工的应税消费品直接出售的,不再征收消费税。代收代缴的消费税计入"委托加工物资"科目的借方,受托加工或翻新改制金银首饰按规定由受托方缴纳消费税。企业应于向委托方交货时,按规定缴纳的消费税,借记"委托加工物资"科目,贷记"银行存款"科目。会计处理:

借:委托加工物资
　贷:原材料
借:委托加工物资　　　　　　　　　　　　(=加工费+辅助材料费+消费税)
　　应交税费——应交增值税(进项税额)
　贷:银行存款

借:库存商品

　　贷:委托加工物资

小贴士

兼营不同税率应税消费品的税务处理:纳税人兼营不同税率的应税消费品,应当分别核算不同税率应税消费品的销售额、销售数量。未分别核算销售额、销售数量,或者将不同税率的应税消费品组成成套消费品销售的,从高适用税率。

第五步:核算帝安白酒有限责任公司进口业务应纳消费税

【业务29】12月18日,以信用征存款进口酒精一批,全部用本月白酒的生产,支付国外的买价220万元、国外的经纪费4万元、自己的采购代理人佣金6万元;支付运抵我国海关地前的运输费用20万元、装卸费用和保险费用11万元;支付海关地再运往商贸公司的运输费用8万元、装卸费用和保险费用3万元。

帝安白酒有限责任公司进口的酒精应按组成计税价格计算进口环节的消费税,计算过程及会计处理如下:

关税完税价格＝220＋4＋20＋11＝255(万元)

进口环节应缴纳关税＝255×20％＝51(万元)

进口环节应缴纳消费税＝(220＋4＋20＋11＋51)÷(1－5％)×5％

　　　　　　　　　　＝322.11×5％＝16.11(万元)

借:原材料——酒精　　　　　　　　　　161 100

　　贷:其他货币资金——信用存款　　　　161 100

法理知识

一、进口应税消费品应纳税额的计算及消费税的征收管理

(一)进口应税消费品应纳税额的计算

纳税人进口应税消费品,按照组成计税价格和规定的税率计算应纳税额。进口应税消费品的计算公式:

1.实行从价定率办法的应税消费品的应纳税额的计算公式

组成计税价格＝(关税完税价格＋关税)÷(1－消费税比例税率)

应纳税额＝组成计税价格×消费税税率

2.实行从量定额办法的应税消费品的应纳税额的计算公式

应纳税额＝应税消费品数量×消费税定额税率

3.实行复合计税办法计算纳税的组成计税价格计算公式

组成计税价格＝(关税完税价格＋关税＋进口数量×消费税定额税率)÷(1－消费税比例税率)

(二)进口应税消费品应纳消费税的征收管理

进口应税消费品于报关进口时缴纳消费税;进口的应税消费品的消费税由海关代征;进口的应税消费品,由进口人或者其代理人向报关地海关申报纳税;纳税人进口应税消费品,应当

自海关填发进口消费税专用缴款书之日起 15 日内缴纳税款。

二、外购已税消费品已纳税款的规定

消费税采取一道环节征税,纳税人用外购已税消费品生产同类应税消费品的,按生产领用数量扣除已税消费税的税款。

(1)外购已税消费品的扣除范围(同委托加工应税消费品的扣除范围)。

(2)当期准予扣除外购应税消费品已纳消费税税款的计算公式为:

$$当期准予扣除的外购应税消费品已纳税款 = 当期准予扣除的外购应税消费品买价或数量 \times 外购应税消费品适用税率或税额$$

$$当期准予扣除的外购应税消费品买价或数量 = 当期库存的外购应税消费品的买价或数量 + 当期购进的应税消费品的买价或数量 - 期末库存的外购应税消费品的买价或数量$$

【业务 31】12 月 28 日,向韩国出口白酒 1 500 吨,国内港口的离岸价格为 520 万元,出口关税税率为 30%,退税率为 13%。

帝安白酒有限责任公司属于生产企业自营出口,免征消费税,不退税。

法理知识

一、出口应税消费品退税政策

(一)出口免税但不退税

有出口经营权的生产性企业自营出口或生产企业委托外贸企业代理出口自产的应税消费品,依其实际出口数量免征消费税,不予办理退还消费税。

(二)出口免税并退税

有出口经营权的外贸企业购进应税消费品直接出口,以及外贸企业受其他外贸企业委托代理出口的应税消费品,出口免税并退税。

外贸企业购进应税消费品直接出口,或者接受其他外贸企业委托代理出口应税消费品应退的消费税税款,分两种情况处理:

1.属于从价定率计征消费税的应税消费品

依据外贸企业从生产企业购进应税消费品价格计算应退消费税税款,其计算公式为:

$$应退消费税税款 = 出口货物的工厂销售额 \times 税率$$

公式中的"出口货物的工厂销售额"是指不包括增值税的收购金额,对含增值税的价格,应换算为不含增值税的销售额或收购金额。

2.属于从量定额计征消费税的应税消费品

应按货物报关出口的数量计算应退消费税税款,其计算公式为:

$$应退消费税税款 = 出口数量 \times 单位税额$$

进口时免税的应税消费品,出口办理退税后,发生退关或者国外退货的,必须及时向其机构所在地或者居住地主管税务机关申报补缴已退的消费税税款。

(三)出口不免税也不退税

除上述企业外一律不予退税。

二、出口应税消费品退税额的计算

当出口的货物是应税消费品时,其退还增值税要按规定的退税率计算;其退还消费税则按该消费品所适用的消费税税率计算。

1.属于从价定率计征消费税的应税消费品

$$应退消费税税款＝出口货物的工厂销售额×税率$$

2.属于从量定额计征消费税的应税消费品

$$应退消费税税款＝出口数量×单位税额$$

三、出口应税消费品的征收管理

(1)出口的应税消费品办理退税后,发生退关或者国外退货,进口时予以免税的,报关出口者必须及时向其机构所在地或者居住地主管税务机关申报补缴已退的消费税税款。

(2)纳税人直接出口的应税消费品办理免税后,发生退关或者国外退货,进口时已予以免税的,经机构所在地或者居住地主管税务机关批准,可暂不办理补税,待其转为国内销售时,再申报补缴消费税。

◆子任务二 消费税的纳税申报

任务分析

帝安白酒有限责任公司是消费税的纳税义务人,公司的生产过程中要进行消费税的核算,期末应在税务机关确定的纳税期限内,填写纳税申报表并缴纳税款。帝安白酒有限责任公司消费税的纳税申报步骤如图2-4所示。

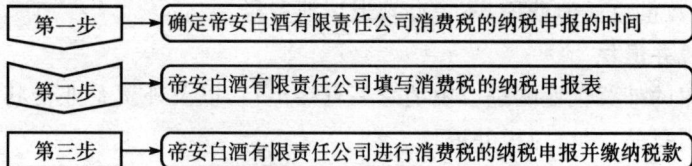

第一步	→	确定帝安白酒有限责任公司消费税的纳税申报的时间
第二步	→	帝安白酒有限责任公司填写消费税的纳税申报表
第三步	→	帝安白酒有限责任公司进行消费税的纳税申报并缴纳税款

图2-4 消费税的纳税申报步骤

任务操作

第一步:确定帝安白酒有限责任公司消费税的纳税申报的时间

帝安白酒有限责任公司应于2018年1月15日之前填写消费税纳税申报表,进行消费税纳税申报。

法理知识

一、消费税的纳税期限

消费税的纳税期限分别为1日、3日、5日、10日、15日、1个月或者1个季度。纳税人的具体纳税期限,由主管税务机关根据纳税人应纳税额的大小分别核定;不能按照固定期限纳税的,可以按次纳税。

纳税人以1个月或者1个季度为1个纳税期的,自期满之日起15日内申报纳税;以1日、3日、5日、10日或者15日为1个纳税期的,自期满之日起5日内预缴税款,于次月1日起15

日内申报纳税并结清上月应纳税款。

纳税人进口应税消费品,应当自海关填发海关进口消费税专用缴款书之日起 15 日内缴纳税款。

二、纳税义务发生时间

纳税人生产的应税消费品于销售时纳税,进口消费品应当于应税消费品报送进口环节纳税,但金银首饰、钻石及钻石饰品在零售环节纳税。

(1)纳税人销售应税消费品,其纳税义务的发生时间为:

①采取托收承付和委托银行收款方式销售货物,为发出货物并办妥托收手续的当天;

②采取赊销和分期收款方式销售货物,为书面合同约定的收款日期的当天,无书面合同的或者书面合同没有约定收款日期的,为货物发出的当天;

③采取预收货款方式销售货物,为货物发出的当天,但生产销售生产工期超过 12 个月的大型机械设备、船舶、飞机等货物,为收到预收款或者书面合同约定的收款日期的当天;

④纳税人采取其他结算方式的,其纳税义务的发生时间,为收讫销售款或者取得索取销售款凭据的当天;

⑤销售应税劳务,为提供劳务同时收讫销售款或者取得索取销售款的凭据的当天;

⑥纳税人发生视同销售货物行为的,为货物移送的当天。

(2)纳税人自产自用的应税消费品,其纳税义务的发生时间,为移送使用的当天。

(3)纳税人委托加工的应税消费品,其纳税义务的发生时间,为纳税人提货的当天。

(4)纳税人进口的应税消费品,其纳税义务的发生时间,为报送进口的当天。

> 第二步:帝安白酒有限责任公司填写消费税的纳税申报表

帝安白酒有限责任公司填写的消费税纳税申报表见表 2-4。

> 第三步:帝安白酒有限责任公司进行消费税的纳税申报并缴纳税款

帝安白酒有限责任公司应向江苏省镇江市税务局闵南分局进行纳税申报,交纳税申报表,并缴纳税款。

法理知识

一、纳税地点

(1)纳税人销售的应税消费品,以及自产自用的应税消费品,除国家另有规定外,应当向纳税人核算地主管税务机关申报纳税。

(2)委托加工的应税消费品,除受托方为个人外,由受托方向所在地主管税务机关缴纳消费税税款;委托个人加工的应税消费品,由委托方向其机构所在地或者居住地主管税务机关申报纳税。

(3)进口的应税消费品,由进口人或者其他代理人向报关地海关申报纳税。

(4)纳税人到外县(市)销售或委托外县(市)代销自产应税消费品的,于应税消费品销售后,向机构所在地或者居住地主管税务机关申报纳税。

表 2-4 酒类应税消费品消费税纳税申报表

税款所属期:2017 年 12 月 1 日至 2017 年 12 月 31 日

纳税人名称(公章):帝安白酒有限责任公司　纳税人识别号:|3|4|0|2|0|8|8|3|0|0|2|0|2|8|8| | | | |

填表日期:2018 年 1 月 5 日　　　　　　　　　　　　金额单位:元(列至角分)

项目　　应税消费品名称	适用税率		销售数量	销售额	应纳税额
	定额税率	比例税率			
粮食白酒	0.5元/斤	20%			
薯类白酒	0.5元/斤	20%			
啤酒	250元/吨	—			
啤酒	220元/吨	—			
黄酒	240元/吨	—			
其他酒	—	10%			
合计	—	—	—	—	—

本期准予抵减税额:	**声明**　　此纳税申报表是根据国家税收法律的规定填报的,我确定它是真实的、可靠的、完整的。
本期减(免)税额:	
期初未缴税额:	经办人(签章):　财务负责人(签章):　联系电话:
本期缴纳前期应纳税额:	(如果你已委托代理人申报,请填写)　　**授权声明**　　为代理一切税务事宜,现授权
本期预缴税额:	＿＿＿＿＿＿＿＿＿＿＿＿＿(地址)＿＿＿＿＿＿＿为本纳税人的代理申报人,任何与本申报表有关的往来文件,都可寄予此人。
本期应补(退)税额:	
期末未缴税额:	授权人签章:

以下由税务机关填写

受理人(签章):　　　受理日期:　　年　月　日　　　受理税务机关(章):

(5)纳税人的总机构与分支机构不在同一县(市)的,应当分别向各自机构所在地的主管税务机关申报纳税;经财政部、国家税务总局或者其授权的财政、税务机关批准,可以由总机构汇总向总机构所在地的主管税务机关申报纳税。

(6)纳税人销售的应税消费品,如因质量等原因由购买者退回时,经所在地主管税务机关审核批准后,可退还已征收的消费税税款,但不能自行直接抵减应纳税款。

二、缴纳消费税的会计处理

借:应交税费——应交消费税

　　贷:银行存款

任务三　关税的纳税会计与申报

◆子任务一　关税的纳税会计

任务分析

关税也是我国的流转税,是海关依法对进出境货物、物品征收的一种税。所谓"境"指关境,又称"海关境域"或"关税领域",是《中华人民共和国海关法》全面实施的领域。其中,香港和澳门保持自由港地位,为我国单独的关税地区,即单独关境区。通常情况下,一国关境与国境是一致的,包括国家全部的领土、领海、领空。但当某一国家在国境内设立了自由港、自由贸易区等,这些区域就进出口关税而言处在关境之外,此时,该国家的关境小于国境,如我国。关税的纳税申报由《中华人民共和国进出口关税条例》规定。帝安白酒有限责任公司关税纳税会计与申报的步骤如图2-5所示。

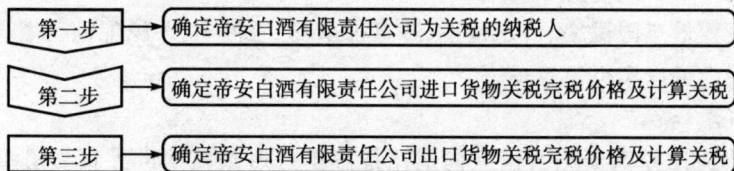

第一步	→	确定帝安白酒有限责任公司为关税的纳税人
第二步	→	确定帝安白酒有限责任公司进口货物关税完税价格及计算关税
第三步	→	确定帝安白酒有限责任公司出口货物关税完税价格及计算关税

图2-5　关税纳税会计与申报步骤

任务操作

第一步:确定帝安白酒有限责任公司为关税的纳税人

帝安白酒有限责任公司进口设备、酒精,将设备运往境外修理,是进出境业务,应交关税。帝安白酒有限责任公司是进出境货物的收、发货人,所以是关税的纳税人,应依据《中华人民共和国进出口税则》《中华人民共和国进境物品进口税率表》确定关税税率。

法理知识

一、关税的征税对象

关税的征税对象是进出境的货物和物品。"货物"是指贸易性商品,包括除按国家规定享受减免税的商品外的所有进出口商品及一小部分需要限制出口的商品;"物品"是指非贸易性商品,包括入境旅客随身携带的行李和物品、个人邮递物品、各种运输工具上的服务人员携带进口的自由物品、馈赠物品以及其他方式进境的个人物品。

二、关税的纳税人

关税纳税人为进口货物收货人、出口货物发货人、进出境物品的所有人。

(一)货物的纳税人

(1)外贸进出口公司;

(2)工贸或农贸结合的进出口公司;

(3)其他经批准经营进出口商品的企业。

(二)物品的纳税人

(1)入境旅客随身携带的行李、物品的持有者;

(2)各种运输工具服务员入境时携带自用物品的持有人;

(3)馈赠物品及其他方式进境的个人物品的所有人;

(4)进口个人邮件的收件人。

三、关税税则与税率

关税税则与税率由《中华人民共和国进出口税则》《中华人民共和国进境物品进口税率表》规定。

(一)进口税率

进口关税设置最惠国税率、协定税率、特惠税率、普通税率、关税配额税率等税率。对进口货物在一定期限内可以实行暂定税率。

1. 最惠国税率

最惠国税率适用原产于与我国共同适用最惠国待遇条款的世界贸易组织成员的进口货物;或原产于与我国签订有相互给予最惠国待遇条款的双边贸易协定的国家或地区的进口货物;以及原产于中华人民共和国境内的进口货物。

2. 协定税率

协定税率适用原产于与我国签订有含关税优惠条款的区域性贸易协定的有关缔约方的进口货物。例如,我国对原产于韩国、印度、斯里兰卡、孟加拉和老挝的部分商品实行"亚太贸易协定"协定税率。

3. 特惠税率

特惠税率适用原产于与我国签订有特殊关税优惠条款的贸易协定的国家或地区的进口货物。例如,我国对原产于孟加拉和老挝的部分商品实施特惠税率。

4. 普通税率

普通税率适用原产于上述国家或地区以外的国家和地区的进口货物;或者原产地不明的国家或者地区的进口货物。

5.关税配额税率

关税配额制度是国际通行的惯例,这是一种在一定数量内进口实行低关税,超过规定数量就实行高关税的办法。日本采取一次关税和二次关税就是依据不同数量规定实施不同税率的关税配额制度。配额是一种数量限制措施,超过限额数量后不能进口。而关税配额就有灵活性,对于必要的数量实行低关税,对于超过一定数量的进口则实行高关税,虽然这样关税高了,但还是允许进口,体现了关税杠杆的调节作用。实施关税配额管理的货物、税率、期限,由国务院关税税则委员会决定,海关总署公布。如我国对小麦、玉米、羊毛等八类农产品和尿素等三种化肥实行了进口关税配额税率。

(二)出口税率

出口关税设置出口税率,对出口货物在一定期限内可以实行暂定税率。

暂定税率的商品可分为两类:一类无技术规格,海关在征税时只需审核品名和税号无误后,即可执行;另一类附有技术规格,海关在征税时,除审核品名和税号外,还需对进口货物的技术规格进行专业认定后才能适用。实施暂定税率的货物、税率、期限,由国务院关税税则委员会决定,海关总署公布。

> **第二步:确定帝安白酒有限责任公司进口货物关税完税价格及计算关税**

【业务12】12月20日,根据企业产品结构调整的要求,将已实际使用3年免税进口的一套电子设备出售给另一企业,设备原值为52.5万元,售价为41.6万元,已提折旧15万元。该设备进口时的完税价格为50万元,关税税率为5%,海关规定的监管年限为5年,该企业应补缴关税。

完税价格=海关审定的该货物原进口时的价格×[1-申请补税时实际已使用的时间(月)÷(监管年限×12)]=50×[1-3×12÷(5×12)]=20(万元)

应补缴关税=完税价格×关税税率=20×5%=10(万元)

会计处理:

借:固定资产清理　　　　　　　　　　　10 000

　　贷:银行存款　　　　　　　　　　　　　　10 000

【业务28】12月14日,以信用证存款从国外进口一批加工设备共20台,每台价格3 000元人民币,该批设备运抵我国大连港起卸前的包装、运输、保险和其他劳务费用共计5 000元,海关于12月15日填发税款缴款书,由于该公司发生暂时经济困难,于12月28日才缴清税款,该类设备进口关税税率为30%。

关税完税价实际是到岸价,即"成本加运费加保险费"。

进口设备关税完税价=20×3 000+5 000=65 000(元)

应纳进口关税=65 000×30%=19 500(元)

进口设备缴纳的增值税=(20×3 000+5 000+19 500)×17%=14 365(元)

进口设备价值=关税完税价+关税=65 000+19 500=84 500(元)

12月15日会计处理:

借:固定资产　　　　　　　　　　　　　84 500

　　应交税费——应交增值税(进项税额)　14 365

贷：其他货币资金——信用存款 65 000
应交税费——应交关税 19 500
应付账款 14 365

【业务 29】12 月 18 日，以信用证存款进口酒精一批，全部用于本月白酒的生产，支付国外的买价 220 万元、国外的经纪费 4 万元、自己的采购代理人佣金 6 万元；支付运抵我国海关地前的运输费用 20 万元、装卸费用和保险费用 11 万元；支付海关地再运往商贸公司的运输费用 8 万元、装卸费用和保险费用 3 万元。货款以信用存款支付，进口环节的税金尚未支付。进口关税税率 20%。

帝安白酒有限责任公司进口环节的关税应按关税完税价格计算，完税价格不包括支付给自己的采购代理人佣金和支付海关地再运往商贸公司的运输费用、装卸费用和保险费用，这些费用直接计入采购成本。

关税完税价格＝220＋4＋20＋11＝255（万元）

进口环节应缴纳关税＝255×20%＝51（万元）

会计处理：

借：原材料 680 000
贷：应交税费——应交关税 510 000
其他货币资金 170 000

【业务 30】12 月 18 日，将以前年度进口的设备运往境外修理，设备进口时成交价格 58 万元，发生境外运费和保险费共计 6 万元；在海关规定的期限内复运进境，进境时同类设备价格 65 万元；发生境外修理费 8 万元，料件费 9 万元，境外运输费和保险费共计 3 万元，进口关税税率 20%。

关税完税价格＝8＋9＝17（万元）

关税＝（8＋9）×20%＝3.4（万元）

增值税＝（关税完税价格＋关税）×17%＝20.4×17%＝3.468（万元）

会计处理：

借：管理费用 234 000
应交税费——应交增值税（进项税额） 34 680
贷：银行存款 234 680
应交税费——应交关税 34 000

法理知识

一、关税完税价格

关税完税价格是海关以进出口货物的实际成交价格为基础，经调整确定的计征关税的价格。海关以进出口货物的实际成交价格为基础审定完税价格，实际成交价格是一般贸易项下进口或出口货物的买方为购买该项货物向卖方实际支付或应当支付的价格。

二、关税完税价格确定

（一）一般进口货物完税价格：以成交价格为基础的完税价格

进口货物的完税价格包括货物的货价、货物运抵我国境内输入地点起卸前的运输及其相关费用、保险费。

$$进口货物完税价格＝货价＋采购费用（包括货物运抵中国关境内输入地起卸前的运输、保险和其他劳务等费用）$$

1.进口货物的下列费用应当计入完税价格

(1)由买方负担的购货佣金以外的佣金和经纪费；

(2)由买方负担的在审查确定完税价格时与该货物视为一体的容器的费用；

(3)由买方负担的包装材料费用和包装劳务费用；

(4)与该货物的生产和向中华人民共和国境内销售有关的,由买方以免费或者以低于成本的方式提供并可以按适当比例分摊的材料、工具、消耗材料及类似货物的价款,以及在境外开发、设计等相关服务的费用；

(5)作为该货物向中华人民共和国境内销售的条件,买方必须支付的、与该货物有关的特许权使用费；

(6)卖方直接或者间接从买方获得的该货物进口后转售、处置或者使用的收益。

2.进口时在货物的价款中列明的下列税收、费用,不计入该货物的完税价格

(1)厂房、机械、设备等货物进口后进行建设、安装、装配、维修和技术服务的费用；

(2)进口货物运抵境内输入地点起卸后的运输及相关费用、保险费；

(3)进口关税及其他国内税。

(二)特殊进口货物完税价格

1.加工贸易进口料件及其制成品

(1)进口时需征税的进料加工进口料件,以该料件申报进口时的价格估定。

(2)内销的进料加工进口料件或其制成品,以料件原进口时的价格估定。

(3)内销的来料加工进口料件或其制成品,以料件申报内销时的价格估定。

(4)出口加工区内的加工企业内销的制成品,以制成品申报内销时的价格估定。

(5)保税区内的加工企业内销的进口料件或其制成品,分别以料件或制成品申报内销时的价格估定。

(6)加工贸易加工过程中产生的边角料,以申报内销时的价格估定。

2.运往境外修理的货物

运往境外修理的机械器具、运输工具或其他货物,出境时已向海关报明,并在海关规定期限内复运进境的,应当以海关审定的境外修理费和料件费审查确定完税价格。

3.运往境外加工的货物

运往境外加工的货物,出境时已向海关报明,并在海关规定期限内复运进境的,应当以海关审定的境外加工费和料件费以及该货物复运进境的运输及其相关费用和保险费审查确定完税价格。

4.暂时进境货物

对于经海关批准的暂时进境的货物,应当按照一般进口货物估价办法的规定估定完税价格。

5.租赁方式进口货物

租赁方式进口的货物中,以租金方式对外支付的租赁货物,在租赁期间以海关审定的租金作为完税价格；留购的租赁货物,以海关审定的留购价格作为完税价格；纳税义务人要求一次性缴纳税款的,经海关同意,按照一般进口货物估价办法的规定估定完税价格。

6. 留购的进口货样等

对于境内留购的进口货样、展览品和广告陈列品,以海关审定的留购价格作为完税价格。

7. 予以补税的减免税货物

减税或免税进口的货物需予补税时,应当以海关审定的该货物原进口时的价格,扣除折旧部分价值作为完税价格,其计算公式如下:

$$完税价格 = \frac{海关审定的该货物}{原进口时的价格} \times [1 - \frac{申请补税时实际}{已使用的时间(月)} \div (监管年限 \times 12)]$$

8. 以其他方式进口的货物

以易货贸易、寄售、捐赠、赠送等其他方式进口的货物,应当按照一般进口货物估价办法的规定,估定完税价格。

三、关税应纳税额的计算

$$应纳税额 = 应税进口货物数量 \times 单位完税价格 \times 适用税率$$

四、关税的会计处理

1. 自营进口业务的会计处理

见帝安白酒有限责任公司的会计处理。

2. 代理进口业务的会计处理

代理进口业务,由于代理企业不负责进口业务的盈亏,只收取一定的手续费,因此,代理进口业务的进口关税,由进口单位原数向委托单位收取,不在"税金及附加"账户核算。

计算关税时会计处理:

借:应收账款

　　贷:应交税费——应交关税

代交关税时会计处理:

借:应交税费——应交关税

　　贷:银行存款

收到委托单位的税款时会计处理:

借:银行存款

　　贷:应收账款

第三步:确定帝安白酒有限责任公司出口货物关税完税价格及计算关税

【业务31】12月28日,向韩国出口白酒1 500吨,国内港口的离岸价格为520万元,出口关税税率为30%,退税率为13%。

出口关税 = 5 200 000 ÷ (1 + 30%) × 30% = 1 200 000(元)

借:税金及附加　　　　　　　　　　　1 200 000

　　贷:应交税费——应交关税　　　　　　　1 200 000

法理知识

一、以成交价格为基础的完税价格

出口货物的完税价格由海关以该货物的成交价格为基础审查确定,并应包括货物运至我国境内输出地点装载前的运输及其相关费用、保险费,但其中包含的出口关税税额,应当扣除。出口货物成交价格中含有支付给国外的佣金,如与货物的离岸价格分列,应予扣除;未分列则不予扣除。售价中含离境口岸至境外口岸之间的运费、保险费的,该运费、保险费可以扣除。

二、出口货物海关估价方法

出口货物的成交价格不能确定的,海关经了解有关情况,并与纳税义务人进行价格磋商后,依次以下列价格审查确定该货物的完税价格:

(1)同时或者大约同时向同一国家或者地区出口的相同货物的成交价格;

(2)同时或者大约同时向同一国家或者地区出口的类似货物的成交价格;

(3)根据境内生产相同或者类似货物的成本、利润和一般费用(包括直接费用和间接费用)、境内发生的运输及其相关费用、保险费计算所得的价格;

(4)按照合理方法估定的价格。

三、关税应纳税额的计算

$$应纳税额＝应税出口货物数量×单位完税价格×适用税率$$

四、出口业务的会计处理

(一)自营出口业务的会计处理

借:税金及附加

  贷:应交税费——应交关税

(二)代理出口业务的会计处理

代理出口业务是指外贸企业代理其他单位经营出口业务。代理出口的盈亏由委托单位承担,代理出口企业的出口关税属代交项目,应如数向委托单位收取,会计处理同代理进口业务。

◆子任务二 关税的纳税申报

任务分析

纳税进口、出口货物关税时,应向货物进出境地海关申报,海关填写税款缴款书,纳税人应当自海关填发税款缴款书之日起 15 日内向指定银行缴纳税款。帝安白酒有限责任公司关税的纳税申报步骤如图 2-6 所示。

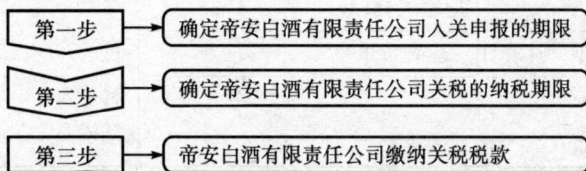

```
第一步  →  确定帝安白酒有限责任公司入关申报的期限

第二步  →  确定帝安白酒有限责任公司关税的纳税期限

第三步  →  帝安白酒有限责任公司缴纳关税税款
```

图 2-6 帝安白酒有限责任公司关税的纳税申报步骤

任务操作

第一步:确定帝安白酒有限责任公司入关申报的期限

帝安白酒有限责任公司进口货物应在运输工具申报进境之日起 14 日内,出口货物在运抵海关监管区后、装货的 24 小时以前,向货物进出境地海关申报。

法理知识

进口货物的纳税义务人应当自运输工具申报进境之日起 14 日内,出口货物的纳税义务人除海关特准的外,应当在货物运抵海关监管区后、装货的 24 小时以前,向货物的进出境地海关申报。

> 第二步:确定帝安白酒有限责任公司关税的纳税期限

帝安白酒有限责任公司应在海关填发税款缴款书(见表 2-5)之日起 15 日内,缴纳税款。比如,帝安白酒有限责任公司 12 月 14 日以信用证存款从国外进口加工设备,海关于 12 月 15 日填发税款缴款书,帝安白酒有限责任公司应于 12 月 29 日之前缴纳税款,其于 12 月 28 日缴清税款,没有违反法律规定。

表 2-5 海关(进出口关税)专用缴款书

收入系统:　　　　　　填发日期:　　　年　月　日

号码

收款单位	收入机关				缴款单位	名称	
	科目		预算级次			账号	
	收缴国库					开户银行	
税号	货物名称			数量	单位	完税价格	税率	税款金额
金额人民币(大写):						合计(¥)		
申请单位编号			报关单编号			填制单位		收款国库(银行)
合同(批文)号			运输工具(号)					
缴款期限	年　月　日		提/装货单号					
备注						制单人: 复核人:		

法理知识

一、关税的纳税期限

纳税义务人应当自海关填发税款缴款书之日起 15 日内向指定银行缴纳税款。纳税义务人未按期缴纳税款的,从滞纳税款之日起,按日加收滞纳税款万分之五的滞纳金。

关税滞纳金金额=滞纳关税税额×滞纳金征收比率(万分之五)×滞纳天数

二、关税纳税的特殊规定

纳税义务人因不可抗力或者在国家税收政策调整的情形下,不能按期缴纳税款的,经海关总署批准,可以延期缴纳税款,但是最长不得超过 6 个月。纳税义务人、担保人自缴纳税款期限届满之日起超过 3 个月仍未缴纳税款的,海关可以按照《中华人民共和国海关法》第 60 条的规定采取强制措施。

> **第三步:帝安白酒有限责任公司缴纳关税税款**

帝安白酒有限责任公司应在规定的期限内,去银行缴纳税款。

法理知识

一、缴纳关税的会计处理

借:应交税费——应交关税

　　贷:银行存款

二、关税退还

(一)海关误征的关税退还

纳税义务人发现因海关误征,多纳税款的,可自缴纳税款之日起 1 年内,书面声明理由,连同原纳税收据向海关申请退税,并加计同期银行利率计算的利息。

(二)核准免验进口的货物短缺的关税退还

海关核准免验进口的货物,在完税后,发现有短缺情况,经海关审查认可的,可自缴纳税款之日起 1 年内,书面声明理由,连同原纳税收据向海关申请退税,并加计同期银行利率计算的利息。

(三)因故退关的关税的退还

有下列情形之一的,纳税义务人自缴纳税款之日起 1 年内,可以申请退还关税,并应当以书面形式向海关说明理由,提供原缴款凭证及相关资料:

(1)已征进口关税的货物,因品质或者规格原因,原状退货复运出境的;

(2)已征出口关税的货物,因品质或者规格原因,原状退货复运进境,并已重新缴纳因出口而退还的国内环节有关税收的;

(3)已征出口关税的货物,因故未装运出口,申报退关的。

三、关税补征和追征

(一)关税补征

进出口货物放行后,海关发现少征或者漏征税款的,是因非纳税人违反海关规定造成的少征或漏征,应当自缴纳税款或者货物放行之日起 1 年内,向纳税义务人补征税款。

(二)关税追征

进出口货物放行后,海关发现少征或者漏征税款的,但因纳税义务人违反规定造成少征或者漏征税款的,海关可以自缴纳税款或者货物放行之日起 3 年内追征税款,并从缴纳税款或者货物放行之日起按日加收少征或者漏征税款万分之五的滞纳金。

海关发现海关监管货物因纳税义务人违反规定造成少征或者漏征税款的,应当自纳税义务人应缴纳税款之日起 3 年内追征税款,并从应缴纳税款之日起按日加收少征或者漏征税款万分之五的滞纳金。

四、关税减免

关税减免分为法定减免、特定减免、临时减免三种类型。

(一)法定减免

法定减免是税法中明确列出的减税或免税。符合税法规定可予减免税的进出口货物,纳税义务人无需提出申请,海关可按规定直接予以减免税。

(1)关税税额在人民币 50 元以下的一票货物,可免征关税;

(2)无商业价值的广告品和货样,可免征关税;

(3)外国政府、国际组织无偿赠送的物资,可免征关税;

(4)在海关放行前损失的货物,可免征关税;

(5)进出境运输工具装载的途中必需的燃料、物料和饮食用品,可予免税。

(二)特定减免

特定减免税也称政策性减免税。在法定减免税之外,国家按照国际通行规则和我国实际情况,制定发布的有关进出口货物减免税的政策,称为特定或政策性减免税。如,科学研究机构和学校,不以营利为目的,在合理数量范围内进口国内不能生产的科学研究和教学用品,直接用于科学研究或教学的,免征进口关税和进口环节增值税、消费税。

(三)临时减免

临时免税是对个别纳税人因遭受特殊困难而无力履行纳税义务,或因特殊原因要求减除纳税义务的,对其应履行的纳税义务给予豁免的特殊规定。它通常是定期的或一次性的免税,具有不确定性和不可预见性的特征。因此,这类免税与特定免税一样,一般都需要由纳税人提出申请,税务机关在规定的权限内审核批准后,才能享受免税的照顾。

项目演练

1.得利轿车生产企业为增值税一般纳税人,2017 年 11 月和 12 月的生产经营情况如下:

(1)11 月从国内购进汽车配件,取得增值税专用发票,注明金额 280 万元、增值税税额 47.6 万元。

(2)11 月在国内销售发动机 100 台给一小规模纳税人,取得收入 280.8 万元;出口发动机 800 台,取得销售额 2 900 万元。

(3)12 月进口原材料一批,支付给国外买价 340 万元,包装材料 12 万元,到达我国海关以前的运输装卸费 4 万元、保险费 16 万元,从海关运往企业所在地支付运输费 9 万元。

(4)12 月进口一台机械设备,支付给国外的买价 60 万元,相关税金 5 万元,支付到达我国海关以前的装卸费、运输费 8 万元,保险费 4 万元,从海关运往企业所在地支付运输费 6 万元。

(5)12 月国内购进钢材,取得增值税专用发票,注明金额 300 万元、增值税税额 51 万元,另支付购货运输费用 12 万元、装卸费用 3 万元;当月将 30% 用于企业基建工程。

(6)12 月 1 日将 A 型小轿车 130 辆赊销给境内某代理商,约定 12 月 15 日付款,15 日企业开具增值税专用发票,注明金额 2 340 万元、增值税税额 397.8 万元,代理商 30 日将货款和延期付款的违约金 8 万元支付给企业。

(7)12月销售A型小轿车12辆给本企业有突出贡献的业务人员,以成本价核算取得销售金额90万元。

(8)12月企业新设计生产新型小轿车2辆,每辆成本价14万元,为了检测其性能,将其移送企业下设的汽车维修厂进行碰撞实验,企业和维修厂位于同一市区,市场上无B型小轿车销售价格。

其他相关资料:①该企业进口原材料和机械设备的关税税率为10%;②生产销售的小轿车适用消费税率12%;③B型小轿车成本利润率8%;④城市维护建设税税率7%;⑤教育费附加征收率3%;⑥退税率13%。

要求:根据上述资料,代该企业进行增值税纳税申报。

2.兴隆公司2017年9月的生产情况如下:

(1)9月5日,以直接收款方式向华芳公司销售月饼一批,开出增值税专用发票注明不含税价款230万元,增值税税款为39.1万元,货物已经发出且对方已经收到。该批月饼成本为200万元。

(2)9月6日,根据委托代销协议,向欣欣食品公司发出月饼一批,该批月饼的生产成本为15万元。

(3)9月10日,收到欣欣食品公司支付的2017年6月份代销的食品——饼干的代销款项123 648元和代销手续费5 520元的发票。该批代销食品的基本情况是:实际成本为92 000元,不含增值税代销价格110 400元,增值税税款18 768元,兴隆公司根据代销价格和增值税税款的情况开出增值税专用发票;欣欣食品公司按受托代销商品价格5%计提手续费5 520元,给兴隆公司开出手续发票。

(4)9月15日,采用分期收款方式向华西超市销售蛋糕一批,不含税销售价格为156 000元,增值税税款26 520元,合同约定华西超市在2017年10月15日、2017年12月15日各支付50%的款项。该批蛋糕的生产成本为130 000元。

(5)9月16日,收到华西超市支付的款项127 360元,该批货物销售的情况为:2017年5月以赊销方式向华西超市销售蛋糕一批,不含税销售价格108 000元,增值税税款18 360元,合同约定9月16日由华西超市支付货款,并支付1 000元的延期付款利息,兴隆公司开出了一张价格税合计数为126 360元的增值税专用发票和1 000元的普通发票。该批货物的生产成本为90 000元。

(6)9月18日,采用直接收款方式向芳芳超市销售饼干一批,不含税销售价格为180 000元,增值税税款30 600元,货物已经发出,并已经开出增值税专用发票,但款项尚未收到。该批饼干的生产成本为150 000元。

(7)9月20日,采用直接收款方式向个体户销售蛋糕一批,含税销售价格为11 232元,兴隆公司送货上门,收取运费200元,兴隆公司共开出了11 432元的普通发票,此外兴隆公司收取了包装物押金300元,开出收款收据。该批蛋糕的生产成本为8 000元。

(8)9月22日,兴隆公司销售使用过的机器设备1台,含增值税销售收入为20 800元,兴隆公司开出普通发票。该设备是2016年8月购入的,账面原值为540 000元,已提折旧260 000元,账面净值为280 000元。

(9)9月25日,在国庆节到来之前,兴隆公司向华芳商场、华西超市、芳芳超市赠送了一批新口味的饼干,用于顾客免费品尝,该批饼干为新产品,无同类货物的销售价格,生产成本为

5 000元。

(10)9月26日,在中秋节到来之前,兴隆公司将本厂生产的月饼作为礼品送给客户,该批月饼的生产成本为3 000元,同类货物的不含税销售价格为3 750元。

(11)9月28日,在国庆节到来之前,兴隆公司将本厂生产的月饼分发给本厂职工,其中管理人员占20%,生产工人占80%,该批月饼的生产成本为6 000元,同类货物的不含税销售价格为7 500元。

(12)9月29日,因质量问题,华芳商场上月所购的一批饼干要求退货,收到了华芳商场主管税务机关的"开具红字增值税专用发票通知单",开具红字增值税专用发票,退还价款7 000元,增值税税款1 190元。

(13)9月3日,向长胜农场购进面粉一批,取得长胜农场开具的农产品销售发票,注明买价1 200 000元,该批货物的运杂费合计11 000元,货款及运费尚未支付。

(14)9月7日,从胜达公司购进纸箱一批,取得的增值税专用发票上注明价款10 000元,增值税税款1 700元,款项已经支付。

(15)9月12日,从新城粮油公司购进信用植物油一批,取得的增值税专用发票上注明价款35 000元,增值税税款4 550元,开出商业承兑汇票一张。

(16)9月15日,从华联商厦购进办公用品一批,取得的增值税专用发票上注明价款1 200元,增值税税款204元,款项已经支付。

(17)9月16日,从味更美食品公司购入食品添加剂一批,取得的增值税专用发票上注明价款35 200元,增值税税款5 984元,款项已经支付。

(18)9月17日,从甜美食品公司购入白砂糖一批,取得的增值税专用发票上注明价款8 900元,增值税税款1 513元,款项尚未支付。

(19)9月17日,为修建厂房,购进钢材一批,取得的增值税专用发票上注明价款300 000元,增值税税款51 000元,支付运费5 000元并取得普通发票,款项已经支付。

(20)9月21日,购进食品生产线一条,取得的增值税专用发票上注明200 000元,增值税税款34 000元,支付运费4 000元并取得增值税专用发票,款项尚未支付。

(21)9月25日,支付本月生产用电和办公楼用电的电费,取得增值税专用发票上注明价款9 500元,增值税税款1 615元,其中生产用电90%,办公楼用电10%,款项已经支付。

(22)9月28日,支付本月生产用水的水费,取得增值税专用发票上注明价款5 500元,增值税税款715元,款项已经支付。

(23)9月28日,将上个月从农场购入的面粉分发给本厂职工,该批面粉的成本为8 700元。

请为兴隆公司进行增值税纳税申报。

3. 宏欣地板厂系增值税一般纳税人,主要生产销售各种实木漆地板,也接受委托加工实木漆地板。2018年2月期末的增值税进项留抵税额为8 000元;各种增值税抵扣凭证均合法有效并在规定的时间办理了认证手续。

2018年3月有关经济业务如下:

(1)3月2日,发出漆板一批,成本价格为100 000元,委托代销商代销。

(2)3月7日,向林场购进其自产原木一批,取得林场开具的普通发票上注明价格为250 000元,款项通过银行转账付讫。

(3)3月8日,发出原木一批,委托协作厂加工实木白坯地板,实际成本为100 000元。

（4）3月9日，接受某装潢公司委托定制一批特种漆板，装潢公司发来加工用木材一批，成本为50 000元，已全部交到生产车间进行加工，以银行存款收取装潢公司加工定金3 000元。

（5）3月11日，向木材公司购进木材一批，取得增值税专用发票上注明价款200 000元、税额34 000元，开具商业承兑汇票一份。

（6）3月12日，协作厂实木白坯地板全部加工完毕，提货时，协作厂收取加工费开具增值税专用发票注明价款14 000元、税额2 380元，另代扣消费税6 000元，款项均已经支付；白坯实木地板收到后拟再生产漆板。

（7）3月13日，因材料仓库发生火灾，部分库存材料发生损失，经盘点损失情况为：外购原木30 000元，外购木材20 000元。

（8）3月15日，新办公楼在建工程领用漆板一批，成本价格为70 000元（同类产品销售价格为90 000元）。

（9）3月18日，上月销售的一批漆板质量有问题，经与购货主协调，购货方以8折购进，凭购货方主管税务机关出具的"开具红字专用发票通知单"开具红字增值税专用发票上注明价款20 000元、税额3 400元，同时款项也退还给购货方。

（10）3月22日，零售给居民个人漆板一批，价税合计11 700元，应居民要求上门铺装，另收铺装费2 000元，款项均收到并缴存银行。

（11）3月25日，装潢公司定制的特种漆板加工完毕，共105平方米，全部发给装潢公司，按协议约定收到加工费，开具增值税专用发票上注明价款7 000元、税额1 190元，余款5 190元装潢公司尚未支付，本厂无同类消费品的售价。

（12）3月28日，厂门市部报来零售漆板收入合计351 000元（按出厂价计算为292 500元），其中234 000元开具普通发票，其余部分款开具发票，所有款项已解存开户银行。

（13）3月31日，代销商发来本月代销漆板清单，当月代销收入价税合计409 500元，应付代销手续费15 000元，扣除3月16日已汇款项，收到代销商汇款394 500元。

（14）经核实3月白坯实木板期初无余额，期末余额为12 000元，发生额系生产漆板领用，其他业务无涉税事项。

补充资料：本月销售的实木地板为4 000平方米，2018年2月应缴未缴的消费税为45 000元，3月8日缴纳2月份的消费税。

要求：根据上述资料为宏欣地板厂进行增值税、消费税纳税会计处理及纳税申报。

项目小结

通过本项目的学习，学生应掌握流转税应纳税额的计算，能够根据计算的应纳税额进行会计处理，掌握流转税的纳税申报的时间、地点及纳税申报的填写，能够根据具体项目完成纳税申报。

项目三　行为税类的纳税会计与申报

学习目标

知识目标：掌握印花税、城市维护建设税和车辆购置税应纳税额的计算方法，熟悉印花税、城市维护建设税和车辆购置税的会计处理，了解印花税、城市维护建设税和车辆购置税的基本知识。

能力目标：能根据相关规定计算印花税、城市维护建设税和车辆购置税应纳税额；能熟练填制印花税、城市维护建设税和车辆购置税纳税申报表，正确进行纳税申报；能根据相关业务进行印花税、城市维护建设税和车辆购置税的会计处理。

项目描述

一、企业概况

企业名称：育华技术有限公司

企业性质：有限责任公司

企业地址：江南市韩林路 47 号　电话：3266211

企业所属行业：服务业

纳税人识别号：110105421512425

税收征收机关：江南市第一税务局

开户银行：建设银行韩林路支行　账号：5012558211

二、具体业务

(1)育华技术有限公司于 2017 年 6 月 21 日开业，当年发生以下有关业务事项：领受房屋产权证、工商营业执照、土地使用证各 1 件；订立 1 份商品购销合同，合同金额为 100 万元；订立借款合同 1 份，所载金额为 100 万元；企业开设资金账簿，"实收资本"为 500 万元，"资本公积"为 100 万元；其他账簿 20 本。

(2)2017 年 9 月实际缴纳增值税 60 000 元，缴纳消费税 10 000 元。

(3)2017 年 10 月 1 日从上海大众汽车公司购买汽车 1 辆，支付含增值税车价款 234 000元，另支付车辆装饰费 5 850 元。

请你为育华技术有限公司进行印花税、城市维护建设税及车辆购置税的纳税会计核算与申报。

项目分析

按照《中华人民共和国税收征收管理法》《中华人民共和国税收征收管理法实施细则》《中华人民共和国印花税暂行条例》《中华人民共和国城市维护建设税暂行条例》《中华人民共和国

车辆购置税暂行条例》的规定,育华技术有限公司于2017年6月21日开业,由于领受了房屋产权证、工商营业执照、土地使用证各1件,订立1份商品购销合同,订立借款合同1份,企业开设资金账簿和其他账簿,因此,企业需要缴纳印花税并申报;由于2017年9月实际缴纳增值税、消费税,因此,企业需要缴纳城市维护建设税并申报;2017年10月1日从上海大众汽车公司购买汽车1辆,支付含增值税车价款和车辆装饰费,因此,企业需要缴纳车辆购置税并申报。为此,育华技术有限公司需完成如下任务。

任务一　印花税的纳税会计与申报

◆子任务一　印花税的纳税会计

任务分析

在中华人民共和国境内书立、领受《中华人民共和国印花税暂行条例》所列举凭证的单位和个人,都是印花税的纳税义务人,应当按照该条例规定缴纳印花税。印花税的核算步骤如图3-1所示。

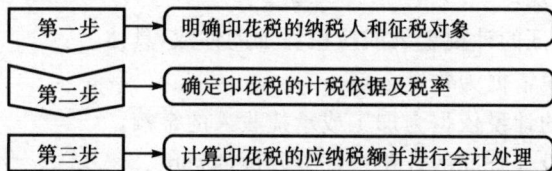

第一步 → 明确印花税的纳税人和征税对象

第二步 → 确定印花税的计税依据及税率

第三步 → 计算印花税的应纳税额并进行会计处理

图3-1　印花税的核算步骤

任务操作

第一步:明确印花税的纳税人和征税对象

本项目中印花税的纳税人是育华技术有限公司,征税对象是房屋产权证、工商营业执照、土地使用证、购销合同、借款合同、资金账簿和其他账簿。

法理知识

一、纳税义务人

印花税的纳税人是指在我国境内书立、领受、使用印花税征税范围所列凭证的单位和个人,包括各类企业、事业、机关、团体、部队以及中外合资经营企业、中外合作经营企业、外资企业、外国公司企业和其他经济组织及其在华机构等单位和个人。

二、征税对象

印花税是对经济活动和经济交往中书立、使用、领受各种应税凭证而征收的一种税。现行印花税只对《中华人民共和国印花税暂行条例》列举的凭证征税,没有列举的凭证不征税。具体征税范围包括经济合同、产权转移书据、营业账簿,以及权利、许可证照和经财政部确定征税的其他凭证。

第二步:确定印花税的计税依据及税率

本项目印花税的计税依据分别是:房屋产权证、工商营业执照、土地使用证的计税依据为应税凭证件数共计 3 件;订立 1 份商品购销合同,其计税依据为购销金额 100 万元;订立借款合同 1 份,其计税依据为借款金额 100 万元;企业营业账簿包括实收资本、资本公积和其他账簿,营业账簿的计税依据为实收资本与资本公积 2 项合计金额 600 万元,其他账簿的计税依据为应税凭证件数共 20 件。

本项目印花税的适用税率分别是房屋产权证、工商营业执照、土地使用证均属于权利许可证照税目,营业账簿税目中的其他账簿可采用定额税率,均为按件贴花 5 元;资金账簿按实收资本与资本公积的合计金额万分之五贴花。

法理知识

一、印花税的计税依据

1. 计税依据的一般规定

计税依据是应税凭证的计税金额或应税凭证的件数,具体为:

(1)购销合同的计税依据为购销金额。

(2)加工承揽合同的计税依据为加工或承揽收入的金额。

(3)建设工程勘察设计合同的计税依据为收取的费用。

(4)建筑安装工程承包合同的计税依据为承包金额。

(5)财产租赁合同的计税依据为租赁金额;经计算,税额不足 1 元的,按 1 元贴花。

(6)货物运输合同的计税依据为运输费用,但不包括装卸费用、保险费。

(7)仓储保管合同的计税依据为仓储保管费用。

(8)借款合同的计税依据为借款金额。

(9)财产保险合同的计税依据为保险费,不包括所保财产的金额。

(10)技术合同的计税依据为合同所载金额、报酬或使用费。

(11)产权转移书据的计税依据为合同所载金额。

(12)营业账簿税目中记载资金的账簿的计税依据为"实收资本"与"资本公积"两项的合计金额,其他账簿的计税依据为应税凭证件数。

(13)权利、许可证照的计税依据为应税凭证件数。

2. 特殊规定

(1)上述凭证以"金额""收入""费用"作为计税依据的,应当全额计税,不得作任何扣除。

(2)同一凭证载有 2 个或 2 个以上经济事项而适用不同税目税率,如分别记载金额的应分别计算应纳税额,相加后按合计额贴花;如未分别记载金额的,按税率高的计税贴花。

(3)按金额比例贴花的应税凭证,未标明金额的,应按照凭证所载数量及国家牌价计算金额。

二、税率

印花税的税率设计,遵循税负从轻、共同负担的原则。所以,税率比较低,凭证的当事人都应就其所持凭证依法纳税。

印花税采用比例税率和定额税率两种形式。在印花税的 13 个税目中，"权利、许可证照"税目、"营业账簿"税目中的其他账簿，适用定额税率，均为按件贴花，税额为 5 元；其他税目，均采用比例税率。印花税税目税率见表 3-1。自 2018 年 5 月 1 日起，对按万分之五税率贴花的资金账簿减半征收印花税，对按件贴花 5 元的其他账簿免征印花税。

表 3-1 印花税税目税率表

税 目	范 围	税 率	纳税人	说 明
1.购销合同	包括供应、预购、采购、购销结合及协作、调剂、补偿、易货等合同	按购销金额的万分之三贴花	立合同人	
2.加工承揽合同	包括加工、定作、修缮、修理、印刷、广告、测绘、测试等合同	按加工或承揽收入的万分之五贴花	立合同人	
3.建设工程勘察设计合同	包括勘察、设计合同	按收取费用的万分之五贴花	立合同人	
4.建筑安装工程承包合同	包括建筑、安装工程承包合同	按承包金额的万分之三贴花	立合同人	
5.财产租赁合同	包括租赁房屋、船舶、飞机、机动车辆、机械、器具、设备等合同	按租赁金额的千分之一贴花，税额不足 1 元的按 1 元贴花	立合同人	
6.货物运输合同	包括民用航空、铁路运输、海上运输、内河运输、公路运输和联运合同	按运输收取费用的万分之五贴花	立合同人	单据作为合同使用的，按合同贴花
7.仓储保管合同	包括仓储、保管合同	按仓储保管费用的千分之一贴花	立合同人	仓单或栈单作为合同使用的，按合同贴花
8.借款合同	银行及其他金融机构和借款人（不包括银行同业拆借）所签订的借款合同	按借款金额的万分之零点五贴花	立合同人	单据作为合同使用的，按合同贴花
9.财产保险合同	包括财产、责任、保证、信用等保险合同	按保险费收入的千分之一贴花	立合同人	单据作为合同使用的，按合同贴花
10.技术合同	包括技术开发、转让、咨询、服务等合同	按所载金额的万分之三贴花	立合同人	
11.产权转移书据	包括财产所有权和版权、商标专用权、专利权、专有技术使用权等转移书据	按所载金额的万分之五贴花	立合同人	

续表 3-1

税　目	范　围	税　率	纳税人	说　明
12.营业账簿	生产经营用账册	记载资金的账簿按"实收资本""资本公积"两项合计金额的万分之五贴花,其他按件贴花 5 元	立账簿人	
13.权利、许可证照	包括政府部门发给的房屋产权证、工商营业执照、商标注册证、专利证土地使用证	按件贴花 5 元	领受人	

　　注:因证券交易税暂未开征,现行 A 股、B 股股权转让,以证券市场当日实际成交价格计算的金额,由卖出方按 1‰(2008 年 9 月 19 日起)的税率缴纳印花税。

> **第三步:计算印花税的应纳税额并进行会计处理**

　　【业务 1】育华技术有限公司于 2017 年 6 月 21 日开业,当年发生以下有关业务事项:领受房屋产权证、工商营业执照、土地使用证各 1 件;订立 1 份商品购销合同,合同金额为 100 万元;订立借款合同 1 份,所载金额为 100 万元;企业开设资金账簿,"实收资本"为 500 万元,"资本公积"为 100 万元;其他账簿 20 本。

　　该公司当年应缴纳的印花税税额的计算如下:

　　(1)企业领受权利、许可证照应纳税额

　　应纳税额=3×5=15(元)

　　(2)企业订立购销合同应纳税额

　　应纳税额=1 000 000×0.3‰=300(元)

　　(3)企业订立借款合同应纳税额

　　应纳税额=1 000 000×0.05‰=50(元)

　　(4)企业记载资金的账簿应纳税额

　　应纳税额=(5 000 000+1 000 000)×0.5‰=3 000(元)

　　(5)企业其他营业账簿应纳税额

　　应纳税额=20×5=100(元)

　　(6)企业当年应纳印花税税额

　　应纳印花税税额=15+300+50+3 000+100=3 465(元)

　　印花税的应纳税额会计处理如下:

　　借:税金及附加　　　　　　　　　　3 465

　　　　贷:应交税费——应交印花税　　　　　　3 465

　　借:应交税费——应交印花税　　　　3 465

　　　　贷:银行存款　　　　　　　　　　　　　3 465

法理知识

一、印花税应纳税额的计算

根据应税凭证的性质,印花税的计算可采用从价定率计算和从量定额计算两种方法,其计算公式为:

$$应纳税额＝应税凭证计税金额×适用税率$$
$$或＝应税凭证件数×适用税额$$

二、印花税的税收优惠

下列凭证免征印花税:

(1)已缴纳印花税的凭证的副本或抄本。但以副本或者抄本视同正本使用的,则应另贴印花。

(2)财产所有人将财产赠给政府、社会福利机构、学校所书立的书据。

(3)国家指定的收购部门与村民委员会、农民个人书立的农副产品收购合同。

(4)无息、贴息贷款合同。

(5)外国政府或国际金融组织向我国政府及国家金融机构提供优惠贷款所书立的合同。

(6)房地产管理部门与个人签订的用于生活居住的租赁合同。

(7)农牧业保险合同。

(8)特殊的货运凭证,如:军需物资运输凭证、抢险救灾物资运输凭证、新建铁路的工程临管线运输凭证。

(9)经财政部批准免税的其他凭证。

三、印花税的会计处理

企业计提印花税:

借:税金及附加

　　贷:应交税费——应交印花税

缴纳印花税:

借:应交税费——应交花税

　　贷:银行存款

◆子任务二　印花税的纳税申报

任务分析

印花税的纳税单位在书立领受各项印花税应税凭证时贴花完税,贴花完税后将本季度应税凭证的完税情况(包括大额缴款,汇总缴纳)填写印花税纳税申报表,于每季度终了后10日内向所在地税务机关申报。机关、团体、部队、学校等单位一般只办理注册税务登记的,一年申报一次,于次年1月底以前申报。印花税纳税义务发生的时间为应税凭证书立或领受的当时,即纳税人书立和领受了应税凭证,就应履行纳税义务贴花完税。印花税纳税申报的步骤如图3-2所示。

```
第一步  →  明确印花税纳税申报的方法

第二步  →  明确印花税纳税环节

第三步  →  明确印花税纳税地点

第四步  →  进行印花税纳税申报
```

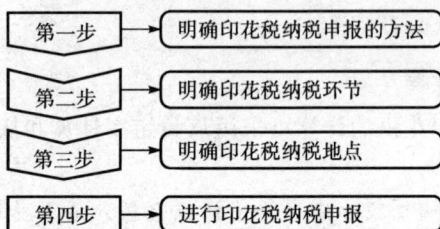

图 3-2　印花税纳税申报步骤

任务操作

第一步：明确印花税纳税申报的方法

本项目印花税纳税申报的方法是采用汇贴办法。

法理知识

印花税的纳税办法，根据应纳税额的大小、纳税次数的多少，以及税收征收管理的需要，分别采用以下三种纳税方法：

1. 自行贴花办法

这种办法，一般适用于应税凭证较少或同一种纳税次数较少的纳税人，使用范围较为广泛。纳税人书立、领受或者使用印花税征税范围所列应税凭证的同时，纳税义务即已产生，应当根据应税凭证的性质和适用的税目税率，自行计算应纳税额，自行向当地税务机关购买印花税票，并在应税凭证上一次贴足印花税票并加以注销或划销，纳税义务才算全部履行完毕。这就是印花税的"三自"纳税办法。按比例税率纳税而应纳税额不足1角的免纳印花税，应纳税额在1角以上的，其税额尾数不满5分的不计，满5分的按1角计算缴纳；对财产租赁合同规定了最低1元的应纳税额起点，即税额超过1角但不足1元的，按1元纳税。采用该纳税方法的纳税人，一般无需填写印花税纳税申报表。

2. 汇贴或汇缴办法

这种办法，一般适用于应税税额较大或贴花次数频繁的纳税人。

一份凭证应纳税额超过500元的，应向当地税务机关申请填写缴款书或者完税证，将其中一联粘贴在凭证上或由税务机关在凭证上加注完税标记代替贴花。这就是通常所说的"汇贴"办法。

对同一种凭证需频繁贴花的，纳税人可根据实际情况自行决定是否采用按期汇总缴纳印花税的方式。汇总缴纳的期限最长不得超过1个月。纳税期满后，纳税人应填写印花税纳税申报表，向主管税务机关申报纳税。凡汇缴印花税的凭证，应加盖税务机关的汇缴戳记，编号并装订成册后，将已贴印花税票或缴款书的一联粘附册后，盖章注销，保存备查。

3. 委托代征

委托代征是受托单位按税务机关的要求，以税务机关的名义向纳税人征收税款的一种方式。受托单位一般是发放、鉴证、公证应税凭证的政府部门或其他社会组织。税务机关应与代征单位签订代征委托书。纳税人在办理应税凭证相关业务时,由上述受托单位代为征收印花税款,要求纳税人购花并贴花,这主要是为了加强税源控制。

┌───┐
│ 第二步:明确印花税纳税环节   │
└───┘

本项目中育华技术有限公司在领取房屋产权证、工商营业执照、土地使用证时贴花,购销合同与借款合同在签订时贴花,资金账簿和其他账簿启用时贴花。

法理知识

印花税一般在应税凭证书立或领受时贴花。具体是指在权利、许可证照领取时贴花,合同在签订时贴花,产权转移书据是在立据时贴花,营业账簿是在启用时贴花。如果合同是在国外签订,并且不便在国外贴花的,应在将合同带入境时办理贴花纳税手续。

┌───┐
│ 第三步:明确印花税纳税地点   │
└───┘

本项目中育华技术有限公司的纳税地点为江南市第一税务局。

法理知识

印花税一般实行就地纳税。如果是全国性订货会所签合同应纳的印花税,由纳税人回其所在地办理贴花;对地方主办,不涉及省际关系的订货会、展销会上所签合同的印花税,由省级政府自行确定纳税地点。

┌───┐
│ 第四步:进行印花税纳税申报   │
└───┘

本项目中育华技术有限公司填写印花税纳税申报表,见表3-2。

表3-2 印花税纳税申报表

税款所属期限:自2017年6月21日至2017年12月30日　　填表日期:2018年1月7日　　金额单位:元至角分

纳税人识别号: 1 1 0 1 0 5 4 2 1 5 1 2 4 2 5 □ □ □ □

纳税人信息	名称	育华技术有限公司			□单位　　　　□个人				
	登记注册类型		所属行业		服务业				
	身份证件号码		联系方式						

应税凭证	计税金额或件数	核定征收		适用税率	本期应纳税额	本期已缴税额	本期减免税额		本期应补(退)税额
		核定依据	核定比例				减免性质代码	减免额	
	1	2	4	5	6=1×5+2×4×5	7	8	9	10=6-7-9
购销合同	1 000 000			0.3‰	300				300
加工承揽合同				0.5‰					

建设工程勘察设计合同			0.5‰					
建筑安装工程承包合同			0.3‰					
财产租赁合同			1‰					
货物运输合同			0.5‰					
仓储保管合同			1‰					
借款合同	1 000 000		0.05‰	50				50
财产保险合同			1‰					
技术合同			0.3‰					
产权转移书据			0.5‰					
营业账簿（记载资金的账簿）	6 000 000	—	0.5‰	3 000				3 000
营业账簿（其他账簿）	20	—	5	100				100
权利、许可证照	3	—	5	15				15
合计	—	—	—	3 465				

以下由纳税人填写：	
纳税人声明	此纳税申报表是根据《中华人民共和国印花税暂行条例》和国家有关税收规定填报的,是真实的、可靠的、完整的。
纳税人签章	代理人签章　　　　　　代理人身份证号
以下由税务机关填写：	
受理人	受理日期　　年　月　日　　受理税务机关签章

本表一式两份,一份纳税人留存,一份税务机关留存。

减免性质代码:减免性质代码按照国家税务总局制定下发的最新《减免性质及分类表》中的最细项减免性质代码填报。

法理知识

印花税纳税申报应按照规定及时办理纳税申报,并如实填写印花税纳税申报表。

任务二 城市维护建设税的纳税会计与申报

◆子任务一 城市维护建设税的纳税会计

任务分析

根据《中华人民共和国税收征收管理法》《中华人民共和国税收征收管理法实施细则》《中华人民共和国城市维护建设税暂行条例》的规定,凡缴纳消费税、增值税的单位和个人,都是城市维护建设税的纳税义务人(以下简称纳税人),都应当依照规定缴纳城市维护建设税。城市维护建设税,以纳税人实际缴纳的消费税、增值税税额为计税依据,分别与消费税、增值税同时缴纳。城市维护建设税(简称城建税)的核算步骤如图3-3所示。

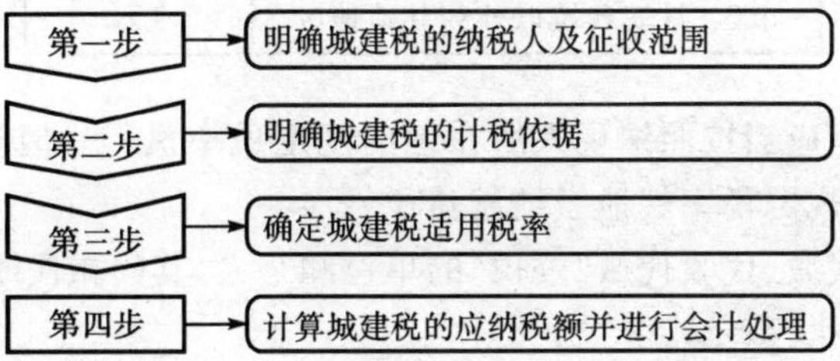

第一步	明确城建税的纳税人及征收范围
第二步	明确城建税的计税依据
第三步	确定城建税适用税率
第四步	计算城建税的应纳税额并进行会计处理

图3-3 城市维护建设税的核算步骤

任务操作

第一步:明确城建税的纳税人及征收范围

本项目中城建税的纳税人是育华技术有限公司,城建税在江南市第一税务局征收。

法理知识

城建税的纳税义务人是负有缴纳增值税、消费税的单位和个人。

城建税在全国范围内征收,具体包括城市、县城、建制镇以及税法规定的其他地区。即,只要缴纳增值税、消费税,除税法另有规定者外,都属于城建税的范围。

第二步:明确城建税的计税依据

本项目城建税的计税依据是增值税60 000元、消费税10 000元二税税额。

法理知识

城建税的计税依据是指纳税人实际缴纳的"二税"税额,但不包括纳税人违反"二税"有关税法而加收的滞纳金和罚款,但纳税人在被查补"二税"和被处以罚款时,应同时对其偷漏的城建税进行补税、征收滞纳金和罚款。城建税以"二税"税额为计税依据并同时征收,如果免征或减征"二税",也就同时免征或减征城建税。但对出口商品退还增值税、消费税时,不退还已缴纳的城建税。

> **第三步:确定城建税适用税率**

本项目中育华技术有限公司所在地区是市区,其适用税率为7%。

法理知识

城建税采用比例税率。按纳税人所在地的不同,设置三档差别比例税率(见表3-3)。

表3-3 城建税税率表

纳税人所在地区	税率
市区	7%
县城和镇	5%
市区、县城和镇以外的其他地区	1%

城建税的适用税率,应当按照纳税人所在地的规定税率执行。但是,对下列两种情况,可按缴纳"二税"所在地的规定税率就地缴纳城建税:

(1)由受托方代扣代缴、代收代缴"二税"的单位和个人,其代扣代缴、代收代缴的城建税按受托方所在地适用税率执行;

(2)流动经营等无固定纳税地点的单位和个人,在经营地缴纳"二税"的,其城建税的缴纳按经营地适用税率执行。

> **第四步:计算城建税的应纳税额并进行会计处理**

【业务2】2017年9月实际缴纳增值税60 000元,缴纳消费税10 000元。

城建税的应纳税额=(60 000+10 000)×7%=4 900(元)

城建税的应纳税额会计处理如下:

借:营业税金及附加——城市维护建设税　4 900
　　贷:应交税费——应交城市维护建设税　　　4 900

法理知识

一、应纳税额的计算

城建税的应纳税额是按纳税人实际缴纳的"二税"税额计算的,其计算公式为:

应纳税额=纳税人实际缴纳的增值税、消费税之和×适用税率

二、城建税优惠政策

城建税原则上不单独减免,但因其具有附加税性质,当主税发生减免时,城建税也相应发生减免。具体有以下几种情况:

(1)随"二税"的减免而减免。

(2)随"二税"的退库而退库。

(3)海关对进口产品代征的增值税、消费税,不征收城建税。

（4）对"二税"实行先征后返、先征后退、即征即退办法的，除另有规定外，对随"二税"附征的城建税和教育费附加，一律不予退（返）还。

三、城建税的会计处理

城建税的会计核算应设置"应交税费——应交城市维护建设税"科目。计提城建税时，应借记"税金及附加"科目，贷记本科目；实际缴纳城建税时，应借记本科目，贷记"银行存款"科目。本科目期末贷方余额反映企业应交而未交的城建税。

◆子任务二 城市维护建设税的纳税申报

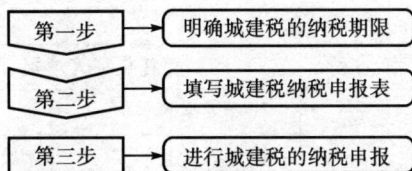

第一步	明确城建税的纳税期限
第二步	填写城建税纳税申报表
第三步	进行城建税的纳税申报

图 3-4 城建税纳税申报步骤

任务分析

根据《中华人民共和国税收征收管理法》《中华人民共和国税收征收管理法实施细则》《中华人民共和国城市维护建设税暂行条例》的规定，企业应当于月度终了后在进行"二税"申报的同时，进行城建税的纳税申报。城建税纳税申报步骤如图 3-4 所示。

任务操作

> **第一步**：明确城建税的纳税期限

本项目中城建税的纳税时间为 2017 年 9 月。

法理知识

由于城建税是由纳税人在缴纳"二税"时同时缴纳的，所以其纳税期限分别与"二税"的纳税期限一致。

> **第二步**：填写城建税纳税申报表

本项目城建税纳税申报表见表 3-4。

表3-4 城市维护建设税纳税申报表

填表日期：2017年9月30日

纳税人识别号：110105421512425 金额单位：元（列至角分）

纳税人名称	育华技术有限公司		税款所属时期	从2017年9月1日至2017年12月31日		
计税依据	计税金额	税率	应纳税额	已纳税额	应补（退）税额	
1	2	3	4=2×3	5	6=4-5	
增值税	60 000	7％	4 200	0	4 200	
消费税	10 000	7％	700	0	700	
合计	70 000		4 900	0	4 900	
如纳税人填报，由纳税人填写以下各栏			如委托代理人填报，由代理人填写以下各栏			
会计主管（签章）	纳税人（公章）		代理人名称		代理人（公章）	
			代理人地址			
			经办人		电话	
以下由税务机关填写						
收到申报表日期			接收人			

法理知识

城建税与"二税"同时申报缴纳，纳税人应按照有关税法的规定，如实填写城市维护建设税纳税申报表。

> 第三步：进行城建税的纳税申报

本项目中城建税应向江南市第一税务局申报，并缴纳税款。实际缴纳城建税时的会计处理如下：

借：应交税费——应交城市维护建设税　4 900
　　贷：银行存款　　　　　　　　　　　　　　　4 900

法理知识

城建税以纳税人实际缴纳的增值税、消费税税额为计税依据，分别与"二税"同时缴纳。所以，纳税人缴纳"二税"的地点，就是该纳税人缴纳城建税的地点。但是属于下列情况的，纳税地点为：

（1）代扣代缴、代收代缴"二税"的单位和个人，同时也是城建税的代扣代缴、代收代缴义务人，其城建税的纳税地点在代扣代收地。

（2）跨省开采的油田，下属生产单位与核算单位不在一个省内的，其生产的原油，在油井所在地缴纳增值税，其应纳税款由核算单位按照各油井的产量和规定税率汇拨各油井所在地缴纳。所以各油井应纳的城建税，应由核算单位计算，随同增值税一并汇拨油井所在地，由油井在缴纳增值税的同时，一并缴纳城建税。

（3）对流动经营等无固定纳税地点的单位和个人，应随同"二税"在经营地按适用税率缴纳城建税。

任务三 车辆购置税的纳税会计与申报

◆子任务一 车辆购置税的纳税会计

任务分析

根据《中华人民共和国车辆购置税暂行条例》的规定,在中华人民共和国境内购置该条例规定的车辆(以下简称应税车辆)的单位和个人,为车辆购置税的纳税人,应当依照条例缴纳车辆购置税。车辆购置税核算的步骤如图 3-5 所示。

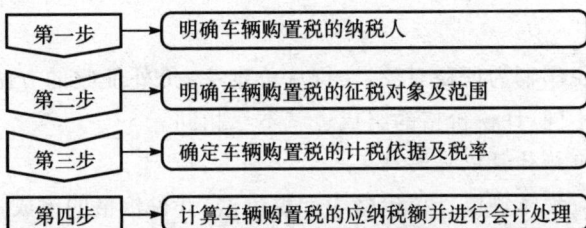

第一步	明确车辆购置税的纳税人
第二步	明确车辆购置税的征税对象及范围
第三步	确定车辆购置税的计税依据及税率
第四步	计算车辆购置税的应纳税额并进行会计处理

图 3-5 车辆购置税核算步骤

任务操作

第一步:明确车辆购置税的纳税人

本项目中车辆购置税的纳税人是育华技术有限公司。

法理知识

车辆购置税的纳税人是指在中华人民共和国境内购置应税车辆的单位和个人。其中,单位是指国有企业、集体企业、私营企业、股份制企业、外商投资企业、外国企业以及其他企业和事业单位、社会团体、国家机关、部队以及其他单位。个人是指个体工商业户和其他个人。

第二步:明确车辆购置税的征税对象及范围

本项目中车辆购置税的征税对象是上海大众汽车。

法理知识

车辆购置税是以在我国境内购置规定的车辆为课税对象,在特定环节向车辆购置者征收的一种税。车辆购置税以列举的车辆为征税对象。其征收范围包括在我国境内购置的汽车、摩托车、电车、挂车、农用运输车等应税车辆。具体范围如下:

(1)汽车:包括各类汽车。

(2)摩托车:包括轻便摩托车、二轮摩托车和三轮摩托车。

（3）电车：包括无轨电车和有轨电车。

（4）挂车：全挂车和半挂车。

（5）农用运输车：包括三轮农用运输车和四轮农用运输车。

第三步：确定车辆购置税的计税依据及税率

本项目中车辆购置税的计税依据是育华技术有限公司从上海大众汽车公司购买汽车1辆，支付含增值税车价款234 000元，另支付车辆装饰费5 850元。本项目中车辆购置税的税率是10%。

法理知识

一、计税依据

车辆购置税以应税车辆为征税对象，实行从价定率、价外征收的方法计算应纳税额，由于应税车辆购置的来源不同，计税价格的组成也就不尽相同。

1. 购买自用应税车辆计税依据的确定

纳税人购买自用应税车辆以计税价格为计税依据，计税价格的组成，为纳税人购买应税车辆而支付给销售者的全部价款和价外费用（不包括增值税税款）。"全部价款"即为销售发票上注明的不含增值税税款的实际销售价格。"价外费用"是指纳税人在购车价款之外支付给销售者的违约金（延期付款的利息）、手续费、包装费、仓储费、运输装卸费、代收款项、代垫款项和其他各种性质的价外收费。购买自用的车辆包括购买自用的国产应税车辆和购买自用的进口应税车辆。

当纳税人购车发票的价格并未扣除增值税税款，或者因不得开具机动车辆销售统一发票（或开具其他普通发票），而发生价款与增值税合并收取的，在确定车辆购置税计税依据时，应将其换算为不含增值税的销售价格。换算公式为：

$$计税价格 = \frac{含增值税的销售价格}{1 + 增值税税率（或征收率）}$$

2. 进口自用应税车辆计税依据的确定

进口自用的应税车辆是指纳税人直接从境外进口或委托代理进口自用的应税车辆，即非贸易方式进口自用的应税车辆。

纳税人进口自用的应税车辆以组成计税价格为计税依据。组成计税价格的计算公式为：

$$组成计税价格 = 关税完税价格 + 关税 + 消费税$$

进口自用应税车辆的计税价格，应根据纳税人提供的、经海关审查确认的有关完税证明资料确定。

3. 其他自用应税车辆计税依据的确定

按现行政策规定，纳税人自产、受赠、获奖或以其他方式取得并自用的应税车辆的计税价格，按购置该型号车辆的价格确认；不能取得购置价格的，则由主管税务机关参照国家税务总局规定的相同类型应税车辆的最低计税价格核定。

4. 以最低计税价格为计税依据的确定

纳税人购买自用或进口自用应税车辆，申报的计税价格低于同类型应税车辆的最低计税价格又无正当理由的,按照最低计税价格征税。最低计税价格由国家税务总局参照不同类型应税车辆的市场平均交易价格确定。

二、税率

我国的车辆购置税实行统一的比例税率(指一个税种只设计一个比例的税率),税率为 10%。

> **第四步:计算车辆购置税的应纳税额并进行会计处理**

【业务 3】2017 年 10 月 1 日从上海大众汽车公司购买汽车 1 辆,支付含增值税车价款 234 000 元,另支付车辆装饰费 5 850 元。

本项目中车辆购置税的应纳税额计算如下:

(1)计税价格=(234 000+5 850)÷(1+17%)=205 000(元)

(2)应纳税额=205 000×10%=20 500(元)

车辆购置税的应纳税额会计处理如下:

借:固定资产   20 500

    贷:银行存款   20 500

法理知识

一、车辆购置税的计算

车辆购置税实行从价定率的办法计算应纳税额,其计算公式为:

$$应纳税额=计税价格×适用税率$$

车辆购置税的计税依据和应纳税款以人民币计算。纳税人以外汇结算应税车辆价款的,按照申报纳税之日中国人民银行公布的人民币基准汇价折合成人民币计算应纳税额。

二、车辆购置税的减免税规定

(1)外国驻华使馆、领事馆和国际组织驻华机构及其外交人员自用车辆免税;

(2)中国人民解放军和中国人民武装警察部队列入军队武器装备订货计划的车辆免税;

(3)设有固定装置的非运输车辆免税;

(4)有国务院规定予以免税或者减税的其他情形的,按照规定免税或者减税。

免税、减税车辆因转让、改变用途等原因不再属于免税、减税范围的,应当在办理车辆过户手续前或者办理变更车辆登记注册手续前缴纳车辆购置税。

三、车辆购置税的会计处理

企业购置(包括购买、进口、自产、受赠、获奖或者以其他方式取得并自用)应税车辆,按规定缴纳的车辆购置税,借记“固定资产”等科目,贷记“银行存款”等科目。

企业购置的减税、免税车辆改制后用途发生变化的,按规定应补交的车辆购置税,借记“固定资产”科目,贷记“银行存款”科目。

◆子任务二 车辆购置税的纳税申报

任务分析

根据《中华人民共和国车辆购置税暂行条例》的规定,纳税人购置应税车辆,应当向车辆登记注册地的主管税务机关申报纳税;购置不需要办理车辆登记注册手续的应税车辆,应当向纳税人所在地的主管税务机关申报纳税。车辆购置税的纳税申报步骤如图3-6所示。

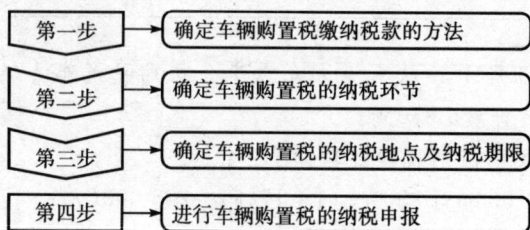

第一步	→	确定车辆购置税缴纳税款的方法
第二步	→	确定车辆购置税的纳税环节
第三步	→	确定车辆购置税的纳税地点及纳税期限
第四步	→	进行车辆购置税的纳税申报

图3-6 车辆购置税的纳税申报步骤

任务操作

> **第一步:确定车辆购置税缴纳税款的方法**

本项目中车辆购置税缴纳税款采用自报核缴方法进行纳税申报。

法理知识

车辆购置税缴纳税款的方法有:

(1)自报核缴。即由纳税人自行计算应纳税额、自行填写纳税申报表等有关资料,向主管税务机关申报,经税务机关审核后缴税。

(2)集中征收缴纳。它包括两种情况:一是由纳税人集中向税务机关统一申报纳税;二是由税务机关集中申报缴税款。

(3)代征、代扣、代收。即由税务机关委托征收单位代征税款的征收方式。

> **第二步:确定车辆购置税的纳税环节**

本项目中育华技术有限公司应当先在江南市第一税务局先缴纳车辆购置税,然后向所在地公安机关指定车辆管理机构办理车辆登记注册手续。

法理知识

车辆购置税是对应税车辆的购置行为课征,征税环节选择在使用环节(即最终消费环节),即纳税人应当在向公安机关等车辆管理机构办理车辆登记注册手续前,缴纳车辆购置税。

> 第三步:确定车辆购置税的纳税地点及纳税期限

本项目中车辆购置税的纳税地点是江南市第一税务局,纳税申报时间是自 2017 年 10 月 1 日起 60 日内。

法理知识

纳税人购置应税车辆,应当向车辆登记注册地的主管税务机关申报纳税;购置不需办理车辆登记注册手续的应税车辆,应当向纳税人所在地的主管税务机关申报纳税。车辆登记注册地是指车辆的上牌落籍地或落户地。

纳税人购买自用的应税车辆,自购买之日起 60 日内申报纳税;进口自用的应税车辆,应当自进口之日起 60 日内申报纳税;自产、受赠、获奖和以其他方式取得并自用应税车辆的,应当在投入使用前 60 日内申报纳税。车辆购置税税款于纳税人办理纳税申报时一次缴清。"购买之日"是指纳税人购车发票上注明的销售日期。"进口之日"是指纳税人报关进口的当天。

> 第四步:进行车辆购置税的纳税申报

本项目车辆购置税的纳税申报表见表 3-5。

表 3-5 车辆购置税纳税申报表

填表日期:2017 年 10 月 10 日　　　　　　行业代码:　　　　　　　　注册类型代码:

纳税人名称:育华技术有限公司　　　　　　　　　　　　　　　　金额单位:元

纳税人证件名称	组织机构代码证		证件号码		
联系电话	1399578××××	邮政编码	215006	地址	江南市韩林路 47 号
车 辆 基 本 情 况					
车辆类别	1.汽车☑;2.摩托车□;3.电车□;4.挂车□;5.农用运输车□				
生产企业名称	上海大众汽车有限公司	机动车销售统一发票（或有效凭证）价格		239 850	
厂牌型号	YG125	关税完税价格			
发动机号码	BFF068695	关税			
车辆识别代号（车架号码）	LSVCG98F842313747	消费税			
购置日期	2017.10.01	免(减)税条件			
申报计税价格	计税价格	税率	免税、减税额	应纳税额	
1	2	3	4=2×3	5=1×3 或 2×3	
205 000		10%		20 500	

续表 3 - 5

申报人声明	授权声明
此纳税申报表是根据《中华人民共和国车辆购置税暂行条例》的规定填报的,我相信它是真实的、可靠的、完整的。 　　　　　　声明人签字:	如果你已委托代理人申报,请填写以下资料:为代理一切税务事宜,现授权(　　　),地址(　　　)为本纳税人的代理申报人,任何与本申报表有关的往来文件,都可寄予此人。 　　　　　　授权人签字:

纳税人签名 或盖章	如委托代理人的,代理人应填写以下各栏		代理人(章)
	代理人名称		
	地　　址		
	经办人		
	电　　话		

接收人: 接收日期:	主管税务机关(章)

法理知识

　　纳税人应按照有关税法的规定,如实填写车辆购置税纳税申报表。

项目演练

　　1.某企业 2017 年 1 月开业,当年发生以下有关业务:领受房屋产权证、工商营业执照、土地使用证各 1 件;与某科研单位签订 1 份技术开发合同,合同所载金额 100 万元;与其他企业订立转让专用技术使用权书据 1 份,所载金额 200 万元;订立产品购销合同 1 份,所载金额为 200 万元;与市银行订立借款合同 1 份,所载金额 500 万元;企业记载资金的账簿,"实收资本"和"资本公积"合计为 1 000 万元;其他营业账簿 8 本。试计算该企业 2017 年应缴纳的印花税税额并填制纳税申报表。

　　2.某市区一企业 2017 年 10 月实际缴纳增值税 400 000 元,缴纳消费税 600 000 元。计算该企业应缴纳的城市维护建设税并填制纳税申报表。

　　3.甲公司于 2018 年 1 月 5 日从某汽车制造厂购买汽车 1 辆,支付含增值税车价款 117 000 元,另支付车辆装饰费 3 510 元。计算甲公司应纳的车辆购置税并填制纳税申报表。

项目小结

　　通过本项目的学习,学生应该学会计算印花税、城市维护建设税和车辆购置税的应纳税额;能进行印花税、城市维护建设税和车辆购置税的会计处理;能熟练填制印花税、城市维护建设税和车辆购置税纳税申报表,并能正确进行纳税申报。

拓展活动

烟叶税税额计算与申报

【知识准备】

1. 烟叶税的纳税人

烟叶税是对在我国境内从事烟叶收购的单位在收购环节征收的一种税。《中华人民共和国烟叶税法》自 2018 年 7 月 1 日起施行。

按照《中华人民共和国烟叶税法》规定，在中华人民共和国境内，依照《中华人民共和国烟草专卖法》的规定收购烟叶的单位为烟叶税的纳税人。依照《中华人民共和国烟草专卖法》查处没收的违法收购的烟叶，由收购罚没烟叶的单位按照购买金额计算缴纳烟叶税。

2. 烟叶税的征税对象

烟叶税的征税对象是烟叶。烟叶是指晾晒烟叶、烤烟叶。晾晒烟叶包括列入名晾晒烟名录的晾晒烟叶和未列入名晾晒烟名录的其他晾晒烟叶。

3. 烟叶税的税率

烟叶税实行比例税率，税率为 20％。税率的调整，由国务院决定。

4. 烟叶税的征收管理

(1)烟叶税的纳税义务发生时间为纳税人收购烟叶的当日，即纳税人向烟叶销售者付讫收购烟叶款项或者开具收购烟叶凭据的当日。

(2)烟叶税按月计征，纳税人应当自纳税义务发生之月终了之日起 15 日内申报并缴纳税款。

(3)烟叶税由地方税务机关征收。

【计算与申报】

1. 烟叶税计税依据的计算

烟叶税计税依据是纳税人收购烟叶实际支付的价款总额，包括纳税人支付给烟叶生产销售单位和个人的烟叶收购价款和价外补贴，价外补贴统一按烟叶收购价款的 10％计算。

2. 烟叶税应纳税额的计算与申报

烟叶税应纳税额按照纳税人收购烟叶实际支付的价款总额和规定的税率计算，其计算公式为：

$$应纳税额＝实际支付的价款总额×20\%$$

【项目任务】

某烟草公司向烟农收购烟叶 10 吨，收购单价 12 元/千克。计算该烟草公司应缴纳的烟叶税。

应纳烟叶税税额＝120 000×(1＋10％)×20％＝26 400(元)

项目四　资源税类的纳税会计与申报

学习目标

知识目标：通过学习，了解资源税、城镇土地使用税、土地增值税、耕地占用税等资源税会计的基本内容，掌握各种资源税会计的基本方法，提高各种资源税会计核算的实务操作能力。

能力目标：能根据相关规定计算资源税、城镇土地使用税、土地增值税、耕地占用税应纳税额；能根据相关业务进行资源税、城镇土地使用税、土地增值税、耕地占用税的会计处理；能熟练填制资源税、城镇土地使用税、土地增值税、耕地占用税纳税申报表，正确进行纳税申报。

项目描述

一、企业概况

企业名称：东方煤矿有限责任公司

企业性质：有限责任公司

企业地址：江南市海天路 10 号　电话：5533××××

企业所属行业：采矿业

纳税人识别号：415105421××××××

税收征收机关：江南市第一税务局

开户银行：建设银行海天路支行　账号：501255××××

二、2017 年具体业务

(1)东方煤矿有限责任公司 12 月生产原煤 8 000 吨(税率为 10%)，12 月 10 日对外销售原煤 5 000 吨，每吨不含税售价为 100 元，成本为 80 元，货款当时收讫。12 月 15 日移送 200 吨用于职工取暖。

(2)东方煤矿有限责任公司与其下设北方房地产开发公司共同使用一块面积为 100 000 平方米的土地，其中，北方房地产开发公司使用 70 000 平方米，东方煤矿有限责任公司使用面积为 30 000 平方米，2 个公司位于江南市，当地政府核定的单位税额为每平方米 20 元。

(3)东方煤矿有限责任公司建造并出售了一幢写字楼，取得收入 5 000 万元，并按税法规定缴纳了有关税费 277.5 万元。该单位为建此楼支付地价款 600 万元，投入的房地产开发成本为 1 500 万元，房地产开发费用为 400 万元。

(4)北方房地产开发公司出售一栋写字楼，收入总额为 10 000 万元。开发该写字楼有关支出为：支付地价款及各种费用 1 000 万元；房地产开发成本 3 000 万元；财务费用中的利息支出为 500 万元(可按转让项目分摊并提供金融机构证明)，但其中有 50 万元属加罚的利息；转让环节缴纳的有关税费共计为 555 万元；该单位所在地政府规定的其他房地产开发费用计算扣除比例为 5%。

(5)北方房地产开发公司经批准在市郊占用耕地10 000平方米,其中用于厂房建设用地7 000平方米,用于幼儿园2 000平方米,用于职工医院1 000平方米,企业所在地区适用的单位税额为20元/平方米。

请为东方煤矿有限责任公司及北方房地产开发公司进行资源税类的纳税核算与申报。

项目分析

按照《中华人民共和国税收征收管理法》《中华人民共和国税收征收管理法实施细则》《中华人民共和国资源税暂行条例》《中华人民共和国资源税暂行条例实施细则》《中华人民共和国城镇土地使用税暂行条例》《中华人民共和国耕地占用税暂行条例》的规定,东方煤矿有限责任公司由于销售、自用了原煤,需要缴纳资源税并申报;东方煤矿有限责任公司和北方房地产开发公司使用了城镇土地,需要缴纳城镇土地使用税并申报;东方煤矿有限责任公司和北方房地产开发公司出售了写字楼,需要缴纳土地增值税并申报;北方房地产开发公司在市郊占用了耕地,需要缴纳耕地占用税并申报。为完成此项目企业需完成如下任务。

任务一 资源税的纳税会计与申报

◆子任务一 资源税的纳税会计

任务分析

我国为保证资源的有序开采,实现资源合理利用,提高资源的使用率,规定在我国领域或管辖海域开采应税资源的矿产品或者生产盐的单位和个人应纳资源税。资源税的核算步骤如图4-1所示。

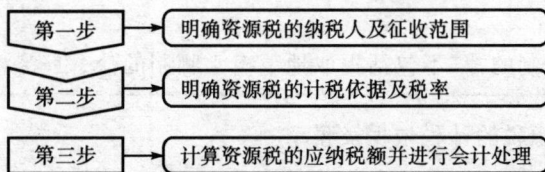

第一步	→	明确资源税的纳税人及征收范围
第二步	→	明确资源税的计税依据及税率
第三步	→	计算资源税的应纳税额并进行会计处理

图4-1 资源税核算步骤

任务操作

第一步:明确资源税的纳税人及征收范围

本项目中资源税的纳税人是东方煤矿有限责任公司。资源税的征税对象是东方煤矿有限责任公司销售的和自用的原煤。

法理知识

一、资源税纳税义务人

资源税纳税人是在中华人民共和国领域及管辖海域开采应税资源的矿产品或者生产盐的单位和个人。

（1）资源税是对在中国领域及管辖海域生产或开采应税资源的单位或个人征收，而对进口应税资源产品的单位或个人不征资源税。相应的对出口应税产品也不退（免）已纳的资源税。

（2）资源税是对开采或生产应税资源进行销售或自用的单位和个人，在出厂销售或移作自用时一次性征收，而对已税产品批发、零售的单位和个人不再征收资源税。

（3）资源税的纳税义务人不仅包括符合规定的中国企业和个人，还包括外商投资企业和外国企业（除国务院另有规定以外）。

（4）中外合作开采石油、天然气，按照现行规定，只征收矿区使用费，暂不征收资源税。

（5）独立矿山、联合企业和其他收购未税矿产品的单位为资源税的扣缴义务人。

二、征税范围

现行资源税的征税范围具体包括以下几种：

（1）原油。开采的天然原油征税；人造石油不征税。

（2）天然气。专门开采的天然气与原油同时开采的天然气征税；煤矿生产的天然气暂不征税。

（3）煤炭。其包括原煤和以未税原煤加工的洗选煤（以下简称洗选煤）。

（4）金属矿。其包括铁矿、金矿、铜矿、铝土矿（包括耐火级矾土、研磨级矾土等高铝粘土）、铅锌矿、镍矿、锡矿及未列举名称的其他金属矿产品。

（5）非金属矿。其包括石墨、硅藻土、高岭土、萤石、石灰石、硫铁矿、磷矿、氯化钾、硫酸钾、井矿盐、湖盐、提取地下卤水晒制的盐、煤层（成）气、粘土、砂石及其他未列举名称的非金属矿产品。

（6）海盐，指海水晒制的盐，不包括提取地下卤水晒制的盐。

第二步：明确资源税的计税依据及税率

本项目资源税的计税依据分别是东方煤矿有限责任公司销售的 5 000 吨原煤和自用的 200 吨原煤。

法理知识

一、资源税的计税依据

资源税以纳税人开采或生产应税产品的销售量或自用量为计税依据。

（1）纳税人开采或者生产应税产品销售的，以销售数量为课税依据。

（2）纳税人开采或者生产应税产品自用的，以自用数量为课税依据。

（3）计税依据的特殊规定。

若纳税人不能准确提供应税产品销售量或移送使用数量的，以应税产品的产量或主管税务机关确定的折算比换算成的数量为课税数量。其中：

（1）原油中的稠油、高凝油与稀油划分不清或不易划分的，一律按原油的数量课税。

（2）对于连续加工前无法正确计算原煤移送使用量的煤炭，可按加工产品的综合回收率，将加工产品实际销量和自用量折算成原煤数量作为课税数量。

（3）金属和非金属矿产品原矿，因无法准确掌握纳税人移送使用数量的可将其精矿按选矿比折算成原矿数量作为课税数量。

$$选矿比＝精矿比÷耗用原矿数量$$

（4）纳税人以自产的液体盐加工固体盐，按固体盐税额征税，以加工的固体盐数量为课税数量；纳税人以外购的液体盐加工固体盐，其加工固体盐所耗用液体盐的已纳税额准予抵扣。

（5）资源税扣缴义务人收购未税矿产品的，以收购的数量为计税依据。

二、税率

资源税实行从价定率或从量定额征收。同时，资源税按照"资源条件好、收入多的多征；资源条件差、收入少的少征"的原则，根据矿产资源等级分别确定不同的税额，以有效地调节资源级差收入。资源税税目税率表如表 4-1 所示。自 2018 年 4 月 1 日至 2021 年 3 月 31 日，对页岩气资源税（按 6% 的规定税率）减征 30%。

表 4-1　资源税税目税率表

税目			税率
一、原油			5%～10%
二、天然气			5%～10%
三、煤炭			2%～10%
四、金属矿	铁矿	精矿	1%～6%
	金矿	金锭	1%～4%
	铜矿	精矿	2%～8%
	铝土矿	原矿	3%～9%
	铅锌矿	精矿	2%～6%
	镍矿	精矿	2%～6%
	锡矿	精矿	2%～6%
	稀土	精矿	7.5%～27%
	钨	精矿	6.5%
	钼	精矿	11%
	未列举名称的其他金属矿产品	原矿或精矿	税率不超过 20%

税目			税率
五、非金属矿	石墨	精矿	3%～10%
	硅藻土	精矿	1%～6%
	高岭土	原矿	1%～6%
	萤石	精矿	1%～6%
	石灰石	原矿	1%～6%
	硫铁矿	精矿	1%～6%
	磷矿	原矿	3%～8%
	氯化钾	精矿	3%～8%
	硫酸钾	精矿	6%～12%
	井矿盐	氯化钠初级产品	1%6～%
	湖盐	氯化钠初级产品	1%～6%
	提取地下卤水晒制的盐	氯化钠初级产品	3%～15%
	煤层(成)气	原矿	1%～2%
	黏土、砂石	原矿	每吨或立方米 0.1～5 元
	未列举名称的其他非金属矿产品	原矿或精矿	从量税率每吨或立方米不超过 30 元;从价税率不超过20%
六、海盐		氯化钠初级产品	1%～5%

> **第三步:计算资源税的应纳税额并进行会计处理**

【**业务 1**】东方煤矿有限责任公司 2017 年 12 月产原煤 8 000 吨(税率为 10%),12 月 10 日对外销售原煤 5 000 吨,每吨不含税售价为 100 元,成本为 80 元,货款当时收讫。12 月 15 日移送 200 吨用于职工取暖。

东方煤矿有限责任公司的应纳税额＝5 000×100×10%＋200×100×10%＝52 000(元)

(1)借:银行存款　　　　　　　　　　　555 000
　　贷:主营业务收入　　　　　　　　　　　500 000
　　　　应交税费——应交增值税(销项税额)　　55 000
(2)借:税金及附加　　　　　　　　　　　50 000
　　贷:应交税费——应交资源税　　　　　　　50 000
　　借:应付职工薪酬——职工福利　　　24 200
　　贷:主营业务收入　　　　　　　　　　　20 000
　　　　应交税费——应交增值税(销项税额)　　2 200

```
         应交税费——应交资源税                    2 000
  借：主营业务成本              16 000
    贷：库存商品                          16 000
(3)借：应交税费——应交资源税    52 000
    贷：银行存款                          52 000
```

法理知识

一、资源税应纳税额的计算

资源税的应纳税额按照从价定率或从量定额的办法，分别以应税产品的销售额乘以纳税人具体适用的比例税率或者以应税产品的销售数量乘以纳税人具体适用的定额税率计算。具体计算公式为：

$$应纳资源税税额＝应税产品的销售数量×定额税率$$
$$或＝应税产品的销售额×比例税率$$

二、资源税的减免税

(1)开采原油过程中用于加热、修井的原油，免税。

(2)纳税人开采或生产应税产品过程中，因意外事故或自然灾害等不可抗拒的原因遭受重大损失的，由省、自治区、直辖市人民政府酌情决定减税或免税。

(3)国务院规定的其他减、免税项目。

三、资源税的应纳税额账务处理

企业缴纳的资源税，应通过"应交税费——应交资源税"科目核算，具体规定如下：

(1)发生销售业务时：企业将计算出销售的应税产品应缴纳的资源税，借记"税金及附加"科目，贷记"应交税费——应交资源税"科目；上缴资源税时，借记"应交税费——应交资源税"科目，贷记"银行存款"等科目。

(2)发生自用业务时：企业将计算出自产自用的应税产品应缴纳的资源税，借记"生产成本""制造费用"等科目，贷记"应交税费——应交资源税"科目；上缴资源税时，借记"应交税费——应交资源税"科目，贷记"银行存款"等科目。

(3)收购未税矿产品：企业收购未税矿产品，借记"材料采购"等科目，贷记"银行存款"等科目；按代扣代缴的资源税，借记"材料采购"等科目，贷记"应交税费——应交资源税"科目；上缴资源税时，借记"应交税费——应交资源税"科目，贷记"银行存款"等科目。

(4)外购液体盐、加工固体盐：企业在购入液体盐时，按所允许抵扣的资源税，借记"应交税费——应交资源税"科目，按外购价款扣除允许抵扣资源税后的数额，借记"材料采购"等科目，按应支付的全部价款，贷记"银行存款""应付账款"等科目；企业加工成固体盐后，在销售时，按计算出的销售固体盐应缴的资源税，借记"税金及附加"科目，贷记"应交税费——应交资源税"科目；将销售固体盐应纳的资源税扣抵液体盐已纳资源税后的差额上缴时，借记"应交税费——应交资源税"科目，贷记"银行存款"等科目。

◆子任务二　资源税的纳税申报

任务分析

资源税按年计算、分期缴纳。缴纳期限由省、自治区、直辖市人民政府确定。资源税的纳税申报步骤如图 4-2 所示。

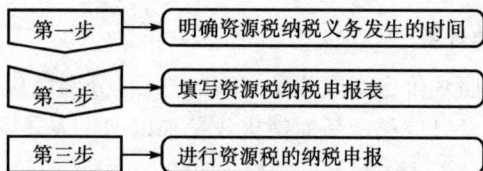

第一步	→	明确资源税纳税义务发生的时间
第二步	→	填写资源税纳税申报表
第三步	→	进行资源税的纳税申报

图 4-2　资源税的纳税申报步骤

任务操作

第一步:明确资源税纳税义务发生的时间

本项目中销售原煤应纳资源税纳税义务发生的时间为 12 月 10 日,给职工取暖自用的原煤纳税义务发生的时间为 12 月 15 日。

法理知识

资源税纳税义务发生的时间如下:

(1)纳税人销售应税产品,其纳税义务发生时间为:采用分期收款方式结算方式的,其纳税义务发生时间为销售合同规定的收款日期当天;采用预收货款结算方式的,其纳税义务发生时间为发出应税产品的当天;采用其他结算方式的,其纳税义务发生时间为收讫销售款或取得索取销售款凭据的当天。

(2)纳税人自产、自用应税产品的,其纳税义务发生时间为移送使用应税产品的当天。

(3)扣缴义务人代扣代缴税款的,其纳税义务发生时间为支付货款的当天。

资源税纳税人的纳税期限为 1 日、3 日、5 日、10 日、15 日或者 1 个月,由主管税务机关根据实际情况具体核定。不能按固定期限计算纳税的,可以按次计算纳税。纳税人以 1 个月为一期纳税的,自期满之日起 10 日内申报纳税;以 1 日、3 日、5 日、10 日或者 15 日为一期纳税的,自期满之日起 5 日内预缴税款,于次月 1 日起 10 日内申报纳税并结清上月税款。

第二步:填写资源税纳税申报表

东方煤矿有限责任公司填写资源税纳税申报表(见表 4-2)。

表 4-2 资源税纳税申报表

根据国家税收法律法规及资源税有关规定制定本表。纳税人不论有无销售额,均应按照税务机关核定的纳税期限填写本表,并向当地税务机关申报。

税款所属时间:自 2017 年 12 月 1 日至 2017 年 12 月 31 日 填表日期:2018 年 1 月 3 日 金额单位:元至角分

纳税人识别号 ☐☐☐☐☐☐☐☐☐☐☐☐☐☐☐☐☐☐

纳税人名称		（公章）	法定代表人姓名			注册地址			生产经营地址	
开户银行及账号				登记注册类型				电话号码		

税目	子目	折算率或换算比	计量单位	计税销售量	计税销售额	适用税率	本期应纳税额	本期减免税额	本期已缴税额	本期应补(退)税额
1	2	3	4	5	6	7	8①=6×7;8②=5×7	9	10	11=8-9-10
原煤			吨	5 000	500 000	10%	50 000			
原煤			吨	200	20 000	10%	2 000			
合　计		—	—	5 200	520 000	—	52 000			

授权声明	如果你已委托代理人申报,请填写下列资料: 为代理一切税务事宜,现授权 （地址）　　　　　　　为本纳税人的代理申报人,任何与本申报表有关的往来文件,都可寄予此人。 授权人签字:	申报人声明	本纳税申报表是根据国家税收法律法规及相关规定填写的,我确定它是真实的、可靠的、完整的。 声明人签字:

主管税务机关:　　　　　　接收人:　　　　　　　接收日期:　　　年　　月　　日

本表一式两份,一份纳税人留存,一份税务机关留存。

```
┌─────────────────────────────────┐
│ 第三步:进行资源税的纳税申报      │
└─────────────────────────────────┘
```

本项目中东方煤矿有限责任公司应向江南市第一税务局进行资源税的纳税申报,并缴纳税款。

法理知识

一、资源税的纳税地点

纳税人应纳的资源税,应当向应税产品的开采或者生产所在地主管税务机关缴纳。纳税人在本省、自治区、直辖市范围内开采或者生产应税产品,其纳税地点需要调整的,由省、自治区、直辖市税务机关决定。

二、缴纳税款的会计处理

借:应交税费——应交资源税

　　贷:银行存款

任务二　城镇土地使用税的纳税会计与申报

◆子任务一　城镇土地使用税的纳税会计

任务分析

　　为了合理利用城镇土地,调节土地级差收入,提高土地使用效益,加强土地管理,我国制定了《中华人民共和国城镇土地使用税暂行条例》。开征城镇土地使用税,有利于通过经济手段,加强对土地的管理,变土地的无偿使用为有偿使用,促进合理、节约使用土地,提高土地使用效益;有利于适当调节不同地区、不同地段之间的土地级差收入,促进企业加强经济核算,理顺国家与土地使用者之间的分配关系。城镇土地使用税的核算步骤如图4-3所示。

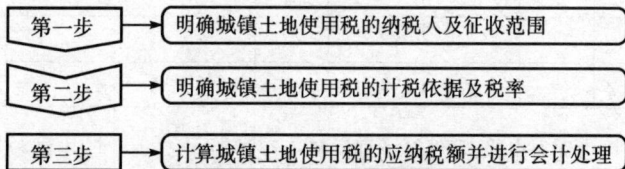

第一步	→	明确城镇土地使用税的纳税人及征收范围
第二步	→	明确城镇土地使用税的计税依据及税率
第三步	→	计算城镇土地使用税的应纳税额并进行会计处理

图4-3　城镇土地使用税的核算步骤

任务操作

第一步:明确城镇土地使用税的纳税人及征收范围

　　本项目中城镇土地使用税的纳税人是东方煤矿有限责任公司和北方房地产开发公司。征税对象是公司占用的土地。

法理知识

一、城镇土地使用税的纳税义务人

　　在城市、县城、建制镇、工矿区范围内使用土地的单位和个人,为城镇土地使用税的纳税人,应当依法缴纳城镇土地使用税。城镇土地使用税由拥有土地使用权的单位或个人缴纳。拥有土地使用权的纳税人不在土地所在地的,由代管人或实际使用人纳税;土地使用权未确定或权属纠纷未解决的,由实际使用人纳税;土地使用权共有的,由共有各方分别纳税。

二、征税范围

　　城镇土地使用税指在城市、县城、建制镇和工矿区内的国家所有和集体所有的土地。城市是指经国务院批准设立的市;县城是指县人民政府所在地;建制镇指经省、自治区、直辖市人民政府批准设立的建制镇;工矿区是指工商业比较发达,人口比较集中,符合国务院规定的建制镇标准,但尚未设立建制镇的大中型工矿企业所在地,工矿区须经省、自治区、直辖市人民政府批准。

上述城镇土地使用税征税范围城市的土地包括市区和郊区的土地,县城的土地指县人民政府所在地的土地,建制镇的土地是镇人民政府所在地的土地。建立在城市、县城、建制镇和工矿区以外的工矿企业则不需要缴纳土地使用税。

> **第二步:明确城镇土地使用税的计税依据及税率**

本项目城镇土地使用税的计税依据分别是北方房地产开发公司使用的70 000平方米土地,东方煤矿有限责任公司使用的30 000平方米土地。本项目城镇土地使用税的单位税额为20元/平方米。

法理知识

一、城镇土地使用税的计税依据

城镇土地使用税以纳税人实际占用的土地面积为计税依据,土地面积计量标准为平方米。纳税人实际占用的面积按下列办法确定:

(1)凡由省、自治区、直辖市人民政府确定的单位组织测定土地面积的,以测定的面积为准。

(2)尚未组织测量,但纳税人持有政府部门核发的土地使用证书的,以证书确认的土地面积为准。

(3)尚未核发出土地使用证书的,应由纳税人申报土地面积,据以纳税,待核发土地使用证以后再作调整。

二、税率

城镇土地使用税采用定额税率,即采用有幅度的差别税额,国家规定的每平方米应税土地的年税额标准如下:

(1)大城市1.5~30元;

(2)中等城市1.2~24元;

(3)小城市0.9~18元;

(4)县城、建制镇、工矿区0.6~12元。

大、中、小城市是以公安部门登记在册的非农业正式户口为依据,按照国务院颁布的《城市规划条例》规定的标准划分的:市区及郊区非农业人口在50万元以上的称为大城市;市区及郊区非农业人口在20万~50万的称为中等城市;市区及郊区非农业人口在20万以下的称为小城市。

各省、自治区、直辖市人民政府可以在上列税额标准幅度以内,根据市政建设状况、经济繁荣程度等条件,确定所辖地区城镇土地使用税的税额标准幅度。

县(市)级人民政府可以根据实际情况将本地区的土地划分为若干等级,在省级人民政府确定的城镇土地使用税税额标准幅度以内,制定相应的适用税额标准,报经省级人民政府批准以后执行。

> **第三步:计算城镇土地使用税的应纳税额并进行会计处理**

【**业务2**】东方煤矿有限责任公司与其下设北方房地产开发公司共同使用一块面积为100 000平方米的土地,其中,北方房地产开发公司使用70 000平方米,东方煤矿有限责任公司使用面积为30 000平方米,2个公司位于江南市,当地政府核定的单位税额为每平方米20元。

北方公司的应纳税额＝70 000×20＝1 400 000(元)

(1)计算应缴土地使用税时:

借:税金及附加   1 400 000

 贷:应交税费——应交土地使用税   1 400 000

(2)缴纳税款时:

借:应交税费——应交土地使用税 1 400 000

 贷:银行存款   1 400 000

东方公司的应纳税额＝30 000×20＝600 000(元)

(1)计算应缴土地使用税时:

借:税金及附加   600 000

 贷:应交税费——应交土地使用税   600 000

(2)缴纳税款时:

借:应交税费——应交土地使用税 600 000

 贷:银行存款   600 000

法理知识

一、城镇土地使用税应纳税额的计算

城镇土地使用税的应纳税额按纳税人实际占用的土地面积和规定的税额标准计征,其计算公式为:

$$全年应纳税额＝实际占用的应税土地面积(平方米)×适用税额$$

二、城镇土地使用税的税收优惠

1. 免缴城镇土地使用税的项目

(1)国家机关、人民团体、军队自用的土地;

(2)由国家财政部门拨付事业经费的单位自用的土地;

(3)宗教寺庙、公园、名胜古迹自用的土地;

(4)市政街道、广场、绿化地带等公共用地;

(5)直接用于农、林、牧、渔业的生产用地;

(6)经批准开山填海整治的土地和改造的废弃土地,从使用的月份起免缴土地使用税5年至10年;

(7)对非营利性医疗机构、疾病控制机构和妇幼保健机构等卫生机构自用的土地;

(8)企业办的学校、医院、托儿所、幼儿园的用地;

(9)由财政部另行规定免税的能源、交通、水利设施用地和其他用地。

2. 由省、自治区、直辖市地方税务局确定减免城镇土地使用税的土地

(1)个人所有的居住房屋及院落用地;

(2)房产管理部门在房租调整改革前出租的居民住房用地;

(3)免税单位职工家属的宿舍用地;

（4）民政部门举办的安置残疾人占一定比例的福利工厂用地；

（5）集体和个人办的各类学校、医院、托儿所、幼儿园用地；

（6）其他用地。

纳税人缴纳土地使用税确有困难需要定期减免的，由县以上地方税务机关批准。

三、城镇土地使用税应纳税额的会计处理

城镇土地使用税的会计处理比较简单，可直接在"税金及附加"中列支，通过"应交税费——应交土地使用税"科目，按照计算缴纳土地使用税，进行如下会计处理：

借：税金及附加

　　贷：应交税费——应交土地使用税

◆子任务二　城镇土地使用税的纳税申报

任务分析

城镇土地使用税按年计算、分期缴纳。缴纳期限由省、自治区、直辖市人民政府确定。城镇土地使用税的纳税申报步骤如图4-4所示。

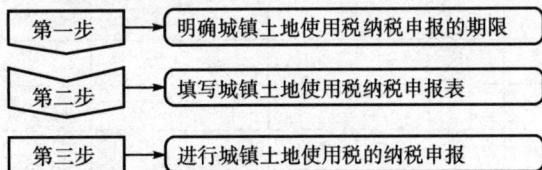

第一步	→	明确城镇土地使用税纳税申报的期限
第二步	→	填写城镇土地使用税纳税申报表
第三步	→	进行城镇土地使用税的纳税申报

图4-4　城镇土地使用税的纳税申报步骤

任务操作

第一步：明确城镇土地使用税纳税申报的期限

本项目中城镇土地使用税纳税申报的期限为半年，税务机关规定北方房地产开发公司和东方煤矿有限责任公司应以每半年结束的15日内缴纳税款。

法理知识

城镇土地使用税按年计算，分期缴纳。具体纳税期限由各省、自治区、直辖市人民政府确定。目前各地一般规定为每个季度缴纳1次或半年缴纳1次，每次征期15天或1个月。新征用的耕地，自批准征用之日起期满1年时开始缴纳城镇土地使用税；新征用的非耕地，自批准征用的次日起纳税。

第二步：填写城镇土地使用税纳税申报表

北方房地产开发公司和东方煤矿有限责任公司应填写城镇土地使用税纳税申报表，现以北方房地产开发公司为例填写城镇土地使用税纳税申报表（见表4-3）。

表 4-3 城镇土地使用税纳税申报表

税款所属期:自 2017 年 7 月 1 日至 2017 年 12 月 31 日   填表日期:2018 年 1 月 5 日

金额单位:元至角分;面积单位:平方米

纳税人识别号 ☐☐☐☐☐☐☐☐☐☐☐☐☐☐☐☐☐☐☐☐

纳税人信息	名称		北方房地产开发公司		纳税人分类		单位☑		个人☐	
	登记注册类型		*		所属行业		*			
	身份证件类型		身份证☐　护照☐ 其他☐_____		身份证件号码					
	联系人				联系方式					

申报纳税信息	土地编号	宗地的地号	土地等级	税额标准	土地总面积	所属期起	所属期止	本期应纳税额	本期减免税额	本期已缴税额	本期应补(退)税额
	*			20	70 000			1 400 000			
	*										
	*										
	*										
	*										
	*										
	*										
	*										
	*										
	*										
	合计			*		*	*				

以下由纳税人填写:

纳税人声明	此纳税申报表是根据《中华人民共和国城镇土地使用税暂行条例》和国家有关税收规定填报的,是真实的、可靠的、完整的。		
纳税人签章		代理人签章	代理人身份证号

以下由税务机关填写:

受理人		受理日期	年　月　日	受理税务机关签章

本表一式两份,一份纳税人留存,一份税务机关留存。

> **第三步:进行城镇土地使用税的纳税申报**

本项目中北方房地产开发公司和东方煤矿有限责任公司应向江南市第一税务局进行城镇土地使用税的纳税申报,并缴纳税款。

法理知识

一、城镇土地使用税的纳税地点

城镇土地使用税一般应当向土地所在地的主管税务机关缴纳。纳税人使用的土地属于不同省(自治区、直辖市)管辖范围的,应当分别向土地所在地的主管税务机关纳税。在同一省(自治区、直辖市)管理范围以内,当地纳税人跨地区使用的土地,由当地省级地方税务局确定纳税地点。一切纳税人,不论其经济性质和核算形式如何,也不论其土地分布如何,除另有规定外,纳税地点不得任意变动。

二、缴纳税款的会计处理

借:应交税费——应交土地使用税
　　贷:银行存款

任务三　土地增值税的纳税会计与申报

◆子任务一　土地增值税的纳税会计

任务分析

土地增值税是对转让国有土地使用权、地上建筑物及其附着物并取得收入的单位和个人,就其转让房地产所取得的增值额征收的一种税。现行土地增值税的基本规范是1993年12月13日国务院颁布的《中华人民共和国土地增值税暂行条例》和1995年1月财政部颁布的《中华人民共和国土地增值税暂行条例实施细则》。土地增值税是1994年税制改革中新设立的一个税种,目的在于规范土地市场秩序,合理调节土地增值收益,防止一部分人因炒买、炒卖土地而获取暴利。土地增值税的核算步骤如图4-5所示。

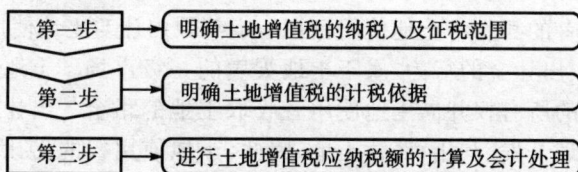

第一步	→	明确土地增值税的纳税人及征税范围
第二步	→	明确土地增值税的计税依据
第三步	→	进行土地增值税应纳税额的计算及会计处理

图4-5　土地增值税核算步骤

任务操作

第一步:明确土地增值税的纳税人及征税范围

本项目中土地增值税的纳税人是北方房地产开发公司和东方煤矿有限责任公司,征税对象是北方房地产开发公司和东方煤矿有限责任公司出售的写字楼。

法理知识

一、土地增值税的纳税人

凡是转让我国国有土地使用权、地上建筑物及其附着物(以下简称转让房地产),并取得收入的单位和个人,为土地增值税的纳税义务人。单位包括各类企业单位、事业单位、国家机关和社会团体及其他组织。个人包括个体经营者和其他个人。

二、土地增值税的征税范围

(一)《中华人民共和国土地增值税暂行条例》及其实施细则规定的土地增值税的征税范围

1.转让国有土地使用权

这里所说的"国有土地",是指按国家法律规定属于国家所有的土地。

2.地上的建筑物及其附着物连同国有土地使用权一并转让

这里所说的"地上的建筑物",是指建于土地上的一切建筑物,包括地上地下的各种附属设施。这里所说的"附着物",是指附着于土地上的不能移动或一经移动即遭损坏的物品。

转让房地产是指以出售或其他方式有偿转让国有土地使用权、地上建筑物和其他附着物的行为,不包括通过继承、赠与等方式无偿转让房地产的行为,这里有两层意思,一是只对转让国有土地使用权征税,因为按现行规定,集体土地需要由国家征用后才能转让;二是只对出售的房地产征税,继承、赠与等没有取得商业收入的房地产的转让行为则不属于征税范围。

(二)征税范围的界定

准确界定土地增值税的征税范围十分重要。在实际工作中,我们可以通过以下几条标准来判定:

1.土地增值税是对转让国有土地使用权及其地上建筑物和附着物的行为征税

转让国有土地使用权必须是国有土地,农村集体所有的土地不得自行转让,只有根据有关法律规定,由国家征用以后变为国家所有时,才能进行转让。

2.土地增值税是对国有土地使用权及其地上的建筑物和附着物的转让行为征税

土地增值税的征税范围不包括国有土地使用权出让所取得的收入。国有土地使用权出让,是指国家以土地所有者的身份将土地使用权在一定年限内让与土地使用者,并由土地使用者向国家支付土地使用权出让金的行为,属于土地买卖的一级市场。土地使用权出让的出让方是国家,国家出让土地的所有权并向土地使用者收取土地的租金。出让的目的是实行国有土地的有偿使用制度,合理开发、利用、经营土地,因此,土地使用权的出让不属于土地增值税的征税范围。而国有土地使用权的转让是指土地使用者通过出让等形式取得土地使用权后,将土地使用权再转让的行为,包括出售、交换和赠与,它属于土地买卖的二级市场。土地使用权转让,其地上的建筑物、其他附着物的所有权随之转让,属于土地增值税的征税范围。

土地增值税的征税范围不包括未转让土地使用权、房产产权的行为。是否发生房地产权属(指土地使用权和房产产权)变更,是确定是否纳入征税范围的一个标准,凡土地使用权、房产产权未转让(如房地产的出租),不征收土地增值税。

3.土地增值税是对转让房地产并取得收入的行为征税

土地增值税的征税范围不包括房地产的权属虽转让,但未取得收入的行为。如房地产的继承,尽管房地产的权属发生了变更,但权属人并没有取得收入,因此不征收土地增值税。

> 第二步：明确土地增值税的计税依据

本项目土地增值税的计税依据分别是两个公司转让房地产取得的增值额，适用税率40％，并有5％的扣除率。

法理知识

一、土地增值税的计税依据

土地增值税以纳税人转让房地产取得的增值额为计税依据。增值额为纳税人转让房地产取得的收入减除扣除项目金额以后的金额。纳税人取得的收入包括转让房地产的全部价款和有关经济收益，形式上包括货币收入、实物收入和其他收入。规定扣除项目包括：

(1)纳税人为取得土地使用权所支付的地价款和按照国家统一规定交纳的有关费用。

(2)开发土地和新建房及配套设施的成本，包括纳税人房地产开发项目实际发生的土地征用及拆迁补偿费、前期工程费、建筑安装工程费、基础设施费、公共配套设施费和开发间接费用。

(3)开发土地和新建房及配套设施的费用，包括与房地产开发项目有关的销售费用、管理费用和财务费用。此项费用扣除有一定的限制。具体比例由各省、自治区、直辖市人民政府规定。

(4)经过当地主管税务机关确认的旧房和建筑物的评估价格(指在转让已使用的房屋和建筑物的时候，由政府批准设立的房地产评估机构评定的重置成本乘以成新度折旧率后的价格)。

(5)与转让房地产有关的税金，包括纳税人在转让房地产时缴纳的城市维护建设税和印花税。纳税人转让房地产时缴纳的教育费附加可以视同税金扣除。

(6)从事房地产开发的纳税人可以按照上述第(1)、(2)项金额之和加计20％的扣除额。

土地增值税以纳税人房地产成本核算的最基本的核算项目或者核算对象为单位计算。纳税人成片受让土地使用权以后分期分批开发、转让房地产的，其扣除项目金额可以按照转让土地使用权的面积占总面积的比例计算分摊，或者按照建筑面积计算分摊，或者按照主管税务机关确认的其他方式计算分摊。

如果纳税人转让房地产的成交价格低于房地产评估价格，并且没有正当的理由，或者隐瞒、虚报房地产成交价格，或者提供的扣除项目金额不真实，主管税务机关将按照房地产评估价格(指经过当地主管税务机关确认的、由政府批准设立的房地产评估机构根据相同地段、同类房地产综合评定的价格)计算征收土地增值税。

二、税率

土地增值税实行的是四级超率累进税率，即以纳税对象的增值率为累进依据，按超累方式计算应纳税额的税率。税率表如表4-4所示。

表4-4 土地增值税税率表

级次	增值额占扣除项目金额比例	税率(％)	速算扣除系数(％)
1	不超过50％(含)的部分	30	0
2	超过50％～100％(含)的部分	40	5
3	超过100％～200％(含)的部分	50	15
4	超过200％的部分	60	35

> 第三步:进行土地增值税应纳税额的计算及会计处理

【业务3】东方煤矿有限责任公司建造并出售了一幢写字楼,取得收入5 000万元,并按税法规定缴纳了有关税费277.5万元。该单位为建此楼支付地价款600万元,投入的房地产开发成本为1 500万元,房地产开发费用为400万元。

应纳税额的计算如下:

(1)转让收入=5 000(万元)

(2)扣除项目金额合计=600+1 500+400+277.5=2 777.5(万元)

(3)增值额=5 000-2 777.5=2 222.5(万元)

(4)增值额与扣除项目金额的比率=2 222.5÷2 777.5×100%=80%

(5)应纳税额为=2 222.5×40%-2 777.5×5%=750.125(万元)

会计处理:

借:税金及附加　　　　　　　　　　7 501 250

　　贷:应交税费——应交土地增值税　　　　7 501 250

【业务4】北方房地产开发公司出售一栋写字楼,收入总额为10 000万元。开发该写字楼有关支出为:支付地价款及各种费用1 000万元;房地产开发成本3 000万元;财务费用中的利息支出为500万元(可按转让项目分摊并提供金融机构证明),但其中有50万元属加罚的利息;转让环节缴纳的有关税费共计为555万元;该单位所在地政府规定的其他房地产开发费用计算扣除比例为5%。

应纳税额的计算如下:

(1)取得土地使用权支付的地价款及有关费用为1 000万元

(2)房地产开发成本为3 000万元

(3)房地产开发费用为:500-50+(1 000+3 000)×5%=650(万元)

(4)允许扣除的税费为555万元

(5)从事房地产开发的纳税人加计扣除20%,加计扣除额为:(1 000+3 000)×20%=800(万元)

(6)允许扣除的项目金额为:1 000+3 000+650+555+800=6 005(万元)

(7)增值额为:10 000-6 005=3 995(万元)

(8)增值率为:3 995÷6 005×100%=66.53%

(9)应纳税额为:3 995×40%-6 005×5%=1 297.75(万元)

会计处理:

借:税金及附加　　　　　　　　　　12 977 500

　　贷:应交税费——应交土地增值税　　　　12 977 500

法理知识

一、土地增值额应纳税额的计算

1.土地增值额的计算

土地增值额=转让房地产的收入-扣除项目金额

2.应纳税额的计算

土地增值税采用超率累进税率,只有在计算增值率后,才能确定具体适用税率,并据以计算应纳税额。其计算公式如下:

$$增值率＝(增值额÷扣除项目金额)×100\%$$

$$应纳税额＝\sum(每级距的土地增值额×适用税率)$$

也可采用下列简便的计算方法:

$$应纳税额＝土地增值额×适用税率－扣除项目金额×速算扣除系数$$

二、会计科目设置及会计处理

(一)会计科目设置

土地增值税的会计核算应设置"应交税费——应交土地增值税"。房地产开发企业计提土地增值税时应借记"税金及附加"科目,贷记"应交税费——应交土地增值税"科目;缴纳土地增值税时应借记"应交税费——应交土地增值税"科目,贷记"银行存款"科目。"应交税费——应交土地增值税"科目期末贷方余额反映应缴而未缴的土地增值税。

(二)会计处理

1.房地产开发企业土地增值税的会计核算

(1)取得房地产转让收入。

借:银行存款

　　贷:主营业务收入

(2)计提土地增值税。

借:税金及附加

　　贷:应交税费——应交土地增值税

2.兼营房地产企业土地增值税的会计核算

(1)取得转让收入。

借:银行存款

　　贷:其他业务收入

(2)计提土地增值税。

借:税金及附加

　　贷:应交税费——应交土地增值税

3.非房地产开发企业土地增值税的会计核算

(1)转让的国有土地使用权。

借:其他业务支出

　　贷:应交税费——应交土地增值税

(2)转让的国有土地使用权连同地上建筑物及其附着物一并在"固定资产"等账户核算的。

借:固定资产清理

　　贷:应交税费——应交土地增值税

三、土地增值税的税收优惠

对房地产转让征收土地增值税,涉及面广,政策性强。为了促进房地产开发结构的调整,改善城镇居民的居住条件,并有利于城市改造规划的实施,税法规定了相应的税收优惠项目。

（一）对建造普通标准住宅的税收优惠

纳税人建造普通标准住宅出售，增值额未超过扣除项目金额20％的，免征土地增值税。"普通标准住宅"是指按所在地一般民用住宅标准建造的居住用住宅。高级公寓、别墅、度假村等不属于普通标准住宅。普通标准住宅与其他住宅的具体划分界限由各省、自治区、直辖市人民政府规定。纳税人建造普通标准住宅出售，增值额未超过扣除项目金额20％的，免征土地增值税；增值额超过扣除项目金额20％的，应就其全部增值额按规定计税。

对于纳税人既建普通住宅又搞其他房地产开发的，应分别核算增值额。不分别核算增值额或不能准确核算增值额的，其建造的普通住宅不能适用这一免税规定。

（二）对国家征用收回的房地产的税收优惠

因国家建设需要依法征用、收回的房地产，免征土地增值税。"因国家建设需要依法征用、收回的房地产"是指因城市实施规划、国家建设的需要而被政府批准征用的房产或收回的土地使用权。因城市实施规划、国家建设的需要而搬迁，由纳税人自行转让原房地产的，比照有关规定免征土地增值税。

（三）对个人转让房地产的税收优惠

个人因工作调动或改善居住条件而转让原自用住房，经向税务机关申报核准，凡居住满5年（含5年）以上的，免予征收土地增值税；居住满3年未满5年的，减半征收土地增值税。居住未满3年的，按规定计征土地增值税。

◆子任务二　土地增值税的纳税申报

任务分析

土地增值税应在签订房地产转让合同后，进行纳税申报。土地增值税的申报步骤如图4-6所示。

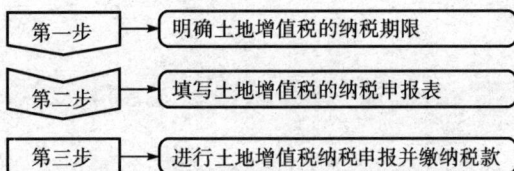

第一步	→	明确土地增值税的纳税期限
第二步	→	填写土地增值税的纳税申报表
第三步	→	进行土地增值税纳税申报并缴纳税款

图4-6　土地增值税的申报步骤

任务操作

第一步：明确土地增值税的纳税期限

本项目中土地增值税的纳税期限为自房地产合同签订日起7日内。

法理知识

土地增值税的纳税人应当自房地产合同签订日起7日内向房地产所在地的主管税务机关进行纳税申报。

第二步:填写土地增值税的纳税申报表

本项目土地增值税纳税申报表见表4-5、表4-6和表4-7。

表4-5 土地增值税纳税申报表(一)

(从事房地产开发的纳税人预征适用)

税款所属时间: 年 月 日至 年 月 日 填表日期: 年 月 日

项目名称: 项目编号: 金额单位:元至角分;面积单位:平方米

纳税人识别号 □□□□□□□□□□□□□□□□□□

房产类型	房产类型子目	收入				预征率(%)	应纳税额	税款缴纳	
		应税收入	货币收入	实物收入及其他收入	视同销售收入			本期已缴税额	本期应缴税额计算
	1	2＝3＋4＋5	3	4	5	6	7＝2×6	8	9＝7－8
普通住宅									
非普通住宅									
其他类型房地产									
合计	—					—			

以下由纳税人填写:				
纳税人声明	此纳税申报表是根据《中华人民共和国土地增值税暂行条例》及其实施细则和国家有关税收规定填报的,是真实的、可靠的、完整的。			
纳税人签章		代理人签章		代理人身份证号
以下由税务机关填写:				
受理人		受理日期	年 月 日	受理税务机关签章

本表一式两份,一份纳税人留存,一份税务机关留存。

表 4-6 **土地增值税纳税申报表(二)**

(从事房地产开发的纳税人清算适用)

税款所属时间: 年 月 日至 年 月 日 填表日期: 年 月 日

金额单位:元至角分 面积单位:平方米

纳税人识别号 ☐☐☐☐☐☐☐☐☐☐☐☐☐☐☐☐☐☐☐☐

纳税人名称		项目名称		项目编号		项目地址	
所属行业		登记注册类型		纳税人地址		邮政编码	
开户银行		银行账号		主管部门		电 话	
总可售面积				自用和出租面积			
已售面积		其中:普通住宅已售面积		其中:非普通住宅已售面积		其中:其他类型房地产已售面积	

项 目	行次	金 额			
		普通住宅	非普通住宅	其他类型房地产	合计
一、转让房地产收入总额 1=2+3+4	1				
其中 货币收入	2				
实物收入及其他收入	3				
视同销售收入	4				
二、扣除项目金额合计 5=6+7+14+17+21+22	5				
1.取得土地使用权所支付的金额	6				
2.房地产开发成本 7=8+9+10+11+12+13	7				
其中 土地征用及拆迁补偿费	8				
前期工程费	9				
建筑安装工程费	10				
基础设施费	11				
公共配套设施费	12				
开发间接费用	13				
3.房地产开发费用 14=15+16	14				
其中 利息支出	15				
其他房地产开发费用	16				
4.与转让房地产有关的税金等 17=18+19+20	17				
其中 营业税	18				
城市维护建设税	19				
教育费附加	20				

项目			行次	
5.财政部规定的其他扣除项目			21	
6.代收费用			22	
三、增值额 23＝1－5			23	
四、增值额与扣除项目金额之比(％)24＝23÷5			24	
五、适用税率(％)			25	
六、速算扣除系数(％)			26	
七、应缴土地增值税税额 27＝23×25－5×26			27	
八、减免税额 28＝30＋32＋34			28	
其中	减免税 (1)	减免性质代码(1)	29	
		减免税额(1)	30	
	减免税 (2)	减免性质代码(2)	31	
		减免税额(2)	32	
	减免税 (3)	减免性质代码(3)	33	
		减免税额(3)	34	
九、已缴土地增值税税额			35	
十、应补(退)土地增值税税额 36＝27－28－35			36	

以下由纳税人填写：

纳税人声明	此纳税申报表是根据《中华人民共和国土地增值税暂行条例》及其实施细则和国家有关税收规定填报的,是真实的、可靠的、完整的。		
纳税人签章		代理人签章	代理人身份证号

以下由税务机关填写：

受理人		受理日期	年 月 日	受理税务机关签章

本表一式两份,一份纳税人留存,一份税务机关留存。

表 4－7 **土地增值税纳税申报表(三)**
(非从事房地产开发的纳税人适用)

税款所属时间： 年 月 日至 年 月 日 填表日期： 年 月 日

金额单位:元至角分 面积单位:平方米

纳税人识别号 □□□□□□□□□□□□□□□□□□□□

纳税人名称		项目名称		项目地址	
所属行业		登记注册类型		纳税人地址	邮政编码
开户银行		银行账号		主管部门	电 话

项　　　目	行次	金　　额
一、转让房地产收入总额 1＝2＋3＋4	1	
其中　货币收入	2	
实物收入	3	
其他收入	4	
二、扣除项目金额合计 (1)5＝6＋7＋10＋15 (2)5＝11＋12＋14＋15	5	
(1)提供评估价格　1.取得土地使用权所支付的金额	6	
2.旧房及建筑物的评估价格 7＝8×9	7	
其中　旧房及建筑物的重置成本价	8	
成新度折扣率	9	
3.评估费用	10	
(2)提供购房发票　1.购房发票金额	11	
2.发票加计扣除金额 12＝11×5％×13	12	
其中:房产实际持有年数	13	
3.购房契税	14	
4.与转让房地产有关的税金等 15＝16＋17＋18＋19	15	
其中　营业税	16	
城市维护建设税	17	
印花税	18	
教育费附加	19	
三、增值额 20＝1－5	20	
四、增值额与扣除项目金额之比(％)21＝20÷5	21	
五、适用税率(％)	22	
六、速算扣除系数(％)	23	
七、应缴土地增值税税额 24＝20×22－5×23	24	

八、减免税额(减免性质代码：＿＿＿＿＿＿)	25	
九、已缴土地增值税税额	26	
十、应补(退)土地增值税税额 27＝24－25－26	27	

以下由纳税人填写：		
纳税人声明	此纳税申报表是根据《中华人民共和国土地增值税暂行条例》及其实施细则和国家有关税收规定填报的,是真实的、可靠的、完整的。	
纳税人签章	代理人签章	代理人身份证号

以下由税务机关填写：		
受理人	受理日期　　　年　月　日	受理税务机关签章

本表一式两份,一份纳税人留存,一份税务机关留存。

法理知识

土地增值税的纳税人进行土地增值税的纳税申报,应填写土地增值税纳税申报表,并提交房屋及建筑物产权、土地使用权证书,土地转让、房产买卖合同,房地产评估报告和其他有关材料,然后按照主管税务机关核定的税额和规定的期限缴纳土地增值税。

> 第三步:进行土地增值税纳税申报并缴纳税款

本项目中的北方房地产开发公司和东方煤矿有限责任公司应向江南市第一税务局进行土地增值税的纳税申报,并缴纳税款。

法理知识

一、纳税申报地点

土地增值税的纳税人应向房地产所在地主管税务机关办理纳税申报。如果纳税人经常取得房地产转让收入而难以在每次转让以后申报缴纳土地增值税,经过主管税务机关批准,可以定期申报纳税,具体纳税期限由主管税务机关根据实际情况确定。纳税人在项目全部竣工结算以前转让房地产取得的收入,由于各种原因无法据实计算土地增值税的,可以按照所在省、自治区、直辖市地方税务局的规定预征税款,待项目全部竣工、办理结算以后清算,多退少补。如果纳税人没有按照规定缴纳土地增值税,土地管理部门和房产管理部门不能办理有关权属变更登记。

土地增值税以人民币为计算单位。转让房地产所取得的收入为外国货币的,以取得收入当天或当月 1 日国家公布的市场汇价折合成人民币,据以计算应纳土地增值税税额。

二、实际缴纳时的会计处理

借:应交税费——应交土地增值税

　　贷:银行存款

任务四　耕地占用税的纳税会计与申报

◆子任务一　耕地占用税的纳税会计

任务分析

为了保护耕地,抑制耕地被乱占滥用的现象,促进农业发展,国家开征了耕地占用税,耕地占用税是对占用耕地建房或从事其他非农业生产建设的各类企业、单位和个人征收的一种税。1987年4月1日,国务院颁布了《中华人民共和国耕地占用税暂行条例》,2007年12月1日,新的《中华人民共和国耕地占用税暂行条例》经国务院批准,并以第511号国务院令发布。该条例自2008年1月1日起施行。耕地占用税的核算步骤如图4-7所示。

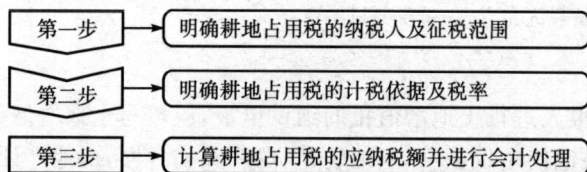

第一步	→	明确耕地占用税的纳税人及征税范围
第二步	→	明确耕地占用税的计税依据及税率
第三步	→	计算耕地占用税的应纳税额并进行会计处理

图4-7　耕地占用税的核算步骤

任务操作

> 第一步:明确耕地占用税的纳税人及征税范围

本项目中耕地占用税的纳税人是北方房地产开发公司,征税范围是北方房地产开发公司在市郊因建厂占用的耕地。

法理知识

一、耕地占用税的纳税人

耕地占用税的纳税人为在我国境内占用耕地建房或者从事其他非农业建设的单位和个人。单位包括国有企业、集体企业、私营企业、股份制企业、外商投资企业、外国企业以及其他企业和事业单位、社会团体、国家机关、部队以及其他单位。个人包括个体工商户和其他个人。

二、耕地占用税的征税范围

耕地占用税的征税范围是指用于建房或从事其他非农业建设的耕地,包括国家所有和集体所有的耕地。耕地是指用于种植农作物的土地(包括菜地、园地、鱼塘及其他农用土地);建房,包括建设建筑物和构筑物;其他非农业建设,是指直接为农业生产服务的农田水利、田间农用道路和从事渔、林、牧业生产以外的占用耕地建设。

> 第二步:明确耕地占用税的计税依据及税率

本项目耕地占用税的计税依据是北方房地产开发公司经批准在市郊占用耕地10 000平方米,每平方米平均税额为20元。

法理知识

一、耕地占用税的计税依据

耕地占用税以纳税人实际占用的耕地面积为计税依据,按照规定的适用税额一次性征收。耕地面积的计算单位为平方米。实际占用耕地的面积是指由省、自治区、直辖市人民政府确定的单位组织测定的耕地面积。尚未组织测量,但纳税人持有政府部门核发土地使用证书的,以证书上确认的耕地面积为准;尚未核发土地使用证书的,应以纳税人据实申报的耕地面积为准。

二、耕地占用税的税率

1. 中央统一规定

耕地占用税采用定额税率。根据不同地区人均占有耕地数量和经济发展状况规定不同的税率,实行地区差别税率。中央统一规定的幅度税额为:

(1)人均耕地不超过1亩的地区(以县级行政区域为单位,下同),每平方米为10元至50元。

(2)人均耕地超过1亩但不超过2亩的地区,每平方米为8元至40元。

(3)人均耕地超过2亩但不超过3亩的地区,每平方米为6元至30元。

(4)人均耕地超过3亩的地区,每平方米为5元至25元。

2. 省、自治区、直辖市人民政府的具体规定

各种耕地占用税的适用税额标准,由各省、自治区、直辖市人民政府在上述税额标准幅度以内,根据本地区的实际情况具体核定。为了协调各地区耕地占用税的税额标准,避免毗邻地区税负差别过大,保证国家的税收收入,国务院财政、税务主管部门根据人均耕地面积和经济发展情况确定各省、自治区、直辖市的平均税额。每平方米平均税额具体规定见表4-8。

表4-8　每平方米平均税额

地　　区	每平方米平均税额(元)
上海	45
北京	40
天津	35
江苏、浙江、福建、广东	30
辽宁、湖北、湖南	25
河北、安徽、江西、山东、河南、重庆、四川	22.5
广西、海南、贵州、云南、陕西	20
山西、吉林、黑龙江	17.5
内蒙古、西藏、甘肃、青海、宁夏、新疆	12.5

各省、自治区、直辖市人民政府在税额幅度内根据本地区情况确定县级行政区占用耕地的适用税额。各地确定县级行政区占用耕地的适用税额须报财政部、国家税务总局备案。占用林地、牧草地、农田水利用地、养殖水面以及渔业水域滩涂等其他用地的适用税额可适当低于

占用耕地的适用税额。

经济特区、经济技术开发区和经济发达且人均耕地特别少的地区,适用税额可以适当提高,但是提高的部分最高不得超过当地适用税额的50%。占用基本农田的适用税额应当在当地适用税额的基础上提高50%。

> **第三步:计算耕地占用税的应纳税额并进行会计处理**

北方房地产开发公司耕地占用税应纳税额计算如下:

幼儿园、职工医院建设的用地免税。

该企业应纳耕地占用税税额＝7 000×20＝140 000(元)

北方房地产开发公司耕地占用税的会计处理如下:

借:在建工程　　　　　　　　　　　　　　　　140 000

　贷:银行存款　　　　　　　　　　　　　　　　　　140 000

法理知识

一、耕地占用税应纳税额的计算

耕地占用税应纳税额的计算公式为:

$$应纳税额＝纳税人实际占用的耕地面积(平方米)×适用税额标准$$

二、耕地占用税的减免税

1. 免征耕地占用税的项目

(1)军事设施占用耕地。

(2)学校、幼儿园、养老院、医院占用耕地。

2. 其他减免规定

(1)铁路线路、公路线路、飞机场跑道、停机坪、港口、航道占用耕地,减按每平方米2元的税额征收耕地占用税。

根据实际需要,国务院财政、税务主管部门商国务院有关部门并报国务院批准后,可以对此规定的情形免征或者减征耕地占用税。

(2)农村居民占用耕地新建住宅,按照当地适用税额减半征收耕地占用税。

农村烈士家属、残疾军人、鳏寡孤独以及革命老根据地、少数民族聚居区和边远贫困山区生活困难的农村居民,在规定用地标准以内新建住宅缴纳耕地占用税确定有困难的,经所在地乡(镇)人民政府审核,报经县级人民政府批准后,可以免征或者减征耕地占用税。

按照上述规定免征或者减征耕地占用税后,纳税人改变原占地用途,不再属于免征或者减征耕地占用税情形的,应当按照当地适用税额补缴耕地占用税。

三、会计处理

由于耕地占用税是在实际占用耕地之前一次性缴纳的,不存在与征税机关清算和结算的问题,因此企业按规定缴纳的耕地占用税,可以不通过"应交税费"科目核算。企业为购建固定资产而缴纳的耕地占用税,作为固定资产价值的组成部分,计入"在建工程"科目。企业在实际缴纳时,借记"在建工程"科目,贷记"银行存款"科目。免征耕地占用税的单位和企业,也不存在相应的会计核算。

◆子任务二　耕地占用税的纳税申报

任务分析

纳税人占用耕地或其他农用地,应当进行耕地占用税的纳税申报。耕地占用税纳税申报步骤如图4-8所示。

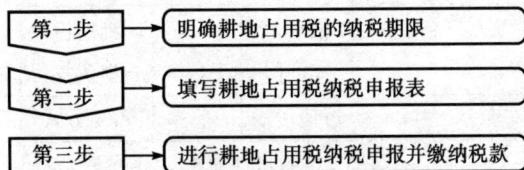

```
第一步 ──→ 明确耕地占用税的纳税期限
第二步 ──→ 填写耕地占用税纳税申报表
第三步 ──→ 进行耕地占用税纳税申报并缴纳税款
```

图4-8　耕地占用税纳税申报步骤

任务操作

第一步:明确耕地占用税的纳税期限

本项目北方房地产开发公司耕地占用税的纳税期限为公司实际占用耕地的当天,应在收到土地管理部门的通知之日起30日内办理税款缴纳手续。

法理知识

耕地占用税由地方税务机关负责征收。耕地占用税纳税义务发生的时间,经批准占用耕地的,为纳税人收到土地管理部门办理农用地手续通知的当天;未经批准占用耕地的,耕地占用税纳税义务发生时间为纳税人实际占用耕地的当天。

获准占用耕地的单位或者个人应当在收到土地管理部门的通知之日起30日内缴纳耕地占用税。

免征或者减征耕地占用税后,纳税人改变原占地用途,应自改变用途之日起30日内按改变用途的实际占用耕地面积和当地适用税额补缴税款。

第二步:填写耕地占用税纳税申报表

本项目耕地占用税的纳税申报表见表4-9。

表 4-9 耕地占用税纳税申报表

填表日期：　　年　月　日　　　　　　　　　　　金额单位:元至角分;面积单位:平方米

纳税人识别号 □□□□□□□□□□□□□□□□□□□□

纳税人信息	名称				□单位　　□个人		
	登记注册类型			所属行业			
	身份证照类型			联系人		联系方式	

耕地占用信息	项目(批次)名称			批准占地部门	—	批准占地文号		占地日期/批准日期	
	占地位置			占地用途		占地方式			
	批准占地面积			实际占地面积					

	计税面积	其中:□减□免税面积	适用税率	计征税额	减免性质代码	□减□免税额	应缴税额
总计							
耕地							
其中:1.经济开发区							
2.基本农田							
其他农用地							
其他类型土地							

以下由纳税人填写：

纳税人声明	此纳税申报表是根据《中华人民共和国耕地占用税暂行条例》和国家有关税收规定填报的,是真实的、可靠的、完整的。		
纳税人签章		代理人签章	代理人身份证号

以下由税务机关填写：

受理人		受理日期	年　月　日	受理税务机关签章

本表一式两份,一份纳税人留存,一份税务机关留存。

┌─────────────────────────────────────┐
│ **第三步:进行耕地占用税纳税申报并缴纳税款** │
└─────────────────────────────────────┘

本项目北方房地产开发公司耕地占用税应到江南市第一税务局缴纳。

法理知识

　　土地管理部门在通知单位或者个人办理占用耕地手续时,应当同时通知耕地所在地同级地方税务机关。土地管理部门凭耕地占用税完税凭证或者免税凭证和其他有关文件发放建设用地批准书。

项目演练

1. 红星煤矿 2017 年的生产销售情况如下：

(1)生产原煤 400 万吨，其中外销 50 万吨，售价 550 元/吨；

(2)移送加工煤制品使用本矿生产的原煤 100 万吨，当年售出煤制品 80 万吨，售价 800 元/吨；

(3)使用本矿生产的原煤加工成洗煤 140 万吨，税务机关无法正确计算原煤的移送使用量，只知道该矿加工产品综合回收率为 70%；

(4)以加工好的洗煤 20 万吨支付发电厂电费，150 万吨外销(售价 700 元/吨)，40 万吨本矿自用。

请为该煤矿 2017 年进行资源税的纳税申报。

2. 天成公司是位于 A 市的一个有限责任公司，与土地使用税相关的资料如下：天成公司提供的政府部门核发的土地使用证书显示：天成公司实际占用面积 50 000 平方米，其中，企业内学校和医院共占地 1 000 平方米；其余用地均为天成公司的生产经营用地。2017 年 3 月 30 日，将一块 900 平方米的土地对外无偿借给国家机关作公务使用；5 月 30 日又将一块 2 000 平方米的土地对外无偿出租给军队做训练基地。该地段每平方米土地年税额 20 元，计算天成公司应缴纳的城镇土地使用税税额，作账务处理并填制纳税申报表。

3. 晨光房地产开发公司参与开发市内新区建设项目，建成后的普通标准住宅销售收入 5 000 万元，综合楼销售收入 18 000 万元，公司按税法规定分别缴纳了销售环节各项有关税金及教育费附加(教育费附加征收率为 3%，印花税忽略不计)。公司取得土地使用权所支付的金额为 2 000 万元，其中建造普通标准住宅占用土地支付的金额占全部支付金额的 25%。公司分别计算了普通标准住宅和综合楼的开发成本及开发费用，普通标准住宅增值额占扣除项目金额的 18%；综合楼开发成本为 6 000 万元。另知该公司不能提供金融机构贷款证明，当地省人民政府规定允许扣除的房地产开发费用计算比例为 10%。请计算该公司应缴纳的土地增值税的税额，作账务处理并填制纳税申报表。

4. 宏大公司经批准在市郊占用耕地 50 000 平方米，其中用于厂房建设用地 40 000 平方米，其余耕地用于幼儿园、职工医院建设，公司所在地区适用税额为 20 元/平方米，计算该公司应缴纳的耕地占用税的税额，作账务处理并填制纳税申报表。

项目小结

通过本项目的学习，学生应该学会计算资源税、城镇土地使用税、土地增值税和耕地占用税的应纳税额；能进行资源税、城镇土地使用税、土地增值税和耕地占用税应纳税的会计处理；能熟练填制资源税、城镇土地使用税、土地增值税和耕地占用税纳税申报表，并能正确进行纳税申报。

拓展活动

资源税类的改革方向

一、资源税的改革方向

资源税改革主要包括两个方面,即扩大资源税的覆盖范围,提高资源税税负水平。

第一,进一步扩大资源税的范围。目前,世界上许多国家资源税的征税范围都涵盖了矿产资源、土地资源、水资源、动植物资源、海洋资源及地热资源等,我国在目前资源短缺、资源浪费严重的情况下,应当扩大资源税的征收范围,对开发、利用应税自然资源的中外纳税人统一征税。未来将地热、矿泉水等水资源全面纳入资源税征收范围,逐步对各类水资源的利用征收资源税;将耕地占用税并入资源税;在条件成熟时,逐步将土地、森林、草原、滩涂等自然资源纳入资源税征税范围,进一步体现自然资源有偿使用的原则。

第二,逐步提高资源税税负水平。结合资源产品价格调整和收费制度改革,适时取消不适当的减免税,并适当提高税率(税额标准),调节资源开采企业的资源级差收入,促使其规范资源开发行为,以利于节约资源和保护环境,并增加财政收入。

二、城镇土地使用税的改革方向

现行城镇土地使用税对加强城镇土地管理,建立地方税体系,增加财政收入等方面,都起到了一定的作用。通过这些年的实践,也暴露出一些问题。城镇土地使用税改革的主要内容包括:

(1)改变征税范围。根据城乡经济发展的现实情况,考虑把农村非农业用地也列入征税范围,既便于操作,又可实现税负公平。

(2)提高税额。因为定额税在通货膨胀条件下存在实际税负递减的情况,应适当提高土地使用税的税额。

三、土地增值税的改革方向

近年来,我国经济增长速度较快,土地投机利益太高,交易转手次数太多,人为地推动了地价上涨,致使房地产开发成本上升。用土地增值税让步来刺激房地产市场是不明智的,只能取得表面上的短期效应。房地产增值较快,必须限制房地产过度投机。从长远来看,为了推动不动产市场的正常发展,必须充分发挥土地增值税的作用。同时削减非税收性费用,降低房地产开发成本,促使土地资源合理有效地利用。在土地增值税的改革方面要适度减少土地增值税的累进税率级次,准确划分自然增值部分与人工投资改良增值部分,完善房产估价制度和土地管理制度,加强征管,以减少逃避税现象。

四、耕地占用税的改革方向

随着经济的发展和改革的深入,耕地占用税的一些内容,已不适应当前的需要,改革应从以下方面做起:

(1)扩大征收范围。对占用土地建房或从事其他非农业建设的,征收一次性的土地占用税,包括占用的各种非耕地。即改耕地占用税为土地占用税。既扩大了征收畴范围,增加了财政收入,又避免了批占非耕地逃避纳税。

（2）税率。改差别比例税率为定额税率，以批地面积为计税依据，并适度提高税率水平。这样操作上简便易行。

（3）调整分成比例。耕地占用税收入是农发基金的重要来源，用于支持农业生产的发展。支农支出主要在县、乡，所以应把更多的耕地占用税收入留给县、乡使用，作为农业发展资金，以调动基层征收积极性，促进地方发展。

项目五 财产税类的纳税会计与申报

学习目标

知识目标：掌握房产税、契税和车船税应纳税额的计算方法，熟悉房产税、契税和车船税的会计处理，了解房产税、契税和车船税的基本知识。

能力目标：能根据相关规定计算房产税、契税和车船税应纳税额；能熟练填制房产税、契税和车船税的纳税申报表，正确进行纳税申报；能根据相关业务进行房产税、契税和车船税的会计处理。

项目描述

一、企业概况

企业名称：新起点有限责任公司

企业性质：有限责任公司

企业地址：西安市太白路47号　电话：88481201

企业所属行业：工业制造业

纳税人识别号：6101054215124××

隶属关系：无

税收征收机关：西安市第三税务局

地税计算机代码：0551344

开户银行：建设银行太白路支行　账号：9876543201

二、具体业务

新起点有限责任公司2017年相关业务事项如下：

(1)2015年委托施工企业建造的办公楼1栋7月底办理验收手续，入账原值600万元(当地政府规定房产计税余值扣除比例为30%)。

(2)7月底与凯达公司签订经营性房屋租赁合同，将原值300万元的旧办公楼对外出租，收取当年5个月的租金共计24万元。

(3)9月，公司以500万元向东方公司购得公司所在地旁边一块土地的使用权，购买合同已签订，当地规定契税税率为3%。

(4)该公司原有大客车2辆(税额为550元/辆)；货车3辆，自重各为10吨(税额为50元/吨)。由于生产需要，10月新购入自重6吨的货车1辆。

请你为该公司进行房产税、契税和车船税会计处理与申报。

项目分析

按照《中华人民共和国税收征收管理法》《中华人民共和国税收征收管理法实施细则》《中

华人民共和国房产税暂行条例》《中华人民共和国契税暂行条例》《中华人民共和国车船税法》的规定,新起点有限责任公司 2017 年验收委托施工企业建造的办公大楼 1 栋,并将自己的旧办公楼对外出租收取租金,因此,该公司需要缴纳房产税并申报;由于该公司 2017 年签订合同购买土地使用权,因此企业需要缴纳契税并申报;由于该公司拥有各类车辆,因此,企业需要缴纳车船税并申报。所以,新起点有限责任公司需完成如下任务。

任务一　房产税的纳税会计与申报

◆子任务一　房产税的纳税会计

任务分析

房产税又称房屋税,是国家以房产作为课税对象向产权所有人征收的一种财产税。对房产征税的目的是运用税收杠杆,加强对房产的管理,提高房产使用效率,控制固定资产投资规模和配合国家房产政策的调整,合理调节房产所有人和经营人的收入。根据《中华人民共和国税收征收管理法》《中华人民共和国税收征收管理法实施细则》《中华人民共和国房产税暂行条例》的规定,国家所有和集体、个人所有的房屋的产权所有人、经营管理单位、承典人、房产代管人或使用人都应缴纳房产税。房产税的核算步骤如图 5-1 所示。

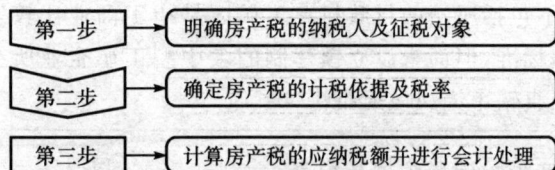

```
第一步  →  明确房产税的纳税人及征税对象

第二步  →  确定房产税的计税依据及税率

第三步  →  计算房产税的应纳税额并进行会计处理
```

图 5-1　房产税的核算步骤

任务操作

> 第一步:明确房产税的纳税人及征税对象

本项目中房产税的纳税人是新起点有限责任公司,征税对象是办理了验收手续的新建办公楼和对外出租的旧办公楼。

法理知识

一、房产税的纳税人

房产税以在征税范围内的房屋产权所有人为纳税人。

(1)产权属于国家所有的,由经营管理的单位纳税。产权属集体和个人所有的,由集体单位和个人纳税。

(2)产权出典的,由承典人纳税。

（3）产权所有人、承典人不在房产所在地的，或者产权未确定及租典纠纷未解决的，由房产代管人或者使用人纳税。

（4）无租使用其他房产的问题。纳税单位和个人无租使用房产管理部门、免税单位及纳税单位的房产，应由使用人代为缴纳房产税。

自 2009 年 1 月 1 日起，外商投资企业、外国企业和组织以及外籍个人按照《中华人民共和国房产税暂行条例》及有关规定缴纳房产税。

二、房产税的征税对象

房产税的征税对象是房产。所谓房产，是指有屋面和围护结构，能够遮风避雨，可供人们在其中生产、学习、工作、娱乐、居住或储藏物资的场所。但独立于房屋的建筑物如围墙、暖房、水塔、烟囱、室外游泳池等不属于房产，但室内游泳池属于房产。

由于房地产开发企业开发的商品房在出售前，对房地产开发企业而言是一种产品，因此，对房地产开发企业建造的商品房，在售出前，不征收房产税；但对售出前房地产开发企业已使用或出租、出借的商品房应按规定征收房产税。

三、房产税的征税范围

房产税的征税范围：城市、县城、建制镇、工矿区，不包括农村的房屋。城市是指经国务院批准设立的市，征税范围为市区、郊区和市辖县县城，不包括农村。县城是指未设立建制镇的县人民政府所在地。建制镇是指经省、自治区、直辖市人民政府批准设立的建制镇，征税范围为镇人民政府所在地，不包括所辖的行政村。工矿区是指工商业比较发达，人口比较集中，符合国务院规定的建制镇标准，但尚未设立镇建制的大中型工矿企业所在地。开征房产税的工矿区必须经省、自治区、直辖市人民政府批准。

第二步：确定房产税的计税依据及税率

房产税的计税依据为：

（1）完工验收的新办公楼，计税依据为房产余值，即房产原值一次扣除 10％～30％ 的损耗价值后的余值：600×(1-30％)=420(万元)。

（2）出租给凯达公司的旧办公楼，本年度前 7 个月计税依据为房产余值 210 万元[=300×(1-30％)]，8—12 月则为租金收入，共计 24 万元。

本项目房产税的适用税率是比例税率，完工验收的新办公楼，税率为 1.2％；出租给凯达公司的旧办公楼，出租前适用税率为 1.2％，出租后适用税率为 12％。

法理知识

一、房产税的计税依据

房产税采用从价计征，具体分为按房产余值计征和按房产租金收入计征。

（1）对经营自用的房屋，以房产的余值作为计税依据，称为从价计征。

房产税依照房产原值一次减除 10％～30％ 后的余值计算缴纳。具体减除幅度，由省、自治区、直辖市人民政府规定。房产原值应包括与房屋不可分割的各种附属设备或一般不单独计算价值的配套设施，主要有暖气、卫生、通风等设备。纳税人对原有房屋进行改建、扩建的，要相应增加房屋的原值。

在确定计税依据时还应注意以下三点问题：

①对投资联营的房产,在计征房产税时应予以区别对待。共担风险的,按房产余值作为计税依据,计征房产税;对收取固定收入,应由出租方按租金收入计缴房产税。

②对融资租赁房屋的情况,在计征房产税时应以房产余值计算征收,租赁期内房产税的纳税人,由当地税务机关根据实际情况确定。

③新建房屋交付使用时,如中央空调设备已计算在房产原值之中,则房产原值应包括中央空调设备;旧房安装空调设备,一般都作单项固定资产入账,不应计入房产原值。

(2)对于出租的房屋,以租金收入为计税依据,称为从租计征。

房产出租的,以房产租金收入为房产税的计税依据。

二、房产税的税率

房产税采用比例税率,根据房产税的计税依据分为两种：

(1)按房产余值计征的,税率为 1.2%;

(2)按房产出租的租金收入计征的,税率为 12%。

从 2008 年 3 月 1 日起,对个人出租住房,不区分用途,按 4% 的税率征收房产税。对企事业单位、社会团体以及其他组织按市场价格向个人出租用于居住的住房,减按 4% 的税率征收房产税。

> **第三步：计算房产税的应纳税额并进行会计处理**

新起点有限责任公司 2017 年应缴纳的房产税税额计算如下：

【业务 1】2015 年委托施工企业建造的办公楼 1 栋 7 月底办理验收手续,入账原值 600 万元(当地政府规定房产计税余值扣除比例为 30%)。

完工验收的新办公楼应纳房产税 $=600 \times (1-30\%) \times 1.2\% \times 5 \div 12 = 2.1$(万元)

【业务 2】7 月底与凯达公司签订经营性房屋租赁合同,将原值 300 万元的旧办公楼对外出租,收取当年 5 个月的租金共计 24 万元。

出租给凯达公司的旧办公楼应纳房产税 $=300 \times (1-30\%) \times 1.2\% \times 7 \div 12 + 24 \times 12\% = 4.35$(万元)

新起点有限责任公司 2017 年度应纳房产税 $=2.1+4.35=6.45$(万元)

本项目房产税的应纳税额会计处理如下：

根据资料,该项目中,1—7 月份按月计提房产税时：

借：税金及附加　　　　　　　　　2 100[3 000 000×(1-30%)×1.2%÷12]

　　贷：应交税费——应交房产税　　　2 100

8—12 月按月计提房产税时：

借：税金及附加　　　　　　　　　9 960[6 000 000×(1-30%)×1.2%÷12]+240 000×12%÷5

　　贷：应交税费——应交房产税　　　9 960

法理知识

一、应纳税额的计算

（一）从价计征的计算

从价计征是按房产的原值减除一定比例后的余值计征，其公式为：

$$应纳税额＝应税房产原值×（1－扣除比例）×1.2\%$$

（二）从租计征的计算

从租计征是按房产的租金收入计征，其公式为：

$$应纳税额＝租金收入×12\%（或4\%）$$

二、房产税的会计处理

房产税的会计核算应设置"应交税费——应交房产税"科目。对于自用、出租房产，计提房产税时，应借记"税金及附加"科目，贷记本科目。实际缴纳房产税时，应借记本科目，贷记"银行存款"科目。本科目期末贷方余额反映企业应交而未交的房产税。

三、纳税义务发生时间

（1）纳税人将原有房产用于生产经营，从生产经营之月起，缴纳房产税。

（2）纳税人自行新建房屋用于生产经营，从建成之次月起，缴纳房产税。

（3）纳税人委托施工企业建设的房屋，从办理验收手续之次月起，缴纳房产税。

（4）纳税人购置新建商品房，自房屋交付使用之次月起，缴纳房产税。

（5）纳税人购置存量房，自办理房屋权属转移、变更登记手续，房地产权属登记机关签发房屋权属证书之次月起，缴纳房产税。

（6）纳税人出租、出借房产，自交付出租、出借房产之次月起，缴纳房产税。

（7）房地产开发企业自用、出租、出借本企业建造的商品房，自房屋使用或交付之次月起，缴纳房产税。

四、房产税的税收优惠

下列房产免纳房产税：

（1）国家机关、人民团体、军队自用的房产；

（2）由国家财政部门拨付事业经费的单位自用的房产；

（3）宗教寺庙、公园、名胜古迹自用的房产；

（4）个人所有非营业用的房产；

（5）经财政部批准免税的其他房产。

此外，纳税人纳税确有困难的，可由省、自治区、直辖市人民政府确定，定期减征或者免征房产税。

◆子任务二　房产税的纳税申报

任务分析

房产税的纳税义务人应该根据税法要求，到主管税务机关办税大厅确定申报方式、申报时间和内容，领取申报表等有关资料，如实填写纳税申报表并在税务机关规定的申报期限内办理纳税申报。房产税纳税申报的步骤如图 5-2 所示。

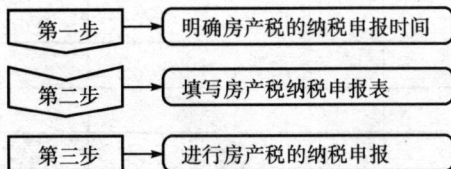

图 5-2　房产税纳税申报步骤

任务操作

第一步:明确房产税的纳税申报时间

本项目中假定当地政府规定房产税按年征收,分次缴纳,凡负有房产税纳税义务的纳税人应于每年 4 月、10 月的前 15 日内向税务机关办理纳税申报手续,也可以一次申报缴纳全年应纳税款,申报缴纳期为每年的 4 月 1 日—4 月 15 日。经税务机关批准,该公司于每年 4 月 1 日—4 月 15 日内一次申报缴纳全年税款。

法理知识

房产税按年征收、分期缴纳。纳税期限由省、自治区、直辖市人民政府规定。

第二步:填写房产税纳税申报表

新起点有限责任公司填写房产税纳税申报表,见表 5-1。

表 5-1　房产税纳税申报表

税款所属期:自 2017 年 1 月 1 日至 2017 年 12 月 31 日　填表日期:2018 年 4 月 1 日　金额单位:元至角分;
面积单位:平方米

纳税人识别号 | 6 1 0 1 0 5 4 2 1 5 1 2 4 × × □ □ □ □

纳税人信息	名称	新起点有限责任公司		纳税人分类	单位☑　　个人□		
	登记注册类型	*		所属行业	*		
	身份证件类型	身份证□　护照□　其他□_____		身份证件号码			
	联系人			联系方式			

一、从价计征房产税

	房产编号	房产原值	其中:出租房产原值	计税比例	税率	所属期起	所属期止	本期应纳税额	本期减免税额	本期已缴税额	本期应补(退)税额
1	*	6 000 000		70%	1.2%			21 000			
2	*	3 000 000		70%	1.2%			14 700			

续表 5-1

3	*							
4	*							
5	*							
6	*							
7	*							
8	*							
9	*							
10	*							
合计	*	*	*	*	*	*	*	35 700

二、从租计征房产税

	本期申报租金收入	税率	本期应纳税额	本期减免税额	本期已缴税额	本期应补(退)税额
1	240 000	4%	28 800			
2						
3						
合计		*				

以下由纳税人填写:	
纳税人声明	此纳税申报表是根据《中华人民共和国房产税暂行条例》和国家有关税收规定填报的,是真实的、可靠的、完整的。

纳税人签章		代理人签章		代理人身份证号	

以下由税务机关填写:				
受理人		受理日期	年 月 日	受理税务机关签章

本表一式两份,一份纳税人留存,一份税务机关留存。

法理知识

房产税纳税申报应按照《中华人民共和国房产税暂行条例》的规定及时办理纳税申报,并如实填写房产税纳税申报表。

> 第三步:进行房产税的纳税申报

新起点有限责任公司应向西安市第三税务局申报房产税,并缴纳税款。

法理知识

房产税在房产所在地缴纳。房产不在同一地方的纳税人,应按房产的坐落地点分别向房产所在地的税务机关纳税。房产税按年计算,分季缴纳。每季末缴税时,按当季应交税金数额编写分录为:

借:应交税费——应交房产税

　　贷:银行存款

任务二 契税的纳税会计与申报

◆子任务一 契税的纳税会计

任务分析

根据《中华人民共和国税收征收管理法》《中华人民共和国税收征收管理法实施细则》《中华人民共和国契税暂行条例》的规定,凡在中华人民共和国境内转移土地、房屋权属(具体包括买卖、典当、赠与、交换等),承受的单位和个人为契税的纳税义务人。纳税义务人,都应当依照该条例的规定缴纳契税。契税是以所有权发生转移变动的不动产为征税对象,向产权承受人征收的一种财产税。契税的核算步骤如图 5-3 所示。

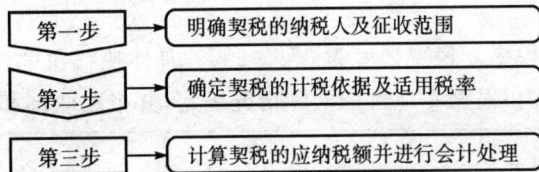

图 5-3 契税的核算步骤

任务操作

第一步:明确契税的纳税人及征收范围

本项目中契税的纳税人是新起点有限责任公司,该公司契税由西安市第三税务局征收。

法理知识

契税的纳税义务人是凡在中华人民共和国境内转移土地、房屋权属(具体包括买卖、典当、赠与、交换等)中承受的单位和个人。在中国境内取得土地、房屋权属的企业和个人,应当依法缴纳契税。上述取得土地、房屋权属包括下列方式:国有土地使用权出让,土地使用权转让(包括出售、赠与和交换),房屋买卖、赠与和交换。以下列方式转移土地房屋权属的,视同土地使用权转让、房屋买卖或者房屋赠与征收契税:以土地、房屋权属作价投资、入股,以土地、房屋权属抵偿债务,以获奖的方式承受土地、房屋权属,以预购方式或者预付集资建房款方式承受土地、房屋权属。

第二步:确定契税的计税依据及适用税率

本项目契税的计税依据是成交价格 500 万元,税率为当地规定税率 3%。

法理知识

一、契税的计税依据

契税的计税依据按照土地、房屋交易的不同情况确定,归结起来有以下四种:

(1)国有土地使用权出让、土地使用权出售、房屋买卖,为成交价格。

(2)土地使用权赠与、房屋赠与,由征收机关参照土地使用权出售、房屋买卖的市场价格核定。

(3)土地使用权交换、房屋交换,为所交换的土地使用权、房屋的价格的差额。

(4)出让国有土地使用权的,其计税价格为承受人为取得该土地使用权而支付的全部经济利益。

(5)没有成交价格或成交价格明显低于市场价格并且无正当理由的,或者所交换土地使用权、房屋的价格的差额明显不合理并且无正当理由的,由征收机关参照市场价格核定。

二、契税的税率

契税实行幅度比例税率。税率幅度为3%~5%。具体执行税率,由各省、自治区、直辖市人民政府在规定的幅度内,根据本地区的实际情况确定,并报财政部和国家税务总局备案。

> **第三步:计算契税的应纳税额并进行会计处理**

【业务3】9月,公司以500万元向东方公司购得公司所在地旁边一块土地的使用权,购买合同已签订,当地规定契税税率为3%。

该公司契税应纳税额=500×3%=15(万元)

会计处理:

借:无形资产　　　　　　　　　　150 000
　　贷:应交税费——应交契税　　　　　　　150 000

法理知识

一、契税的计算

契税应纳税额的计算公式为:

$$应纳税额=计税依据×税率$$

应纳税额以人民币计算。转移土地、房屋权属以外汇结算的,按照纳税义务发生之日中国人民银行公布的人民币市场汇率中间价折合成人民币计算。

二、契税的会计处理

企业按规定缴纳的契税应计入房屋或土地的成本,计提时应借记"固定资产""无形资产"等科目,贷记"应交税费——应交契税"科目。实际缴纳契税时,应借记"应交税费——应交契税"科目,贷记"银行存款"科目。

三、契税优惠政策

有下列情形之一的,减征或者免征契税:

(1)国家机关、事业单位、社会团体、军事单位承受土地、房屋用于办公、教学、医疗、科研和

军事设施的,免征;

(2)城镇职工按规定第一次购买公有住房的,免征;

(3)因不可抗力灭失住房而重新购买住房的,酌情准予减征或者免征;

(4)财政部规定的其他减征、免征契税的项目。

◆子任务二 契税的纳税申报

任务分析

根据《中华人民共和国税收征收管理法》《中华人民共和国税收征收管理法实施细则》《中华人民共和国契税暂行条例》的规定,契税的纳税义务人应当自纳税义务发生之日起 10 日内,向土地、房屋所在地的契税征收机关办理纳税申报,并在契税征收机关核定的期限内缴纳税款。契税的纳税申报步骤如图 5-4 所示。

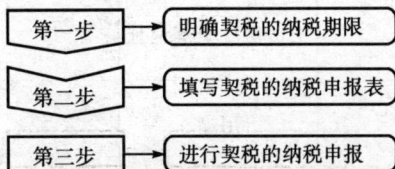

第一步	→	明确契税的纳税期限
第二步	→	填写契税的纳税申报表
第三步	→	进行契税的纳税申报

图 5-4 契税的纳税申报步骤

任务操作

第一步:明确契税的纳税期限

新起点有限责任公司契税的纳税时间为 2017 年 9 月。

法理知识

契税的纳税义务发生时间,为纳税人签订土地、房屋权属转移合同的当天,或者纳税人取得其他具有土地、房屋权属转移合同性质的凭证(如契约、协议、合约、单据、确认书等)的当天。纳税人应当自纳税义务发生之日起 10 日之内,向土地、房屋所在地的契税征收机关办理纳税申报,并在该征收机关核定的期限之内缴纳税款。

第二步:填写契税的纳税申报表

新起点有限责任公司填写契税纳税申报表,如表 5-2 所示。

表 5-2 契税纳税申报表

填表日期:2017 年 9 月 7 日　　　　　　　　　　金额单位:元至角分;面积单位:平方米

纳税人识别号　| 6 | 1 | 0 | 1 | 0 | 5 | 4 | 2 | 1 | 5 | 1 | 2 | 4 | × | × | | | |

承受方信息	名　称	新起点有限责任公司		☑单位　□个人	
	登记注册类型		所属行业		
	身份证件类型	身份证□　护照□ 其他□	身份证件号码		
	联系人		联系方式		
转让方信息	名　称	东方公司		☑单位　□个人	
	纳税人识别号		登记注册类型		所属行业
	身份证件类型		身份证件号码		联系方式
土地房屋权属转移信息	合同签订日期		土地房屋坐落地址		权属转移对象
	权属转移方式		用途		家庭唯一普通住房　□90 平米以上 □90 平米及以下
	权属转移面积	10 000 平方米	成交价格	5 000 000 元	成交单价	500 元/平方米
税款征收信息	评估价格		计税价格	5 000 000 元	税率	3%
	计征税额	15 000 元	减免性质代码		减免税额		应纳税额	15 000 元

以下由纳税人填写:	
纳税人声明	此纳税申报表是根据《中华人民共和国契税暂行条例》和国家有关税收规定填报的,是真实的、可靠的、完整的。

纳税人签章		代理人签章		代理人身份证号	

以下由税务机关填写:			
受理人		受理日期　　年　月　日	受理税务机关签章

本表一式两份,一份纳税人留存,一份税务机关留存。

法理知识

契税的纳税人应当按照《中华人民共和国契税暂行条例》的规定及时缴纳契税并办理纳税申报,如实填写契税纳税申报表。

> 第三步:进行契税的纳税申报

新起点有限责任公司的契税应向西安市第三税务局申报,并缴纳税款。

缴纳契税的会计处理:

借:应交税费——应交契税　　　150 000

　　贷:银行存款　　　　　　　　　　　150 000

法理知识

契税以征收机关直接征收为主。契税在土地、房屋所在地的征收机关缴纳。征收机关直接征收契税确有困难的地区,经过上一级征收机关批准,可以委托当地的房屋管理部门、土地管理部门或者其他有关单位代征。

任务三　车船税的纳税会计与申报

◆子任务一　车船税的纳税会计

任务分析

根据《中华人民共和国税收征收管理法》《中华人民共和国税收征收管理法实施细则》《中华人民共和国车船税法》的规定,在中华人民共和国境内,车辆、船舶(以下简称车船)的所有人或者管理人为车船税的纳税人,应当依照规定缴纳车船税。车船税核算的步骤如图5-5所示。

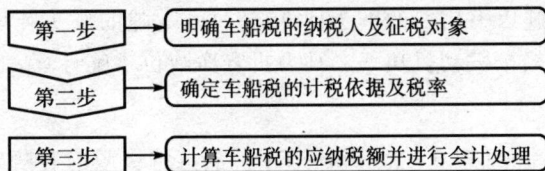

图5-5　车船税核算步骤

任务操作

第一步:明确车船税的纳税人及征税对象

本项目中车船税的纳税人是新起点有限责任公司,征税对象是该公司的所有车辆。

法理知识

一、车船税的纳税人

车船税的纳税人是指在中华人民共和国境内,《中华人民共和国车船税法》规定的车船的所有人或管理人。

从事机动车第三者责任强制保险业务的保险机构为机动车车船税的扣缴义务人,应当在收取保险费时依法代收车船税,并出具代收税款凭证。

二、车船税的征税对象

车船税的征税对象是依法应当在车船登记管理部门登记的机动车辆和船舶以及依法不需要在车船管理部门登记的在单位内部场所行驶或者作业的机动车辆和船舶。车船税的征税范围包括车辆和船舶两大类。

第二步:确定车船税的计税依据及税率

本项目中车船税的计税依据是:大客车计税依据是 2 辆;原 3 辆货车的计税依据是 3 辆×10 吨/辆;10 月份新购的 6 吨货车计税依据是 1 辆×6 吨/辆。车船税的税率分别是:大客车 2 辆为 550 元/辆;10 吨货车为 50 元/吨,6 吨货车为 50 元/吨。

法理知识

一、车船税的计税依据

按车船的种类和性能不同,车船税的计税依据分别有辆、整备质量吨位、净吨位和艇身长度四种。计税依据的确定应注意以下两个问题:

(1)核定计税依据数量以车船管理部门核发的车船登记证书或行驶证书相应项目所载数额为准。纳税人未按规定到车船管理部门办理登记手续的,其计税标准以车船出厂合格证或进口凭证相应项目所载数额为准。不能提供车船出厂合格证或进口凭证的,由主管地方税务机关根据车船自身状况并参照同类车船核定。

(2)车船整备质量尾数在 0.5 吨以下(含)的,按 0.5 吨计算,超过 0.5 吨的,按 1 吨计算;船舶净吨位尾数在 0.5 吨以下(含)的不予计算,超过 0.5 吨的按 1 吨计算;1 吨以下的小型车船,一律按 1 吨计算;拖船按发动机功率 2 马力折合净吨位 1 吨计算。

二、车船税的税率

车船税实行定额税率(见表 5 - 3),具体适用税额由省级政府在规定的子税目税额幅度内确定。

表 5 - 3　车船税税目税额表

税目		计税单位	每年税额	备注
乘用车	1.0 升(含)以下的	每辆	60～360 元	核定载客人数 9 人(含)以下
	1.0 升以上至 1.6 升(含)的		300～540 元	
	1.6 升以上至 2.0 升(含)的		360～660 元	
	2.0 升以上至 2.5 升(含)的		660～1 200 元	
	2.5 升以上至 3.0 升(含)的		1 200～2 400 元	
	3.0 升以上至 4.0 升(含)的		2 400～3 600 元	
	4.0 升以上的		3 600～5 400 元	
商用车	客车	每辆	480～1 440 元	核定载客人数 9 人以上,包括电车
	货车	整备质量每吨	16～120 元	包括半挂牵引车、三轮汽车和低速载货汽车等
挂车		整备质量每吨	按照货车税额的 50%计算	
其他车辆	专用作业车	整备质量每吨	16～120 元	不包括拖拉机
	轮式专用机械车		16～120 元	

续表 5 - 3

	税目	计税单位	每年税额	备注
摩托车		每辆	36～180 元	
船舶	机动船舶	净吨位每吨	3～6 元	拖船、非机动驳船分别按照机动船舶税额的 50% 计算
	游艇	艇身长度每米	600～2 000 元	

> 第三步:计算车船税的应纳税额并进行会计处理

【业务 4】该公司原有大客车 2 辆(税额为 550 元/辆);货车 3 辆,自重各为 10 吨(税额为 50 元/吨)。由于生产需要,10 月新购入自重 6 吨的货车 1 辆。

(1)大客车应纳税额=2×550=1 100(元)

(2)原有货车应纳税额=3×10×50=1 500(元)

(3)10 月新购货车应纳税额=6×50÷12×3=75(元)

(4)该公司年应纳税额=1 100+1 500+75=2 675(元)

会计处理:

借:税金及附加　　　　　　　　2 675

　　贷:应交税费——应交车船税　　　2 675

法理知识

一、车船税应纳税额的计算

(1)乘用车、商用客车、摩托车应纳税额计算公式如下:

$$应纳税额=车辆数×单位税额$$

(2)商用货车、专用作业车、轮式专用机械车应纳税额计算公式如下:

$$应纳税额=整备质量吨位×单位税额$$

(3)挂车应纳税额计算公式如下:

$$应纳税额=整备质量吨位×单位税额×50\%$$

(4)机动船舶应纳税额计算公式如下:

$$应纳税额=净吨位×单位税额$$

(5)拖船、非机动驳船应纳税额计算公式如下:

$$应纳税额=净吨位×单位税额×50\%$$

(6)游艇应纳税额计算公式如下:

$$应纳税额=整艇身长度×适用单位税额$$

新车船购置当年的应纳税额自纳税义务发生的当月起按月计算。应纳税额计算公式:

$$应纳税额=(年纳税额÷12)×应纳税月份数$$

二、车船税的会计处理

企业按规定缴纳的车船税,计提时应借记"税金及附加",贷记"应交税费——应交车船税",缴纳时应借记"应交税费——应交车船税",贷记"银行存款"等账户。

三、车船税的减免税规定

1.免税规定

下列车船免征车船税：

(1)捕捞、养殖渔船。捕捞、养殖渔船是指在渔业船舶管理部门登记为捕捞船或者养殖船的船舶，不包括在渔业船舶管理部门登记为捕捞船或者养殖船以外类型的渔业船舶。

(2)军队、武装警察部队专用的车船。军队、武装警察部队专用的车船是指按照规定在军队、武装警察部队车船登记管理部门登记，并领取军队、武警牌照的车船。

(3)警用车船。警用车船是指公安机关、国家安全机关、监狱、劳动教养管理机关和人民法院、人民检察院领取警用牌照的车辆和执行警务的专用船舶。

(4)依照法律规定应当予以免税的外国驻华使领馆、国际组织驻华代表机构及其有关人员的车船。

2.减税规定

对节约能源、使用新能源的车船可以减征或者免征车船税；对受严重自然灾害影响纳税困难以及有其他特殊原因确需减税、免税的，可以减征或者免征车船税。具体办法由国务院规定，并报全国人民代表大会常务委员会备案。

省、自治区、直辖市人民政府根据当地实际情况，可以对公共交通车船，农村居民拥有并主要在农村地区使用的摩托车、三轮汽车和低速载货汽车定期减征或者免征车船税。

◆子任务二　车船税的纳税申报

任务分析

根据《中华人民共和国税收征收管理法》《中华人民共和国税收征收管理法实施细则》《中华人民共和国车船法》的规定，车船税纳税义务时间为取得车船所有权或者管理权的当月。车船税的纳税申报步骤如图5-6所示。

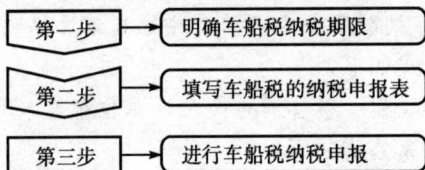

第一步	→	明确车船税纳税期限
第二步	→	填写车船税的纳税申报表
第三步	→	进行车船税纳税申报

图5-6　车船税纳税申报步骤

任务操作

> 第一步：明确车船税纳税期限

本项目中车船税纳税申报时间是2017年会计年度内。

法理知识

车船税按年申报,分月计算,一次性缴纳。纳税年度为公历1月1日至12月31日。具体申报纳税期限由省、自治区、直辖市人民政府确定。

> **第二步:填写车船税的纳税申报表**

新起点有限责任公司车船税的纳税申报表如表5-4所示。

法理知识

纳税人应按照有关税法的规定,如实填写车船税纳税申报表。

> **第三步:进行车船税纳税申报**

本项目中车船税的纳税申报地点是西安市第三税务局,车辆税款的缴纳可在办理机动车交通事故责任强制保险时,由保险机构代收代缴。缴纳车船税时的会计处理:

借:应交税费——应交车船税　　　2 675
　　贷:银行存款　　　　　　　　　　　2 675

法理知识

车船税的纳税地点为车船的登记地或者车船税扣缴义务人所在地,依法不需办理登记的车船,车船税的纳税地点为车船的所有人或管理人所在地。

项目演练

1.某企业地处城市,占用面积12万平方米。该企业上期申报房产税原值为2 000万元,当地税务局规定扣除率为30%。税款全年按月缴纳。本期发生以下有关业务:

(1)12月1日,将闲置仓库1座出租,该仓库原值200万元,出租合同已签,租期2年,收到当月租金5万元;

(2)12月3日,本公司新建厂房1幢竣工办理验收手续并交付使用,占地6 000平方米,账面价值600万元。

核算该企业应缴纳的房产税并填制纳税申报表。

2.甲公司车船使用税按季缴纳,相关资料如表5-5所示。

表 5 - 4 车船税纳税申报表

管理代码：

税款所属期限：自 2017 年 1 月 1 日至 2017 年 12 月 31 日　　　填表日期：　年　月　日　　　金额单位：元至角分

纳税人识别号 | 6 | 1 | 0 | 1 | 0 | 5 | 4 | 2 | 1 | 5 | 1 | 2 | 4 | × | ×

纳税人名称		纳税人身份证照类型	
纳税人身份证照号码			
联系人		居住（单位）地址	
联系方式			

序号	（车辆）号牌号码/（船舶）登记号码	车船识别代码（车架号/船舶识别号）	征收品目	计税单位	计税单位的数量	单位税额	年应缴税额 7=5×6	本年减免税额 8	减免性质代码 9	减免税证明号码 10	当年应缴税额 11=7-8	本年已缴税额 12	本期年应补（退）税额 13=11-12
1	2	3	4	5	6	7=5×6	8	9	10	11=7-8	12	13=11-12
合计	—	—	—	—	—	—	—	—	—	—	—	—

申报车辆总数（辆）：　　　　　　　　　　申报船舶总数（艘）：

以下由申报人填写：

纳税人声明	此纳税申报表是根据《中华人民共和国车船税法》和国家有关税收规定填报的，是真实的、可靠的、完整的。	
纳税人签章	代理人签章	代理人身份证号

以下由税务机关填写：

受理人	受理日期	受理税务机关（签章）

本表一式两份，一份纳税人留存，一份税务机关留存。

表 5 - 5　甲公司的车船使用税相关资料

车船类型	计税标准	座位(个)	数量	单位税额(元)	备注
载客小汽车	每辆	5	10	240	
大客车	每辆	45	6	620	
摩托车	每辆		24	60	

核算甲公司应纳的一季度车船税并填制纳税申报表。

3. A 公司 2017 年 12 月发生业务如下:从某房地产公司购买商品房 10 套用于办公,成交价格为 500 万元,双方签订了购房合同;接受捐赠房屋 1 幢,其账面价值为 300 万元,征收机关核定计税价格为 400 万元。当地契税税率为 5%。核算 A 公司应纳契税。

项目小结

通过本项目的学习,学生应该学会计算房产税、契税和车船税应纳税额;能进行房产税、契税和车船税的会计处理;能熟练填制房产税、契税和车船税的纳税申报表,并能正确进行纳税申报,为学生步入工作岗位打下坚实的基础。

拓展活动

我国目前关于公共租赁住房发展有关税收优惠政策

(1)对公共租赁住房建设期间用地及公共租赁住房建成后占地免征城镇土地使用税。在其他住房项目中配套建设公共租赁住房,依据政府部门出具的相关材料,按公共租赁住房建筑面积占总建筑面积的比例免征建设、管理公共租赁住房涉及的城镇土地使用税。

(2)对公共租赁住房经营管理单位免征建设、管理公共租赁住房涉及的印花税。在其他住房项目中配套建设公共租赁住房,依据政府部门出具的相关材料,按公共租赁住房建筑面积占总建筑面积的比例免征建设、管理公共租赁住房涉及的印花税。

(3)对公共租赁住房经营管理单位购买住房作为公共租赁住房,免征契税、印花税;对公共租赁住房租赁双方免征签订租赁协议涉及的印花税。

(4)对企事业单位、社会团体以及其他组织转让旧房作为公共租赁住房房源,且增值额未超过扣除项目金额 20% 的,免征土地增值税。

(5)企事业单位、社会团体以及其他组织捐赠住房作为公共租赁住房,符合税收法律法规规定的,对其公益性捐赠支出在年度利润总额 12% 以内的部分,准予在计算应纳税所得额时扣除。

个人捐赠住房作为公共租赁住房,符合税收法律法规规定的,对其公益性捐赠支出未超过其申报的应纳税所得额 30% 的部分,准予从其应纳税所得额中扣除。

(6)对符合地方政府规定条件的低收入住房保障家庭从地方政府领取的住房租赁补贴,免征个人所得税。

(7)对公共租赁住房免征房产税。对经营公共租赁住房所取得的租金收入,免征增值税。公共租赁住房经营管理单位应单独核算公共租赁住房租金收入,未单独核算的,不得享受免征增值税、房产税优惠政策。

项目六 所得税类的纳税会计与申报

学习目标

知识目标：了解所得税的种类；熟悉企业所得税的收入、扣除项目，熟悉个人所得税的税目；掌握企业所得税、个人所得税的会计核算与申报。

能力目标：能够为企业进行企业所得税、个人所得税的会计核算，能够为企业进行所得税的纳税申报。

项目描述

一、企业概况

企业名称：花宇服装有限责任公司

企业性质：有限责任公司

企业地址：安达市平安路 34 号　电话：526×××××

企业所属行业：工业企业

纳税人识别号：2301054215555××

税收征收机关：安达市第一税务局

开户银行：工商银行平安路支行　账号：45603126080××××

二、具体业务

花宇服装有限责任公司为增值税一般纳税人，职工人数年均 90 人，资产总额 2 500 万元。2017 年度有关生产经营情况为：

（1）全年境内销售收入 4 000 万元。

（2）企业投资收益 90 万元，其中有国债利息收入 12 万元、向居民企业丽丝服装有限责任公司直接投资收益 30 万元。

（3）企业管理费用 200 万元，其中业务招待费 65 万元，全年发生新产品研究开发费用 40 万元。

（4）企业销售费用 260 万元，其中广告费 100 万元。

（5）企业营业外收入 80 万元，营业外支出 62 万元，其中违法行为被罚款 0.6 万元，通过红十字协会向某灾区捐款 50 万元，向困难职工捐赠 5 万元。

（6）企业的营业成本 2 500 万元，税金及附加 548 万元。

（7）企业年度实际列支工资、津贴、奖金 400 万元，其中支付给残疾职工的工资 20 万元；实际发生职工福利费 50 万元，拨缴职工工会经费 12 万元，发生职工教育经费 8 万元。

（8）企业财务费用 20 万元，其中，长期借款利息包括：年初向中国建设银行借款 80 万元，年利率为10%；向其他企业借款50万元，年利率为15%，上述借款均用于生产经营，利息支出均已列入财务费用。

（9）当年购置安全生产专用设备120万元投入生产。

（10）经税务机关核准结转到本年度的待弥补亏损额为535.7万元。

（11）花宇服装有限责任公司每月已预缴所得税2万元。

（12）李伟为花宇服装有限责任公司的职工，居住在永宁市长寿区，有一套三居室的住宅，2017年取得以下所得：

①每月取得花宇服装有限责任公司支付的工资薪金8 800元，其中，当月个人承担住房公积金600元、基本养老保险80元、医疗保险120元、失业保险80元，实发工资7 920元。

②2月，为我国金成企业提供技术服务，取得报酬60 000元，金成企业未扣缴税款。

③3月1日—5月30日，前往英国参加培训，利用业余时间为当地3所中文学校授课，每月取得课酬折合人民币各10 000元，未扣缴税款。

④李伟在英国培训期间将其国内自己的小汽车出租给他人使用，每月取得租金3 000元。

⑤6月，从英国取得特许权使用费折合人民币130 000元，已按英国税法规定缴纳个人所得税折合人民币12 500元并取得完税凭证。

⑥7月，与同事王革合作出版了一本书，共获得稿酬80 000元，与王革事先约定按6∶4比例分配稿酬，李伟从稿酬中拿出20 000元通过国家机关捐赠给受灾地区，稿酬的个人所得税已由出版社代扣代缴。

⑦10月，取得5年期国债利息收入5 000元；10月30日取得于7月30日存入的3个月定期存款90 000元的利息（银行按年利率1.71%结息），利息的个人所得税由银行代扣代缴。

⑧11月，以每份120元的价格转让企业债券600份，发生相关税费350元，债券申购价每份100元，申购时共支付相关税费300元，个人所得税由证券公司代扣代缴。

⑨1—12月，与两个朋友合伙经营一间咖啡厅，年经营收入为180 000元，全年费用包括：购进材料费用45 000元，水电费用20 500元，交纳其他税费500元，人工费24 000元，年底将生产经营所得在合伙人中进行平均分配。

⑩2016年1月1日，李伟与诚信律师事务所签订承包合同，承包期为3年。2017年事务所实现承包经营利润85 000元，按合同规定承包人每年应从承包经营利润中上交承包费20 000元。

请为花宇服装有限责任公司进行企业所得税的纳税申报，为李伟进行个人所得税的纳税申报。

项目分析

企业在生产经营过程中，个人在工作、提供劳务等过程都会有所得，即收益。所得税又称收益税，指国家对法人、自然人和其他经济组织在一定时期内的各种所得征收的一类税收。对比来讲，商品课税比较有效率，但收入再分配能力有限；所得课税能较好促进公平，但在效率方面有欠缺。一般认为付出一定的征收成本，以改善社会公平状况是非常必要的。本项目的主要任务是完成企业所得税与个人所得税的会计核算与申报。

任务一 企业所得税的纳税会计与申报

◆子任务一 企业所得税的纳税会计

任务分析

进行花宇服装有限责任公司所得税纳税申报,要先计算所得税,所得税的计算有两种方法:

1.直接法

应纳企业所得税＝应纳税所得额×适用税率－减免税额－抵免税额

应纳税所得额＝收入总额－不征税收入－免税收入－扣除额－允许弥补的以前年度亏损

2.间接法

应纳企业所得税＝应纳税所得额×适用税率－减免税额－抵免税额

应纳税所得额＝会计利润±纳税调整项目－允许弥补的以前年度亏损

花宇服装有限责任公司企业所得税会计核算与申报的步骤如图6-1所示。

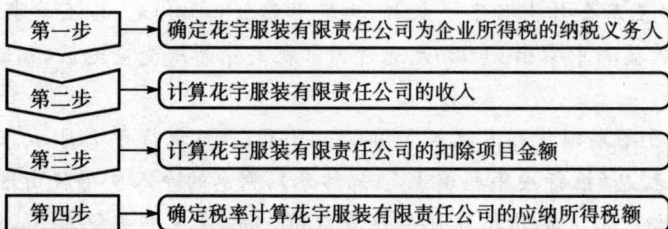

第一步 →	确定花宇服装有限责任公司为企业所得税的纳税义务人
第二步 →	计算花宇服装有限责任公司的收入
第三步 →	计算花宇服装有限责任公司的扣除项目金额
第四步 →	确定税率计算花宇服装有限责任公司的应纳所得税额

图6-1 企业所得税会计核算与申报步骤

任务操作

> 第一步:确定花宇服装有限责任公司为企业所得税的纳税义务人

花宇服装有限责任公司是我国境内设立的居民企业,在我国境内从事生产经营活动,取得生产经营所得,是企业所得税的纳税义务人,应当就其来源于中国境内的所得缴纳企业所得税。

法理知识

《中华人民共和国企业所得税法》及《中华人民共和国企业所得税法实施条例》规定:在中华人民共和国境内,企业和其他取得收入的组织为企业所得税的纳税人,依照该法的规定缴纳企业所得税。个人独资企业交个人所得税。自2008年1月1日起,合伙企业以每一个合伙人为纳税义务人。合伙企业合伙人是自然人的,缴纳个人所得税;合伙人是法人和其他组织的,缴纳企业所得税。企业分为居民企业和非居民企业。

一、纳税义务人

(1)居民企业,是指依法在中国境内成立,或者依照外国(地区)法律成立但实际管理机构在中国境内的企业。实际管理机构,是指对企业的生产经营、人员、账务、财产等实施实质性全面管理和控制的机构。

(2)非居民企业,是指依照外国(地区)法律成立且实际管理机构不在中国境内,但在中国境内设立机构、场所的,或者在中国境内未设立机构、场所,但有来源于中国境内所得的企业。机构、场所,是指在中国境内从事生产经营活动的机构、场所,包括:

①管理机构、营业机构、办事机构;

②工厂、农场、开采自然资源的场所;

③提供劳务的场所;

④从事建筑、安装、装配、修理、勘探等工程作业的场所;

⑤其他从事生产经营活动的机构、场所。

非居民企业委托营业代理人在中国境内从事生产经营活动的,包括委托单位或者个人经常代其签订合同,或者储存、交付货物等,该营业代理人视为非居民企业在中国境内设立的机构、场所。

二、征税对象

(一)居民企业

居民企业应当就其来源于中国境内、境外的所得缴纳企业所得税。

(二)非居民企业

非居民企业在中国境内设立机构、场所的,应当就其所设机构、场所取得的来源于中国境内的所得,以及发生在中国境外但与其所设机构、场所有实际联系的所得,缴纳企业所得税。

非居民企业在中国境内未设立机构、场所的,或者虽设立机构、场所但取得的所得与其所设机构、场所没有实际联系的,应当就其来源于中国境内的所得缴纳企业所得税。

第二步:计算花宇服装有限责任公司的收入

花宇服装有限责任公司的收入包括:境内销售收入 4 000 万元、投资收益 90 万元、营业外收入 80 万元。

免税收入包括:国债利息收入 12 万元、向居民企业丽丝服装有限责任公司直接投资收益 30 万元。

(1)直接法:

收入总额 ＝ 4 000 ＋ 90 ＋ 80 ＝ 4 170(万元)　　免税收入 ＝ 12 ＋ 30 ＝ 42(万元)

(2)间接法:

收入总额 ＝ 4 000 ＋ 90 ＋ 80 ＝ 4 170(万元)

法理知识

一、收入确定的基本规定

企业以货币形式和非货币形式从各种来源取得的收入,为收入总额。企业取得收入的货币形式,包括现金、存款、应收账款、应收票据、准备持有至到期的债券投资以及债务的豁免等。企业取得收入的非货币形式,包括固定资产、生物资产、无形资产、股权投资、存货、不准备持有至到期的债券投资、劳务以及有关权益等。收入总额包括:

(1)销售货物收入,是指企业销售商品、产品、原材料、包装物、低值易耗品以及其他存货取得的收入。

(2)提供劳务收入,是指企业从事建筑安装、修理修配、交通运输、仓储租赁、金融保险、邮电通信、咨询经纪、文化体育、科学研究、技术服务、教育培训、餐饮住宿、中介代理、卫生保健、社区服务、旅游、娱乐、加工以及其他劳务服务活动取得的收入。

(3)转让财产收入,是指企业转让固定资产、生物资产、无形资产、股权、债权等财产取得的收入。

(4)股息、红利等权益性投资收益,是指企业因权益性投资从被投资方取得的收入。股息、红利等权益性投资收益,除国务院财政、税务主管部门另有规定外,按照被投资方作出利润分配决定的日期确认收入的实现。

被投资企业将股权(票)溢价所形成的资本公积转为股本的,不作为投资方企业的股息、红利收入,投资方企业也不得增加该项长期投资的计税基础。

依据《财政部、国家税务总局、证监会关于沪港股票市场交易互联互通机制试点有关税收政策的通知》(财税〔2014〕81号)的规定,自2014年11月17日起,对内地企业投资者通过沪港通投资香港联交所上市股票取得的股息红利所得,计入其收入总额,依法计征企业所得税。其中,内地居民企业连续持有H股满12个月取得的股息红利所得,依法免征企业所得税。

香港联交所上市H股公司应向中国结算提出申请,由中国结算向H股公司提供内地企业投资者名册,H股公司对内地企业投资者不代扣股息红利所得税款,应纳税款由企业自行申报缴纳。

内地企业投资者自行申报缴纳企业所得税时,对香港联交所非H股上市公司已代扣代缴的股息红利所得税,可依法申请税收抵免。

(5)利息收入,是指企业将资金提供他人使用但不构成权益性投资,或者因他人占用本企业资金取得的收入,包括存款利息、贷款利息、债券利息、欠款利息等收入。利息收入,按照合同约定的债务人应付利息的日期确认收入的实现。

(6)租金收入,是指企业提供固定资产、包装物或者其他有形资产的使用权取得的收入。租金收入,按照合同约定的承租人应付租金的日期确认收入的实现。

(7)特许权使用费收入,是指企业提供专利权、非专利技术、商标权、著作权以及其他特许权的使用权取得的收入。特许权使用费收入,按照合同约定的特许权使用人应付特许权使用费的日期确认收入的实现。

(8)接受捐赠收入,是指企业接受的来自其他企业、组织或者个人无偿给予的货币性资产、非货币性资产。接受捐赠收入,按照实际收到捐赠资产的日期确认收入的实现。

(9)其他收入,是指企业取得的除上述第(1)项至第(8)项规定的收入外的其他收入,包括企业资产溢余收入、逾期未退包装物押金收入、确实无法偿付的应付款项、已作坏账损失处理后又收回的应收款项、债务重组收入、补贴收入、违约金收入、汇兑收益等。

二、收入总额中的不征税收入

(1)财政拨款。财政拨款是指各级人民政府对纳入预算管理的事业单位、社会团体等组织拨付的财政资金,但国务院和国务院财政、税务主管部门另有规定的除外。

(2)依法收取并纳入财政管理的行政事业性收费、政府性基金。行政事业性收费,是指依照法律法规等有关规定,按照国务院规定程序批准,在实施社会公共管理,以及在向公民、法人或者其他组织提供特定公共服务过程中,向特定对象收取并纳入财政管理的费用。政府性基金,是指企业依照法律、行政法规等有关规定,代政府收取的具有专项用途的财政资金。

(3)国务院规定的其他不征税收入。其是指企业取得的,由国务院财政、税务主管部门规定专项用途并经国务院批准的财政性资金。

三、企业的免税收入

(1)国债利息收入。国债利息收入是指企业持有国务院财政部门发行的国债取得的利息收入。

(2)符合条件的居民企业之间的股息、红利等权益性投资收益。其是指居民企业直接投资于其他居民企业取得的投资收益,不包括连续持有居民企业公开发行并上市流通的股票不足12个月取得的投资收益。

(3)在中国境内设立机构、场所的非居民企业从居民企业取得与该机构、场所有实际联系的股息、红利等权益性投资收益,不包括连续持有居民企业公开发行并上市流通的股票不足12个月取得的投资收益。

(4)符合条件的非营利组织的收入。符合条件的非营利组织,是指同时符合下列条件的组织:

①依法履行非营利组织登记手续;

②从事公益性或者非营利性活动;

③取得的收入除用于与该组织有关的、合理的支出外,全部用于登记核定或者章程规定的公益性或者非营利性事业;

④财产及其孳息不用于分配;

⑤按照登记核定或者章程规定,该组织注销后的剩余财产用于公益性或者非营利性目的,或者由登记管理机关转赠给与该组织性质、宗旨相同的组织,并向社会公告;

⑥投入人对投入该组织的财产不保留或者享有任何财产权利;

⑦工作人员工资福利开支控制在规定的比例内,不变相分配该组织的财产。

> 第三步:计算花宇服装有限责任公司的扣除项目金额

花宇服装有限责任公司的可扣除项目包括:成本、费用、税金、损失和其他支出。

1.直接法

(1)花宇服装有限责任公司据实扣除的项目金额:

管理费用＝200－65－40＝95(万元)

销售费用＝260－100＝160(万元)

营业外支出＝62－0.6－50－5＝6.4(万元)

财务费用＝20－80×10%－50×15%＝4.5(万元)

营业成本＝2 500－400－50－12－8＝2 030(万元)

税金及附加＝548(万元)

(2)花宇服装有限责任公司调整扣除的项目：

①业务招待费：业务招待费的可扣金额是实际发生额的60%与营业收入的0.5%两者中较小者。

实际发生额的60%＝65×60%＝39(万元)

营业收入的0.5%＝4 000×0.5%＝20(万元)

业务招待费可扣金额＝20(万元)(间接法下，会计利润调增45万元)

②新产品研究开发费用：未形成无形资产新产品研究开发费用，在按照规定据实扣除的基础上，按照研究开发费用的50%加计扣除。

新产品研究开发费可扣金额＝40×150%＝60(万元)(间接法下，会计利润调减20万元)。

③广告费：不超过当年销售收入15%的部分，准予扣除；超过部分，准予在以后纳税年度结转扣除。

广告费的扣除限额＝4 000×15%＝600(万元)

广告费可扣金额＝100(万元)(间接法下，会计利润不调)

④公益性捐赠支出：企业发生的公益性捐赠支出，在年度利润总额12%以内的部分，准予在计算应纳税所得额时扣除；超过年度利润总额12%的部分，准予结转以后三年内在计算应纳税所得额时扣除。

公益性捐赠支出的扣除限额＝580×12%＝69.6(万元)

花宇服装有限责任公司通过红十字协会向某灾区捐款50万元，是公益性捐赠支出，没有超过扣除限额，据实扣除(间接法下，会计利润不调)。向困难职工捐赠5万元是非公益性捐赠支出，不得扣除(间接法下，会计利润调增5万元)。

⑤违法罚款：花宇服装有限责任公司违法行为被罚款0.6万元，属于不得扣除项目(间接法下，会计利润调增0.6万元)。

⑥工资、薪金支出：企业发生的合理的工资、薪金支出，准予扣除。支付给残疾职工工资据实扣除的基础上，按照支付给残疾职工工资的100%加计扣除。

花宇服装有限责任公司可扣的工资＝400－20＋20×200%＝420(万元)(间接法下，会计利润调减20万元)

⑦职工工会经费、职工福利费、职工教育经费：职工福利费不超过工资、薪金总额14%的部分准予扣除。工会经费不超过工资、薪金总额2%的部分准予扣除。职工教育经费支出，不超过工资、薪金总额2.5%的部分准予扣除；超过部分，准予在以后纳税年度结转扣除。

职工工会经费扣除限额＝400×2%＝8(万元)

花宇服装有限责任公司拨缴职工工会经费12万元，可扣除职工工会经费8万元(间接法下，会计利润调增4万元)。

职工福利费扣除限额＝400×14%＝56(万元)

花宇服装有限责任公司实际发生职工福利费50万元，可据实扣除(间接法下，会计利润不调)。

职工教育经费扣除限额＝400×2.5%＝10(万元)

花宇服装有限责任公司发生职工教育经费8万元，可据实扣除(间接法下，会计利润不调)。

⑧利息支出：花宇服装有限责任公司向金融企业借款的利息支出可据实扣除；非金融企业

借款的利息支出,不超过按照金融企业同期同类贷款利率计算的数额的部分可扣除。

花宇服装有限责任公司向中国建设银行借款的利息=80×10%=8(万元),可据实扣除(间接法下,会计利润不调)。

向其他企业借款的利息=50×15%=7.5(万元)

可扣除的向其他企业借款的利息=50×10%=5(万元)(间接法下,会计利润调增2.5万元)

(3)花宇服装有限责任公司可扣除项目金额:

可据实扣除项目金额=95+160+6.4+4.5+2 030+548=2 843.9(万元)

调整扣除的项目=20+60+100+50+420+8+50+8+8+5=729(万元)

可扣除项目总额=2 843.9+729=3 572.9(万元)

2.间接法

成本、费用、税金等=2 500+200+260+20+548+62=3 590(万元)

调整项目金额=-12-30-20+45+5+0.6-20+4+2.5=-24.9(万元)

法理知识

一、允许扣除项目的基本范围

企业实际发生的与取得收入有关的、合理的支出,包括成本、费用、税金、损失和其他支出,准予在计算应纳税所得额时扣除。有关的支出,是指与取得收入直接相关的支出。合理的支出,是指符合生产经营活动常规,应当计入当期损益或者有关资产成本的必要和正常的支出。

企业发生的支出应当区分收益性支出和资本性支出。收益性支出在发生当期直接扣除;资本性支出应当分期扣除或者计入有关资产成本,不得在发生当期直接扣除。

(1)成本,是指企业在生产经营活动中发生的销售成本、销货成本、业务支出以及其他耗费。

(2)费用,是指企业在生产经营活动中发生的销售费用、管理费用和财务费用,已经计入成本的有关费用除外。

(3)税金,是指企业发生的除企业所得税和允许抵扣的增值税以外的各项税金及其附加。

(4)损失,是指企业在生产经营活动中发生的固定资产和存货的盘亏、毁损、报废损失,转让财产损失,呆账损失,坏账损失,自然灾害等不可抗力因素造成的损失以及其他损失。企业发生的损失,减除责任人赔偿和保险赔款后的余额,依照国务院财政、税务主管部门的规定扣除。企业已经作为损失处理的资产,在以后纳税年度又全部收回或者部分收回时,应当计入当期收入。

(5)其他支出,是指除成本、费用、税金、损失外,企业在生产经营活动中发生的与生产经营活动有关的、合理的支出。

二、部分扣除项目的具体范围和标准

(1)借款费用和利息支出。企业在生产经营活动中发生的合理的不需要资本化的借款费用,准予扣除。企业为购置、建造固定资产、无形资产和经过12个月以上的建造才能达到预定可销售状态的存货发生借款的,在有关资产购置、建造期间发生的合理的借款费用,应作为资本性支出计入有关资产的成本,并依照《中华人民共和国所得税法实施条例》的规定扣除。

企业在生产经营活动中发生的下列利息支出,准予扣除:

①非金融企业向金融企业借款的利息支出、金融企业的各项存款利息支出和同业拆借利息支出、企业经批准发行债券的利息支出;

②非金融企业向非金融企业借款的利息支出,不超过按照金融企业同期同类贷款利率计算的数额的部分。

(2)工资、薪金支出。企业发生的合理的工资、薪金支出,准予扣除。工资、薪金,是指企业每一纳税年度支付给在本企业任职或者受雇的员工的所有现金形式或者非现金形式的劳动报酬,包括基本工资、奖金、津贴、补贴、年终加薪、加班工资,以及与员工任职或者受雇有关的其他支出。

"合理工资薪金",是指企业按照股东大会、董事会、薪酬委员会或相关管理机构制定的工资薪金制度规定实际发放给员工的工资薪金。税务机关在对工资薪金进行合理性确认时,可按以下原则掌握:

①企业制定了较为规范的员工工资薪金制度。

②企业所制定的工资薪金制度符合行业及地区水平。

③企业在一定时期发放的工资薪金是相对固定的,工资薪金的调整是有序进行的。

④企业对实际发放的工资薪金,已依法履行了代扣代缴个人所得税义务。

⑤有关工资薪金的安排,不以减少或逃避税款为目的。

(3)职工工会经费、职工福利费、职工教育经费。企业发生的职工福利费支出,不超过工资、薪金总额14%的部分,准予扣除。企业拨缴的工会经费,不超过工资、薪金总额2%的部分,准予扣除。自2018年1月1日起,企业发生的职工教育经费支出,不超过工资薪金总额8%的部分,准予扣除;超过部分,准予在以后纳税年度结转扣除。

(4)公益性捐赠支出。企业发生的公益性捐赠支出,在年度利润总额12%以内的部分,准予在计算应纳税所得额时扣除;超过年度利润总额12%的部分,准予结转以后三年内在计算应纳税所得额时扣除。

公益性捐赠,是指企业通过公益性社会团体或者县级以上人民政府及其部门,用于《中华人民共和国公益事业捐赠法》规定的公益事业的捐赠。年度利润总额,是指企业依照国家统一会计制度的规定计算的年度会计利润。

(5)业务招待费及广告费。企业发生的与生产经营活动有关的业务招待费支出,按照发生额的60%扣除,但最高不得超过当年销售(营业)收入的5‰。企业发生的符合条件的广告费和业务宣传费支出,除国务院财政、税务主管部门另有规定外,不超过当年销售(营业)收入15%的部分,准予扣除;超过部分,准予在以后纳税年度结转扣除。

(6)各类保险基金和统筹基金。企业依照国务院有关主管部门或者省级人民政府规定的范围和标准为职工缴纳的基本养老保险费、基本医疗保险费、失业保险费、工伤保险费、生育保险费等基本社会保险费和住房公积金,准予扣除。企业为投资者或者职工支付的补充养老保险费、补充医疗保险费,在国务院财政、税务主管部门规定的范围和标准内,准予扣除。

(7)财产保险和运输保险费用。企业参加财产保险,按照规定缴纳的保险费,准予扣除。

(8)固定资产租赁费。企业根据生产经营活动的需要租入固定资产支付的租赁费,按照以下方法扣除:

①以经营租赁方式租入固定资产发生的租赁费支出,按照租赁期限均匀扣除;

②以融资租赁方式租入固定资产发生的租赁费支出,按照规定构成融资租入固定资产价值的部分应当提取折旧费用,分期扣除。

(9)支付给总机构的管理费。企业之间支付的管理费、企业内营业机构之间支付的租金和

特许权使用费,以及非银行企业内营业机构之间支付的利息,不得扣除。非居民企业在中国境内设立的机构、场所,就其中国境外总机构发生的与该机构、场所生产经营有关的费用,能够提供总机构出具的费用汇集范围、定额、分配依据和方法等证明文件,并合理分摊的,准予扣除。

(10)劳动保护支出。企业发生的合理的劳动保护支出,准予扣除。

(11)汇兑损失。货币交易过程中,以及纳税年度终了时将人民币以外的货币性资产、负债按照期末即期人民币汇率中间价折算为人民币时产生的汇兑损失,除已经计入有关资产成本以及向所有者进行利润分配相关的部分外,准予扣除。

(12)环境保护专项资金。企业依照法律、行征法规有关规定提取的用于环境保护、生态恢复等方面的专项资金,准予扣除。上述专项资金提取后改变用途的,不得扣除。

三、不得扣除的项目

在计算应纳税所得额时,下列支出不得扣除:

(1)向投资者支付的股息、红利等权益性投资收益款项。

(2)企业所得税税款。

(3)税收滞纳金。税收滞纳金是指纳税人违反税收法规,被税务机关处以的滞纳金。

(4)罚金、罚款和被没收财物的损失。它是指纳税人违反国家有关法律、法规规定,被有关部门处以的罚款,以及被司法机关处以的罚金和被没收财物。

(5)赞助支出。赞助支出是指企业发生的与生产经营活动无关的各种非广告性质支出。

(6)未经核定的准备金支出。未经核定的准备金支出,是指不符合国务院财政、税务主管部门规定的各项资产减值准备、风险准备等准备金支出。

(7)与取得收入无关的其他支出。

企业的不征税收入用于支出所形成的费用或者财产,不得扣除或者计算对应的折旧、摊销扣除。

除企业依照国家有关规定为特殊工种职工支付的人身安全保险费和国务院财政、税务主管部门规定可以扣除的其他商业保险费外,企业为投资者或者职工支付的商业保险费,不得扣除。

四、税收优惠

(一)税额式减免

企业的下列所得,可以免征、减征企业所得税:

(1)从事农、林、牧、渔业项目的所得。

免税项目:①蔬菜、谷物、薯类、油料、豆类、棉花、麻类、糖料、水果、坚果、中药材的种植;②农作物新品种的选育;③林木的培育和种植;④牲畜、家禽的饲养;⑤林产品采集;⑥灌溉、农产品初加工、兽医、农技推广、农机作业和维修等农、林、牧、渔服务业项目;⑦远洋捕捞。

减半征收项目:①花卉、茶以及其他饮料作物和香料作物的种植;②海水养殖、内陆养殖。

(2)从事国家重点扶持的公共基础设施项目投资经营的所得。自取得第一笔生产经营收入所属纳税年度起 3 免 3 减半。

(3)从事符合条件的环境保护、节能节水项目的所得。自取得第一笔生产经营收入所属纳税年度起 3 免 3 减半。

(4)符合条件的技术转让所得。居民企业一个纳税年度内,转让技术所有权所得不超过

500 万元的部分,免征企业所得税;超过 500 万元的部分,减半征收。

(5)民族自治地方的自治机关对本民族自治地方的企业应缴纳的企业所得税中属于地方分享的部分,可以决定减征或者免征。

(6)企业购置用于环境保护、节水节能、安全生产等专用设备的投资额,可以按一定比例实行税额抵免。该专用设备的投资额的 10% 可以从企业当年的应纳税额中抵免;当年不足抵免的,可以在以后 5 个纳税年度结转抵免。

(7)为了支持和鼓励发展第三产业可按产业政策在一定期限内减征或者免征所得税。

(8)企业利用废水、废气、废渣等弃物为原料进行生产的,可在 5 年内减征或者免征所得税。

(9)在国家确定的革命老根据地、少数民族地区、边远地区、贫困地区新办的企业,经主管税务机关批准后,减征或者免征所得税 3 年。

(10)企业事业单位进行技术转让,以及在技术转让过程中发生的与技术转让有关的技术咨询、技术服务、技术培训的所得,年净收入在 30 万元以下的,暂免征收所得税;超过 30 万元的部分,依法缴纳所得税。

(11)企业遇有风、火、水、震等严重自然灾害,经主管税务机关批准,可减征或者免征所得税 1 年。

(12)新办的劳动就业服务企业,当年安置城镇待业人员超过企业从业人员总数 60% 的,经主管税务机关审核批准,可免征所得税 3 年。

(13)对民政部举办的福利工厂和街道办的非中途转办的社会福利生产单位,凡安置"四残"人员占生产人员总数 35% 以上的,暂免征收所得税。

(14)乡镇企业可按应缴税款减征 10%,用于补助社会性开支的费用,不再执行税前提取 10% 的办法。

(二)税基式减免优惠(加计扣除、加速折旧、减计收入)

(1)企业为开发新技术、新产品、新工艺发生的研究开发费用,未形成无形资产计入当期损益的,在按照规定据实扣除的基础上,按照研究开发费用的 50% 加计扣除;形成无形资产的,按照无形资产成本的 150% 摊销。

科技型中小企业开展研发活动中实际发生的研发费用,未形成无形资产计入当期损益的,在按规定据实扣除的基础上,在 2017 年 1 月 1 日至 2019 年 12 月 31 日期间,再按照实际发生额的 75% 在税前加计扣除;形成无形资产的,在上述期间按照无形资产成本的 175% 在税前摊销。

(2)企业安置残疾人员的,在按照支付给残疾职工工资据实扣除的基础上,按照支付给残疾职工工资的 100% 加计扣除。

(3)创业投资企业从事国家需要重点扶持和鼓励的创业投资,可以按投资额的一定比例抵扣应纳税所得额。创业投资企业采取股权投资方式投资于未上市的中小高新技术企业 2 年以上的,可以按其投资额的 70% 在股权持有满 2 年的当年抵扣应纳税所得额;当年不足抵扣的,可以向以后纳税年度结转抵扣。

(4)加速折旧优惠。企业的固定资产由于技术进步等原因,确需加速折旧的,可以缩短折旧年限或者采取加速折旧的方法。

依据《财政部、国家税务总局关于完善固定资产加速折旧企业所得税政策的通知》(财税〔2014〕75 号)文件,对有关固定资产加速折旧企业所得税政策问题规定如下:

①对生物药品制造业，专用设备制造业，铁路、船舶、航空航天和其他运输设备制造业，计算机、通信和其他电子设备制造业，仪器仪表制造业，信息传输、软件和信息技术服务等 6 个行业的企业 2014 年 1 月 1 日后新购进的固定资产，可缩短折旧年限或采取加速折旧的方法。

对上述 6 个行业的小型微利企业 2014 年 1 月 1 日后新购进的研发和生产经营共用仪器、设备，单位价值不超过 100 万元的，允许一次性计入成本费用在计算应纳税所得额时扣除，不再分年度计算折旧；单位价值超过 100 万元的，可缩短折旧年限或采取加速折旧的方法。

②对所有行业企业 2014 年 1 月 1 日后新购进的专门用于研发的仪器、设备，单位价值不超过 100 万元的，允许一次性计入当期成本费用在计算应纳税所得额时扣除，不再分年度计算折旧；单位价值超过 100 万元的，可缩短折旧年限或采取加速折旧的方法。

③对所有行业企业持有的单位价值不超过 5 000 元的固定资产，允许一次性计入当期成本费用在计算应纳税所得额时扣除，不再分年度计算折旧。

④企业按上述第①条、第②条规定缩短折旧年限的，对其购置的新固定资产，最低折旧年限不得低于《中华人民共和国企业所得税法实施条例》规定折旧年限的 60%；企业购置已使用过的固定资产，其最低折旧年限不得低于《中华人民共和国企业所得税法实施条例》规定的最低折旧年限减去已使用年限后剩余年限的 60%。采取加速折旧方法的，可采取双倍余额递减法或者年数总和法。

根据《财政部 国家税务总局关于进一步完善固定资产加速折旧企业所得税政策的通知》（财税〔2015〕106 号）规定，对轻工、纺织、机械、汽车等四个领域重点行业的企业 2015 年 1 月 1 日后新购进的固定资产，可由企业选择缩短折旧年限或采取加速折旧的方法。对上述行业的小型微利企业 2015 年 1 月 1 日后新购进的研发和生产经营共用的仪器、设备，单位价值不超过 100 万元的，允许一次性计入当期成本费用在计算应纳税所得额时扣除，不再分年度计算折旧；单位价值超过 100 万元的，可由企业选择缩短折旧年限或采取加速折旧的方法。企业按上述规定缩短折旧年限的，最低折旧年限不得低于《中华人民共和国企业所得税法实施条例》第六十条规定折旧年限的 60%；采取加速折旧方法的，可采取双倍余额递减法或者年数总和法。按照《中华人民共和国企业所得税法》及《中华人民共和国企业所得税法实施条例》有关规定，企业根据自身生产经营需要，也可选择不实行加速折旧政策。

根据《财政部 税务总局关于设备 器具扣除有关企业所得税政策的通知》（财税〔2018〕54 号）规定：企业在 2018 年 1 月 1 日至 2020 年 12 月 31 日期间新购进的设备、器具，单位价值不超过 500 万元的，允许一次性计入当期成本费用在计算应纳税所得额时扣除，不再分年度计算折旧；单位价值超过 500 万元的，仍按企业所得税法实施条例、《财政部 国家税务总局关于完善固定资产加速折旧企业所得税政策的通知》（财税〔2014〕75 号）、《财政部 国家税务总局关于进一步完善固定资产加速折旧企业所得税政策的通知》（财税〔2015〕106 号）等相关规定执行。

(三)税率式优惠(减低税率)

(1)符合条件的小型微利企业，减按 20% 的税率征收企业所得税。

符合条件的小型微利企业是指从事国家非限制和禁止行业，并符合下列条件的企业：

①工业企业，年度应纳税所得额不超过 50 万元，从业人数不超过 100 人，资产总额不超过 3 000 万元；

②其他企业,年度应纳税所得额不超过 50 万元,从业人数不超过 80 人,资产总额不超过 1 000 万元。

自 2018 年 1 月 1 日至 2020 年 12 月 31 日,将小型微利企业的年应纳税所得额上限由 50 万元提高至 100 万元,对年应纳税所得额低于 100 万元(含 100 万元)的小型微利企业,其所得减按 50％计入应纳税所得额,按 20％的税率缴纳企业所得税。

(2)国家需要重点扶持的高新技术企业减按 15％税率征收企业所得税。

根据《高新技术企业认定管理办法》规定,认定为高新技术企业须同时满足以下条件:

①企业申请认定时须注册成立一年以上。

②企业通过自主研发、受让、受赠、并购等方式,获得对其主要产品(服务)在技术上发挥核心支持作用的知识产权的所有权。

③对企业主要产品(服务)发挥核心支持作用的技术属于《国家重点支持的高新技术领域》规定的范围。

④企业从事研发和相关技术创新活动的科技人员占企业当年职工总数的比例不低于 10％。

⑤企业近三个会计年度(实际经营期不满三年的按实际经营时间计算,下同)的研究开发费用总额占同期销售收入总额的比例符合如下要求:

A. 最近一年销售收入小于 5 000 万元(含)的企业,比例不低于 5％;

B. 最近一年销售收入在 5 000 万元至 2 亿元(含)的企业,比例不低于 4％;

C. 最近一年销售收入在 2 亿元以上的企业,比例不低于 3％。

其中,企业在中国境内发生的研究开发费用总额占全部研究开发费用总额的比例不低于 60％。

⑥近一年高新技术产品(服务)收入占企业同期总收入的比例不低于 60％。

⑦企业创新能力评价应达到相应要求。

⑧企业申请认定前一年内未发生重大安全、重大质量事故或严重环境违法行为。

五、亏损弥补

亏损是指企业依照《中华人民共和国企业所得税法》及其实施条例的规定,将每一纳税年度的收入总额减除不征税收入、免税收入和各项扣除后小于零的数额。税法规定,企业某一纳税年度发生的亏损可以用下一年度的所得弥补,下一年度的所得不足以弥补的,可以逐年延续弥补,但最长不得超过 5 年。而且,企业在汇总计算缴纳企业所得税时,其境外营业机构的亏损不得抵减境内营业机构的盈利。

第四步:确定税率计算花宇服装有限责任公司的应纳所得税额

---

1. 花宇服装有限责任公司的应纳所得税额的计算
(1)直接法。

境内应纳税所得额＝(收入总额－不征税收入－免税收入－扣除额－允许弥补的以前年度亏损)×50％

$$=(4\ 170-0-42-3\ 572.9-535.7)\times50\%=9.7(万元)$$

花宇服装有限责任公司是工业企业,年度应纳税所得额不超过 30 万元,从业人数不超过 100 人,资产总额不超过 3 000 万元,是符合条件的小型微利企业,其所得减按 50％计入应纳税所得额,减按 20％的税率征收企业所得税。

企业购置用于环境保护、节水节能、安全生产等专用设备,可以按专用设备的投资额的 10％从企业当年的应纳税额中抵免;当年不足抵免的,可以在以后 5 个纳税年度结转抵免。

安全生产设备抵免额＝120×10％＝12(万元)

应纳企业所得税＝应纳税所得额×适用税率－减免税额－抵免税额

$$=9.7\times20\%-12=-10.06(万元)$$

安全生产设备的抵免额当年不足抵额为 10.06 万元,可在以后 5 个纳税年度结转抵免。

(2)间接法。

会计利润＝收入－成本、费用、税金及损失＝4 170－3 590＝580(万元)

境内应纳税所得额＝(会计利润±纳税调整项目－允许弥补的以前年度亏损)×50％

$$=(580-24.9-535.7)\times50\%=9.7(万元)$$

应纳企业所得税＝应纳税所得额×适用税率－减免税额－抵免税额

$$=9.7\times20\%-12=-10.06(万元)$$

安全生产设备的抵免额当年不足抵额为 10.06 万元,可在以后 5 个纳税年度结转抵免。

2.会计处理

(1)花宇服装有限责任公司每月预缴所得税的会计处理为:

借:应交税费——应交所得税　　20 000

　　贷:银行存款　　　　　　　　　　20 000

(2)根据花宇服装有限责任公司的应纳税所得额及税率计算的所得税及会计处理为:

所得税＝9.7×20％＝1.94(万元)

借:所得税费用　　　　　　　　19 400

　　贷:应交税费——应交所得税　　　19 400

(3)安全生产设备的抵免额的会计处理:

借:应交税费——应交所得税　120 000

　　贷:资本公积　　　　　　　　　120 000

(4)结转所得税费用的会计处理:

借:本年利润　　　　　　　　　19 400

　　贷:所得税费用　　　　　　　　　19 400

法理知识

一、企业所得税的征收方法

(一)核算征收应纳税额的计算

应纳税额是企业依照税法规定应向国家缴纳的税款。企业和其他取得收入的组织在中华人民共和国境内取得的所得,依据下列公式计算企业所得税:

应纳企业所得税＝应纳税所得额×适用税率－减免税额－抵免税额

应纳税所得额＝收入总额－不征税收入－免税收入－扣除额－允许弥补的以前年度亏损

或应纳税所得额＝会计利润±纳税调整项目－允许弥补的以前年度亏损

减免税额和抵免税额,是指依照企业所得税法和国务院的税收优惠规定减征、免征和抵免的应纳税额。

纳税调整项目是指按照会计准则规定计入利润表但计税时不允许税前扣除的费用及按照税法规定不征税的收入等。

(二)核定征收企业所得税的适用范围和方法

1.核定征收企业所得税的适用范围

(1)依照税收法律法规规定可以不设账簿的或按照税收法律法规规定应设置账簿的;

(2)只能准确核算收入总额,或收入总额能够查实,但其成本费用支出不能准确核算的;

(3)只能准确核算成本费用支出,或成本费用支出能够查实,但其收入总额不能准确核算的;

(4)收入总额及成本费用支出均不能正确核算,不能向主管税务机关提供真实、准确、完整纳税资料,难以查实的;

(5)发生纳税义务,未按照税收法律法规规定的期限办理纳税申报,经税务机关责令限期申报,逾期仍不申报的;

(6)账目设置和核算虽然符合规定,但并未按规定保存有关账簿、凭证及有关纳税资料的。

2.核定征收的办法

(1)定额征收。定额征收是指税务机关按照一定的标准、程序和方法,直接核定纳税人年度应纳企业所得税额,由纳税人按规定进行申报缴纳的办法。

(2)核定应税所得率征收。核定应税所得率征收是指税务机关按照一定的标准、程序和方法,预先核定纳税人的应税所得率,由纳税人根据纳税年度内的收入额或成本费用等项目的实际发生额,按预先核定的应税所得率计算缴纳企业所得税的办法。

二、所得税的抵免税额

(1)企业取得的下列所得已在境外缴纳的所得税税额,可以从其当期应纳税额中抵免,抵免限额为该项所得依照《中华人民共和国企业所得税法》规定计算的应纳税额;超过抵免限额的部分,可以在以后 5 个年度内,用每年度抵免限额抵免当年应抵税额后的余额进行抵补:

①居民企业来源于中国境外的应税所得;

②非居民企业在中国境内设立机构、场所,取得发生在中国境外但与该机构、场所有实际联系的应税所得。

(2)居民企业从其直接或者间接控制的外国企业分得的来源于中国境外的股息、红利等权益性投资收益,外国企业在境外实际缴纳的所得税税额中属于该项所得负担的部分,可以作为该居民企业的可抵免境外所得税税额,在上述(1)的抵免限额内抵免。

三、合伙企业的应纳税所得额

(1)合伙企业的合伙人按照下列原则确定应纳税所得额:

①合伙企业的合伙人以合伙企业的生产经营所得和其他所得,按照合伙协议约定的分配比例确定应纳税所得额。

②合伙协议未约定或者约定不明确的,以全部生产经营所得和其他所得,按照合伙人协商

决定的分配比例确定应纳税所得额。

③协商不成的,以全部生产经营所得和其他所得,按照合伙人实缴出资比例确定应纳税所得额。

④无法确定出资比例的,以全部生产经营所得和其他所得,按照合伙人数量平均计算每个合伙人的应纳税所得额。

合伙协议不得约定将全部利润分配给部分合伙人。

(2)合伙企业的合伙人是法人和其他组织的,合伙人在计算其缴纳企业所得税时,不得用合伙企业的亏损抵减其盈利。

◆子任务二　企业所得税的纳税申报

任务分析

根据《中华人民共和国税收征收管理法》《中华人民共和国税收征收管理法实施细则》《中华人民共和国企业所得税法》规定,企业所得税按纳税年度计算,企业每个月应预缴税款,年终汇算清缴。企业所得税纳税申报的步骤如图6-2所示。

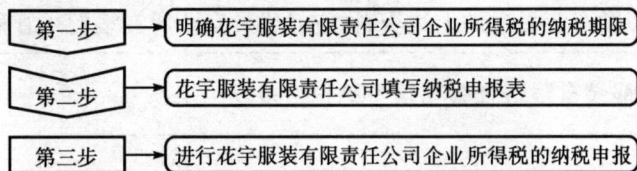

第一步	→	明确花宇服装有限责任公司企业所得税的纳税期限
第二步	→	花宇服装有限责任公司填写纳税申报表
第三步	→	进行花宇服装有限责任公司企业所得税的纳税申报

图6-2　企业所得税纳税申报步骤

任务操作

第一步:明确花宇服装有限责任公司企业所得税的纳税期限

本项目中花宇服装有限责任公司每月预缴所得税时,应在2018年1月15日之前进行纳税申报,预缴12月份的所得税税款。在预缴申报2017年12月所得税后至2018年5月31日之前进行全年的纳税申报,并汇算清缴,结清应缴应退税款。

法理知识

一、企业所得税征收缴纳方法

企业所得税按纳税年度计算。纳税年度自公历1月1日起至12月31日止。企业应当自月份或者季度终了之日起15日内,向税务机关报送预缴企业所得税纳税申报表,预缴税款。企业应当自年度终了之日起5个月内,向税务机关报送年度企业所得税纳税申报表,并汇算清缴,结清应缴应退税款。

纳税人在年终汇算清缴时,少缴的所得税税额,应在下一年度内缴纳;多预缴的所得税税额,在下一年度内抵缴;抵缴后仍有结余的,或者下一年度发生亏损的,应及时办理退库。

企业在一个纳税年度中间开业,或者终止经营活动,使该纳税年度的实际经营期不足12

个月的,应当以其实际经营期为一个纳税年度。

企业在年度中间终止经营活动的,应当自实际经营终止之日起 60 日内,向税务机关办理当期企业所得税汇算清缴。

企业应当在办理注销登记前,就其清算所得向税务机关申报并依法缴纳企业所得税。

二、汇总缴纳企业所得税的管理

实行跨地区经营汇总缴纳企业所得税的纳税人,由统一计算应纳税所得额和应纳所得税额的总机构,自年度终了之日起 5 个月内,向所在地主管税务机关办理企业所得税年度纳税申报,进行汇算清缴。分支机构不进行汇算清缴,但应将分支机构的营业收支等情况在报总机构统一汇算清缴前报送分支机构所在地主管税务机关。总机构应将分支机构及其所属机构的营业收支纳入总机构汇算清缴等情况报送各分支机构所在地主管税务机关。

经批准实行合并缴纳企业所得税的企业集团,由集团母公司(以下简称汇缴企业)在汇算清缴期内,向汇缴企业所在地主管税务机关报送汇缴企业及各个成员企业合并计算填写的企业所得税年度纳税申报表、有关资料及各个成员企业的企业所得税年度纳税申报表,统一办理汇缴企业及其成员企业的企业所得税汇算清缴。

汇缴企业应根据汇算清缴的期限要求,自行确定其成员企业向汇缴企业报送有关资料的期限。成员企业向汇缴企业报送的上述资料,应经成员企业所在地的主管税务机关审核。

第二步:花宇服装有限责任公司填写纳税申报表

本项目中花宇服装有限责任公司每月预缴所得税时,填写 2017 年 12 月预缴所得税纳税申报表(见表 6-1,填写略)及其附表(本书附表略)。在预缴申报 2017 年 12 月 31 日所得税后至 2018 年 5 月之前报送 2017 年度企业所得税纳税申报表(见表 6-2)及其附表(本书附表略)。

表 6-1 中华人民共和国企业所得税月(季)度预缴纳税申报表(A 类)

税款所属期间: 年 月 日至 年 月 日

纳税人识别号:□□□□□□□□□□□□□□□□□□

纳税人名称: 金额单位:人民币元(列至角分)

行次	项 目	本期金额	累计金额
1	一、按照实际利润额预缴		
2	营业收入		
3	营业成本		
4	利润总额		
5	加:特定业务计算的应纳税所得额		
6	减:不征税收入和税基减免应纳税所得额(请填附表1)		
7	固定资产加速折旧(扣除)调减额(请填附表2)		
8	弥补以前年度亏损		
9	实际利润额(4行+5行-6行-7行-8行)		
10	税率(25%)		
11	应纳所得税额(9行×10行)		

12	减:减免所得税额(请填附表3)		
13	实际已预缴所得税额	—	
14	特定业务预缴(征)所得税额		
15	应补(退)所得税额(11行－12行－13行－14行)	—	
16	减:以前年度多缴在本期抵缴所得税额		
17	本月(季)实际应补(退)所得税额	—	
18	二、按照上一纳税年度应纳税所得额平均额预缴		
19	上一纳税年度应纳税所得额	—	
20	本月(季)应纳税所得额(19行×1/4或1/12)		
21	税率(25%)		
22	本月(季)应纳所得税额(20行×21行)		
23	减:减免所得税额(请填附表3)		
24	本月(季)实际应纳所得税额(22行－23行)		
25	三、按照税务机关确定的其他方法预缴		
26	本月(季)税务机关确定的预缴所得税额		
27	总分机构纳税人		
28	总机构	总机构分摊所得税额(15行或24行或26行×总机构分摊预缴比例)	
29		财政集中分配所得税额	
30		分支机构分摊所得税额(15行或24行或26行×分支机构分摊比例)	
31		其中:总机构独立生产经营部门应分摊所得税额	
32	分支机构	分配比例	
33		分配所得税额	

是否属于小型微利企业:	是□	否□

　　谨声明:此纳税申报表是根据《中华人民共和国企业所得税法》、《中华人民共和国企业所得税法实施条例》和国家有关税收规定填报的,是真实的、可靠的、完整的。

法定代表人(签字):　　　　　年　月　日

纳税人公章: 会计主管: 填表日期:　年　月　日	代理申报中介机构公章: 经办人: 经办人执业证件号码: 代理申报日期:　年　月　日	主管税务机关受理专用章: 受理人: 受理日期:　年　月　日

表6-2 中华人民共和国企业所得税年度纳税申报表(A类)

行次	类别	项目	金额
1	利润总额计算	一、营业收入(填写 A101010\101020\103000)	40 000 000
2		减:营业成本(填写 A102010\102020\103000)	25 000 000
3		减:税金及附加	5 480 000
4		减:销售费用(填写 A104000)	2 600 000
5		减:管理费用(填写 A104000)	2 000 000
6		减:财务费用(填写 A104000)	200 000
7		减:资产减值损失	
8		加:公允价值变动收益	
9		加:投资收益	900 000
10		二、营业利润(1-2-3-4-5-6-7+8+9)	5 620 000
11		加:营业外收入(填写 A101010\101020\103000)	800 000
12		减:营业外支出(填写 A102010\102020\103000)	620 000
13		三、利润总额(10+11-12)	5 800 000
14	应纳税所得额计算	减:境外所得(填写 A108010)	
15		加:纳税调整增加额(填写 A105000)	571 000
16		减:纳税调整减少额(填写 A105000)	820 000
17		减:免税、减计收入及加计扣除(填写 A107010)	
18		加:境外应税所得抵减境内亏损(填写 A108000)	
19		四、纳税调整后所得(13-14+15-16-17+18)	5 551 000
20		减:所得减免(填写 A107020)	
21		减:弥补以前年度亏损(填写 A106000)	5 357 000
22		减:抵扣应纳税所得额(填写 A107030)	
23		五、应纳税所得额(19-20-21-22)	194 000
24	应纳税额计算	税率(25%)	
25		六、应纳所得税额(23×24)	48 500
26		减:减免所得税额(填写 A107040)	29 100
27		减:抵免所得税额(填写 A107050)	120 000
28		七、应纳税额(25-26-27)	
29		加:境外所得应纳所得税额(填写 A108000)	
30		减:境外所得抵免所得税额(填写 A108000)	
31		八、实际应纳所得税额(28+29-30)	
32		减:本年累计实际已预缴的所得税额	
33		九、本年应补(退)所得税额(31-32)	
34		其中:总机构分摊本年应补(退)所得税额(填写 A109000)	
35		财政集中分配本年应补(退)所得税额(填写 A109000)	
36		总机构主体生产经营部门分摊本年应补(退)所得税额(填写 A109000)	

法理知识

中华人民共和国企业所得税年度纳税申报表（A 类）（A100000）为年度纳税申报表主表，企业应该根据《中华人民共和国企业所得税法》及其实施条例（以下简称税法）、相关税收政策，以及国家统一会计制度（企业会计准则、小企业会计准则、企业会计制度、事业单位会计准则和民间非营利组织会计制度等）的规定，计算填报纳税人利润总额、应纳税所得额和应纳税额等有关项目。

企业在计算应纳税所得额及应纳所得税时，企业会计处理与税收规定不一致的，应当按照税收规定计算。税收规定不明确的，在没有明确规定之前，暂按国家统一会计制度计算。

一、有关项目填报说明

（一）表体项目

该表是在纳税人会计利润总额的基础上，加减纳税调整等金额后计算出"纳税调整后所得"。会计与税法的差异（包括收入类、扣除类、资产类等差异）通过"纳税调整项目明细表"（A105000）集中填报。

该表包括利润总额计算、应纳税所得额计算、应纳税额计算三个部分。

（1）"利润总额计算"中的项目，按照国家统一会计制度口径计算填报。实行企业会计准则、小企业会计准则、企业会计制度、分行业会计制度纳税人其数据直接取自利润表；实行事业单位会计准则的纳税人其数据取自收入支出表；实行民间非营利组织会计制度纳税人其数据取自业务活动表；实行其他国家统一会计制度的纳税人，根据该表各项目进行分析填报。

（2）"应纳税所得额计算"和"应纳税额计算"中的项目，除根据主表逻辑关系计算的外，通过附表相应栏次填报。

（二）行次说明

第 1～13 行参照国家统一会计制度规定填写。

（1）第 1 行"营业收入"：填报纳税人主要经营业务和其他经营业务取得的收入总额。本行根据"主营业务收入"和"其他业务收入"的数额填报。一般企业纳税人根据"一般企业收入明细表"（A101010）填报；金融企业纳税人根据"金融企业收入明细表"（A101020）填报；事业单位、社会团体、民办非企业单位、非营利组织等纳税人根据"事业单位、民间非营利组织收入、支出明细表"（A103000）填报。

（2）第 2 行"营业成本"项目：填报纳税人主要经营业务和其他经营业务发生的成本总额。本行根据"主营业务成本"和"其他业务成本"的数额填报。一般企业纳税人根据"一般企业成本支出明细表"（A102010）填报；金融企业纳税人根据"金融企业支出明细表"（A102020）填报；事业单位、社会团体、民办非企业单位、非营利组织等纳税人，根据"事业单位、民间非营利组织收入、支出明细表"（A103000）填报。

（3）第 3 行"税金及附加"：填报纳税人经营活动发生的消费税、城市维护建设税、资源税、土地增值税和教育费附加等相关税费。本行根据纳税人相关会计科目填报。纳税人在其他会计科目核算的税金本行不得重复填报。

（4）第 4 行"销售费用"：填报纳税人在销售商品和材料、提供劳务的过程中发生的各种费用。本行根据"期间费用明细表"（A104000）中对应的"销售费用"填报。

（5）第 5 行"管理费用"：填报纳税人为组织和管理企业生产经营发生的管理费用。本行根据"期间费用明细表"(A104000)中对应的"管理费用"填报。

(6)第6行"财务费用":填报纳税人为筹集生产经营所需资金等发生的筹资费用。本行根据"期间费用明细表"(A104000)中对应的"财务费用"填报。

(7)第7行"资产减值损失":填报纳税人计提各项资产准备发生的减值损失。本行根据企业"资产减值损失"科目上的数额填报。实行其他会计制度的比照填报。

(8)第8行"公允价值变动收益":填报纳税人在初始确认时划分为以公允价值计量且其变动计入当期损益的金融资产或金融负债(包括交易性金融资产或负债,直接指定为以公允价值计量且其变动计入当期损益的金融资产或金融负债),以及采用公允价值模式计量的投资性房地产、衍生工具和套期业务中公允价值变动形成的应计入当期损益的利得或损失。本行根据企业"公允价值变动损益"科目的数额填报(损失以"一"号填列)。

(9)第9行"投资收益":填报纳税人以各种方式对外投资确认所取得的收益或发生的损失。根据企业"投资收益"科目的数额计算填报,实行事业单位会计准则的纳税人根据"其他收入"科目中的投资收益金额分析填报(损失以"一"号填列)。实行其他会计制度的比照填报。

(10)第10行"营业利润":填报纳税人当期的营业利润。根据上述项目计算填列。

(11)第11行"营业外收入":填报纳税人取得的与其经营活动无直接关系的各项收入的金额。一般企业纳税人根据"一般企业收入明细表"(A101010)填报;金融企业纳税人根据"金融企业收入明细表"(A101020)填报;实行事业单位会计准则或民间非营利组织会计制度的纳税人根据"事业单位、民间非营利组织收入、支出明细表"(A103000)填报。

(12)第12行"营业外支出":填报纳税人发生的与其经营活动无直接关系的各项支出的金额。一般企业纳税人根据"一般企业成本支出明细表"(A102010)填报;金融企业纳税人根据"金融企业支出明细表"(A102020)填报;实行事业单位会计准则或民间非营利组织会计制度的纳税人根据"事业单位、民间非营利组织收入、支出明细表"(A103000)填报。

(13)第13行"利润总额":填报纳税人当期的利润总额。根据上述项目计算填列。

(14)第14行"境外所得":填报纳税人取得的境外所得且已计入利润总额的金额。本行根据"境外所得纳税调整后所得明细表"(A108010)填报。

(15)第15行"纳税调整增加额":填报纳税人会计处理与税收规定不一致,进行纳税调整增加的金额。本行根据"纳税调整项目明细表"(A105000)"调增金额"列填报。

(16)第16行"纳税调整减少额":填报纳税人会计处理与税收规定不一致,进行纳税调整减少的金额。本行根据"纳税调整项目明细表"(A105000)"调减金额"列填报。

(17)第17行"免税、减计收入及加计扣除":填报属于税收规定免税收入、减计收入、加计扣除金额。本行根据"免税、减计收入及加计扣除优惠明细表"(A107010)填报。

(18)第18行"境外应税所得抵减境内亏损":当纳税人选择不用境外所得抵减境内亏损时,填报0;当纳税人选择用境外所得抵减境内亏损时,填报境外所得抵减当年度境内亏损的金额,用境外所得弥补以前年度境内亏损的,填报"境外所得税收抵免明细表"(A108000)。

(19)第19行"纳税调整后所得":填报纳税人经过纳税调整、税收优惠、境外所得计算后的所得额。

(20)第20行"所得减免":填报属于税收规定所得减免金额。本行根据"所得减免优惠明细表"(A107020)填报。

(21)第21行"弥补以前年度亏损":填报纳税人按照税收规定可在税前弥补的以前年度亏

损的数额,本行根据"企业所得税弥补亏损明细表"(A106000)填报。

(22)第22行"抵扣应纳税所得额":填报根据税收规定应抵扣的应纳税所得额。本行根据"抵扣应纳税所得额明细表"(A107030)填报。

(23)第23行"应纳税所得额":金额等于本表第19-20-21-22行计算结果。本行不得为负数。按照上述行次顺序计算结果本行为负数,本行金额填零。

(24)第24行"税率":填报税收规定的税率25%。

(25)第25行"应纳所得税额":金额等于本表第23×24行。

(26)第26行"减免所得税额":填报纳税人按税收规定实际减免的企业所得税额。本行根据"减免所得税优惠明细表"(A107040)填报。

(27)第27行"抵免所得税额":填报企业当年的应纳所得税额中抵免的金额。本行根据"税额抵免优惠明细表"(A107050)填报。

(28)第28行"应纳税额":金额等于本表第25-26-27行。

(29)第29行"境外所得应纳所得税额":填报纳税人来源于中国境外的所得,按照我国税收规定计算的应纳所得税额。本行根据"境外所得税收抵免明细表"(A108000)填报。

(30)第30行"境外所得抵免所得税额":填报纳税人来源于中国境外所得依照中国境外税收法律以及相关规定应缴纳并实际缴纳(包括视同已实际缴纳)的企业所得税性质的税款(准予抵免税款)。本行根据"境外所得税收抵免明细表"(A108000)填报。

(31)第31行"实际应纳所得税额":填报纳税人当期的实际应纳所得税额。金额等于本表第28+29-30行。

(32)第32行"本年累计实际已预缴的所得税额":填报纳税人按照税收规定本纳税年度已在月(季)度累计预缴的所得税额,包括按照税收规定的特定业务已预缴(征)的所得税额,建筑企业总机构直接管理的跨地区设立的项目部按规定向项目所在地主管税务机关预缴的所得税额。

(33)第33行"本年应补(退)的所得税额":填报纳税人当期应补(退)的所得税额。金额等于本表第31-32行。

(34)第34行"总机构分摊本年应补(退)所得税额":填报汇总纳税的总机构按照税收规定在总机构所在地分摊本年应补(退)所得税款。本行根据"跨地区经营汇总纳税企业年度分摊企业所得税明细表"(A109000)填报。

(35)第35行"财政集中分配本年应补(退)所得税额":填报汇总纳税的总机构按照税收规定财政集中分配本年应补(退)所得税款。本行根据"跨地区经营汇总纳税企业年度分摊企业所得税明细表"(A109000)填报。

(36)第36行"总机构主体生产经营部门分摊本年应补(退)所得税额":填报汇总纳税的总机构所属的具有主体生产经营职能的部门按照税收规定应分摊的本年应补(退)所得税额。本行根据"跨地区经营汇总纳税企业年度分摊企业所得税明细表"(A109000)填报。

二、表内、表间关系

(一)表内关系

(1)第10行=第1-2-3-4-5-6-7+8+9行。

(2)第13行=第10+11-12行。

（3）第 19 行＝第 13－14＋15－16－17＋18 行。

（4）第 23 行＝第 19－20－21－22 行。

（5）第 25 行＝第 23×24 行。

（6）第 28 行＝第 25－26－27 行。

（7）第 31 行＝第 28＋29－30 行。

（8）第 33 行＝第 31－32 行。

(二)表间关系

（1）第 1 行＝表 A101010 第 1 行或表 A101020 第 1 行或表 A103000 第 2＋3＋4＋5＋6 行或表 A103000 第 11＋12＋13＋14＋15 行。

（2）第 2 行＝表 A102010 第 1 行或表 A102020 第 1 行或表 A103000 第 19＋20＋21＋22 行或表 A103000 第 25＋26＋27 行。

（3）第 4 行＝表 A104000 第 25 行第 1 列。

（4）第 5 行＝表 A104000 第 25 行第 3 列。

（5）第 6 行＝表 A104000 第 25 行第 5 列。

（6）第 9 行＝表 A103000 第 8 行或者第 16 行(仅限于填报表 A103000 的纳税人，其他纳税人根据财务核算情况自行填写)。

（7）第 11 行＝表 A101010 第 16 行或表 A101020 第 35 行或表 A103000 第 9 行或第 17 行。

（8）第 12 行＝表 A102010 第 16 行或表 A102020 第 33 行或表 A103000 第 23 行或第 28 行。

（9）第 14 行＝表 A108010 第 14 列合计－第 11 列合计。

（10）第 15 行＝表 A105000 第 45 行第 3 列。

（11）第 16 行＝表 A105000 第 45 行第 4 列。

（12）第 17 行＝表 A107010 第 31 行。

（13）第 18 行：

①当 A100000 第 13－14＋15－16－17 行≥0，第 18 行＝0；

②当 A100000 第 13－14＋15－16－17＜0 且表 A108000 第 5 列合计行≥0，表 A108000 第 6 列合计行＞0 时，第 18 行＝表 A108000 第 5 列合计行与表 A100000 第 13－14＋15－16－17行绝对值的孰小值；

③当 A100000 第 13－14＋15－16－17＜0 且表 A108000 第 5 列合计行≥0，表 A108000 第 6 列合计行＝0 时，第 18 行＝0。

（14）第 19 行＝表 A100000 第 13－14＋15－16－17＋18 行。

（15）第 20 行：

当第 19 行≤0 时，本行填报 0。

当第 19 行＞0 时，A107020 表合计行第 11 列≤表 A100000 第 19 行，本行＝表 A107020 合计行第 11 列；A107020 表合计行第 11 列＞表 A100000 第 19 行，本行＝表 A100000 第 19 行。

（16）第 21 行＝表 A106000 第 6 行第 10 列。

（17）第 22 行＝表 A107030 第 15 行第 1 列。

(18)第 26 行＝表 A107040 第 32 行。

(19)第 27 行＝表 A107050 第 7 行第 11 列。

(20)第 29 行＝表 A108000 第 9 列合计。

(21)第 30 行＝表 A108000 第 19 列合计。

(22)第 34 行＝表 A109000 第 12＋16 行。

(23)第 35 行＝表 A109000 第 13 行。

(24)第 36 行＝表 A109000 第 15 行。

> **第三步:进行花宇服装有限责任公司企业所得税的纳税申报**

花宇服装有限责任公司应将所填写的企业所得税纳税申报表及附表报送到安达市第一税务局并进行汇算清缴。

法理知识

一、居民企业纳税地点的规定

除税收法律、行政法规另有规定外,居民企业以企业登记注册地为纳税地点;但登记注册地在境外的,以实际管理机构所在地为纳税地点。

居民企业在中国境内设立不具有法人资格的营业机构的,应当汇总计算并缴纳企业所得税。

二、非居民企业纳税地点的规定

非居民企业在境内设立机构、场所的,取得来源于中国境内的所得,以及发生在中国境外但与其所设机构、场所有实际联系的所得,以机构、场所所在地为纳税地点。非居民企业在中国境内设立 2 个或者 2 个以上机构、场所的,经税务机关审核批准,可以选择由其主要机构、场所汇总缴纳企业所得税。

非居民企业在中国境内未设立机构、场所的,或者虽设立机构、场所但取得的所得与其所设机构、场所没有实际联系的,以扣缴义务人所在地为纳税地点。

任务二　个人所得税的纳税会计与申报

◆子任务一　个人所得税的纳税会计

任务分析

个人所得税是对个人(自然人)取得的各项应税所得征收的一种税。个人所得税有 11 项税目,不同的税目计税依据及税率的确定不同。

为李伟进行个人所得税纳税申报,个人所得税的税目较多,先要分清个人所得税的税目,然后确定出适当的税率;根据不同税目计算公式计算出个人所得税,为李伟进行个人所得税的纳税申报。李伟个人所得税的计算与申报的步骤如图 6－3 所示。

第一步	→	确定李伟为个人所得税的纳税义务人及应交的个人所得税的税目
第二步	→	计算李伟工资、薪金应交的个人所得税
第三步	→	计算李伟劳务报酬、稿酬、特许权使用费及财产租赁所得应交的个人所得税
第四步	→	计算李伟利息、股息、红利应交的个人所得税
第五步	→	计算李伟财产转让所得应交的个人所得税
第六步	→	计算李伟个体工商生产经营所得应交的个人所得税
第七步	→	计算李伟承包经营所得应交的个人所得税

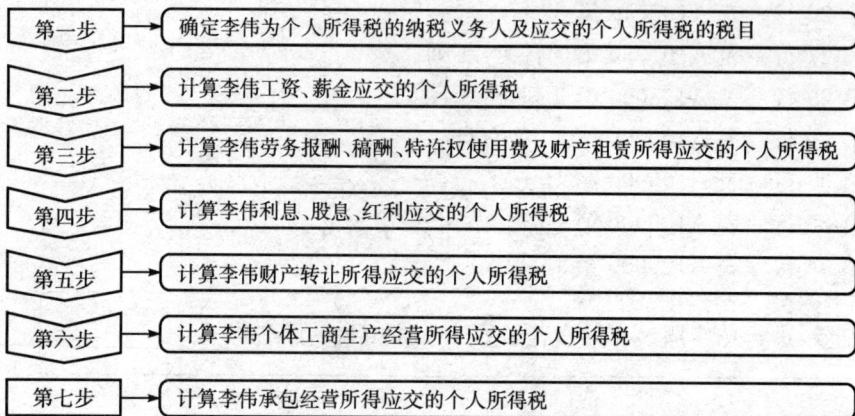

图 6-3　个人所得税的计算与申报步骤

任务操作

第一步:确定李伟为个人所得税的纳税义务人及应交的个人所得税的税目

　　李伟是在中国境内有住所的中国居民,按《中华人民共和国个人所得税法》的规定是个人所得税的纳税义务人,应就其在中国境内、外的所得纳税。李伟在 2017 年取得了工资、劳务报酬、稿酬、国债利息、特许权使用费、财产转让、个体工商户的生产经营所得,应按相应的税目缴纳个人所得税。

法理知识

一、个人所得税的纳税义务人

　　中国公民、个体工商业户以及在中国有所得的外籍人员(包括无国籍人员,下同)和我国港澳台同胞,为个人所得税的纳税义务人。按照住所和居住时间两个标准,又划分为居民纳税人和非居民纳税人,见表 6-3。

表 6-3　个人所得税纳税义务人的分类表

纳税义务人	判定标准	征税对象范围
居民纳税人	(1)在中国境内有住所的个人	境内、外所得
	(2)在中国境内无住所,但是居住 1 年以上 5 年以下的个人。"居住满 1 年"是指在一个纳税年度(即公历 1 月 1 日起至 12 月 31 日止,下同)内,在中国境内居住满 365 日,临时离境的,不扣减日数。"临时离境"是指在一个纳税年度中一次不超过 30 日或者多次累计不超过 90 日的离境	境内所得;境外所得,经主管税务机关批准,可不纳税
	(3)在中国境内无住所,居住超过 5 年的个人	境内、外所得
非居民纳税人	(1)在中国境内无住所且不居住的个人	境内所得
	(2)在中国境内无住所且居住不满 1 年的个人	境内所得

下列所得,不论支付地点是否在中国境内,均为来源于中国境内的所得:

(1)因任职、受雇、履约等而在中国境内提供劳务取得的所得;

(2)将财产出租给承租人在中国境内使用而取得的所得;

(3)转让中国境内的建筑物、土地使用权等财产或者在中国境内转让其他财产取得的所得;

(4)许可各种特许权在中国境内使用而取得的所得;

(5)从中国境内的公司、企业以及其他经济组织或者个人取得的利息、股息、红利所得。

二、个人所得税的应税所得项目

(一)工资、薪金所得

工资、薪金所得是指个人因任职或者受雇而取得的工资、薪金、奖金、年终加薪、劳动分红、津贴、补贴以及任职或者受雇有关的其他所得。

下列项目不包括在内:

(1)独生子女补贴;

(2)执行公务员工资制度未纳入基本工资总额的补贴、津贴差额和家属成员的副食品补贴;

(3)托儿补助费;

(4)差旅费津贴、误餐补助。

(二)个体工商户的生产、经营所得

1.个体工商户的生产、经营所得的一般规定

(1)个体工商户从事工业、手工业、建筑业、交通运输业、商业、饮食业、服务业、修理业以及其他行业生产、经营取得的所得;

(2)个人经政府有关部门批准,取得执照,从事办学、医疗、咨询以及其他有偿服务活动取得的所得;

(3)其他个人从事个体工商业生产、经营取得的所得;

(4)上述个体工商户和个人取得的与生产、经营有关的各项应纳税所得。

2.个体工商户的生产、经营所得的特殊规定

(1)从事个体出租车运营的出租车驾驶员取得的收入,按个体工商户的生产、经营所得项目缴纳个人所得税。出租车属个人所有,但挂靠出租汽车经营单位或企事业单位,驾驶员向挂靠单位缴纳管理费的,或出租汽车经营单位将出租车所有权转移给驾驶员的,出租车驾驶员从事客货运营取得的收入,比照个体工商户的生产、经营所得项目征税。

(2)个体工商户和从事生产、经营的个人,取得与生产、经营活动相关的其他各项应税所得,应分别按照其他应税项目的有关规定,计算征收个人所得税。如取得银行存款的利息所得,应按"股息、利息、红利"税目的规定单独计征个人所得税。

(3)个人独资企业、合伙企业的个人投资者以企业资金为本人、家庭成员及其相关人员支付与企业生产经营无关的消费性支出及购买汽车、住房等财产性支出,视为企业对个人投资者利润分配,并入投资者个人的生产经营所得,依照"个体工商户的生产经营所得"项目计征个人所得税。

(三)对企事业单位的承包经营、承租经营所得

对企事业单位的承包经营、承租经营所得,是指个人承包经营、承租经营以及转包、转租取

得的所得,包括个人按月或者按次取得的工资、薪金性质的所得。

(四)劳务报酬所得

劳务报酬所得,是指个人从事设计、装潢、安装、制图、化验、测试、医疗、法律、会计、咨询、讲学、新闻、广播、翻译、审稿、书画、雕刻、影视、录音、录像、演出、表演、广告、展览、技术服务、介绍服务、经纪服务、代办服务以及其他劳务取得的所得。

(五)稿酬所得

稿酬所得,是指个人因其作品以图书、报刊形式出版、发表而取得的所得。

(六)特许权使用费所得

特许权使用费所得,是指个人提供专利权、商标权、著作权、非专利技术以及其他特许权的使用权取得的所得;提供著作权的使用权取得的所得,不包括稿酬所得。

(七)利息、股息、红利所得

利息、股息、红利所得,是指个人拥有债权、股权而取得的利息、股息、红利所得。

(八)财产租赁所得

财产租赁所得,是指个人出租建筑物、土地使用权、机器设备、车船以及其他财产取得的所得。

(九)财产转让所得

财产转让所得,是指个人转让有价证券、股权、建筑物、土地使用权、机器设备、车船以及其他财产取得的所得。

(十)偶然所得

偶然所得,是指个人得奖、中奖、中彩以及其他偶然性质的所得。

(十一)经国务院财政部门确定征税的其他所得

其他所得是指除上述列举的各项个人应税所得外,其他确有必要征税的以及难以界定应税项目的个人所得。如个人因任职单位缴纳有关保险费用而取得的无赔款优待收入;股民个人从证券公司取得的回扣或交易手续费返回收入等。

三、税目及税率

(1)工资、薪金所得,适用超额累进税率,税率为 3%~45%(见表 6-4)。

表 6-4 工资、薪金所得个人所得税税率表

级数	全月应纳税所得额 (含税级距)	全月应纳税所得额 (不含税级距)	税率(%)	速算 扣除数
1	不超过 1 500 元的	不超过 1 455 元的	3	0
2	超过 1 500 元至 4 500 元的部分	超过 1 455 元至 4 155 元的部分	10	105
3	超过 4 500 元至 9 000 元的部分	超过 4 155 元至 7 755 元的部分	20	555
4	超过 9 000 元至 35 000 元的部分	超过 7 755 元至 27 255 元的部分	25	1 005
5	超过 35 000 元至 55 000 元的部分	超过 27 255 元至 41 255 元的部分	30	2 775
6	超过 55 000 元至 80 000 元的部分	超过 41 255 元至 57 505 元的部分	35	5 505
7	超过 80 000 元的部分	超过 57 505 的部分	45	13 505

注:①本表含税级距指以每月收入额减除费用 3500 元后的余额或者减除附加减除费用后的余额。

②含税级距适用于由纳税人负担税款的工资、薪金所得;不含税级距适用于由他人(单位)代付税款的工资、薪金所得。

(2)个体工商户生产、经营所得和对企事业单位承包经营、承租经营所得,适用5%～35%的超额累进税率(见表6-5)。

表6-5 个体工商户的生产、经营所得和对企事业单位的承包经营、承租经营所得个人所得税税率表

级数	全月应纳税所得额 (含税级距)	全月应纳税所得额 (不含税级距)	税率(%)	速算 扣除数
1	不超过15 000元的	不超过14 250元的	5	0
2	超过15 000元至30 000元的部分	超过14 250元至27 750元的部分	10	750
3	超过30 000元至60 000元的部分	超过27 750元至51 750元的部分	20	3 750
4	超过60 000元至100 000元的部分	超过51 750元至79 750元的部分	30	9 750
5	超过100 000元的部分	超过79 750元的部分	35	14 750

注:①本表含税级距指每一纳税年度的收入总额,减除成本、费用以及损失的余额。

②含税级距适用于个体工商户的生产、经营所得和对企事业单位的承包经营承租经营所得;不含税级距适用于由他人(单位)代付税款的承包经营、承租经营所得。

(3)劳务报酬所得、稿酬所得、特许权使用费所得、财产租赁所得,每次收入不超过4 000元的,减除个人所得税起征点;超过4 000元的,减除20%的费用,以其余额为应纳税所得额,税率为20%。劳务报酬所得税税率表见表6-6。

表6-6 劳务报酬所得个人所得税税率表

级数	每次应纳税所得额	税率(%)	速算扣除数(元)
1	不超过20 000元的部分	20	0
2	超过20 000元至50 000元的部分	30	2 000
3	超过50 000元的部分	40	7 000

(4)特许权使用费所得,利息、股息、红利所得,财产租赁所得,财产转让所得,偶然所得和其他所得税率均为20%。

对个人出租住房取得的所得减按10%的税率征收个人所得税。

第二步:计算李伟工资、薪金应交的个人所得税

【业务1】每月取得花宇服装有限责任公司支付的工资薪金8 800元,其中,当月个人承担住房公积金600元、基本养老保险80元、医疗保险120元、失业保险80元,实发工资7 920元。

李伟每月取得工资薪金8 800元,减除当月个人承担住房公积金600元、基本养老保险80元、医疗保险120元、失业保险80元,减除费用3 500元后的余额,为月应纳税所得额。按此应纳税所得额确定税率,计算工资薪金的个人所得税:

月应纳税所得额＝月工资薪金收入－3 500

年应纳个人所得税额＝(月应纳税所得额×税率－速算扣除数)×12

年工资薪金应纳个人所得税额＝(月应纳税所得额×税率－速算扣除数)×12

$$＝[(8\ 800－880－3\ 500)×10\%－105]×12＝4\ 044(元)$$

花宇服装有限责任公司代扣代缴李伟的个人所得税会计处理为：

借：应付职工薪酬　　　　　　　　　　　　　　4 044

　　贷：应交税费——代扣代缴个人所得税　　　4 044

法理知识

一、工资、薪金所得额的规定

工资、薪金所得，以每月收入额减除费用3 500元后的余额，为应纳税所得额。其中：月工资薪金收入不包括个人承担的住房公积金、养老保险、医疗保险、失业保险等保险费用。

二、附加减除费用适用的范围和标准

对在中国境内无住所而在中国境内取得工资、薪金所得的纳税义务人和在中国境内有住所而在中国境外取得工资、薪金所得的纳税义务人，可以根据其平均收入水平、生活水平以及汇率变化情况确定附加减除费用。

1. 附加减除费用适用的范围

(1)在中国境内的外商投资企业和外国企业中工作的外籍人员；

(2)应聘在中国境内的企业、事业单位、社会团体、国家机关中工作的外籍专家；

(3)在中国境内有住所而在中国境外任职或者受雇取得工资、薪金所得的个人；

(4)国务院财政、税务主管部门确定的其他人员。

2. 附加减除费用标准

上述适用范围内的人员每月工资、薪金所得在减除3 500元费用的基础上，再减除1 300元。

三、支付工资、薪金代扣代缴所得税会计处理

企业作为个人所得税的扣缴义务人，应按规定扣缴职工应缴纳的个人所得税。代扣个人所得税时，借记"应付职工薪酬"账户，贷记"应交税费——代扣代缴个人所得税"账户。

> **第三步**：计算李伟劳务报酬、稿酬、特许权使用费及财产租赁所得应交的个人所得税

【业务2】 2月，为我国金成企业提供技术服务，取得报酬60 000元，金成企业未扣缴税款。

李伟取得的技术服务费为劳务报酬，是一次性的收入，应按一次纳税，由于报酬6万元超过4 000元，费用减除标准为20%，应纳税所得额未超过5万元，所以，税率为30%，速算扣除数为2 000。

应纳税额=每次收入额×(1-20%)×适用税率-速算扣除数

　　　　　=60 000×(1-20%)×30%-2 000=12 400(元)

【业务3】 3月1日—5月30日，前往英国参加培训，利用业余时间为当地3所中文学校授课，每月取得课酬折合人民币各10 000元，未扣缴税款。

李伟在国外连续3个月授课，属于同一项目连续性劳务收入的，以一个月内取得的收入为一次。每次收入1万元超过4 000元，费用减除标准为20%，应纳税所得额未超过2万元，所以，税率为20%，速算扣除数为0。

每月应纳税额＝每次收入额×（1－20％）×适用税率－速算扣除数

$$＝10\ 000×（1－20％）×20％＝1\ 600（元）$$

3个月应纳个人所得税额＝1 600×3＝4 800（元）

【业务4】李伟在英国培训期间将其国内自己的小汽车出租给他人使用，每月取得租金3 000元。

李伟将小汽车出租是财产租赁所得，以一个月内取得的收入为一次，每月收入未超过4 000元，费用减除标准为800。

每月应纳税额＝（每次收入－800）×20％＝（3 000－800）×20％＝440（元）

3个月应纳税额＝440×3＝1 320（元）

【业务5】6月，从英国取得特许权使用费折合人民币130 000元，已按英国税法规定缴纳个人所得税折合人民币12 500元并取得完税凭证。

李伟在英国交的12 500元的税可以扣除，但扣除限额为特许权使用费130 000元按我国税法规定计算的个人所得税税额，超过部分不得在该纳税年度的应纳税额中扣除，但可在以后纳税年度李伟在英国扣除限额的余额中补扣，补扣期最长不得超过5年。

应纳税额的扣除限额＝每次收入额×（1－20％）×20％

$$＝130\ 000×（1－20％）×20％＝20\ 800（元）$$

李伟在英国交的税低于扣除限额，应补交其差额税款为8 300元（20 800－12 500）。

【业务6】7月，与同事王革合作出版了一本书，共获得稿酬80 000元，与王革事先约定按6∶4比例分配稿酬，李伟从稿酬中拿出20 000元通过国家机关捐赠给受灾地区，稿酬的个人所得税由出版社代扣代缴。

李伟按6∶4比例分配的稿酬为48 000元。个人公益性捐赠，捐赠额未超过纳税人申报的应纳税所得额30％的部分，可从其应纳税所得额中扣除。

捐赠扣除限额＝48 000×（1－20％）×30％＝11 520（元），实际发生20 000元，应扣除11 520元。

李伟稿酬应代扣代缴的个人所得税＝每次收入额×（1－20％）×20％×（1－30％）

$$＝[48\ 000×（1－20％）－11\ 520]×20％×（1－30％）$$

$$＝3\ 763.2（元）$$

法理知识

一、劳务报酬所得、稿酬所得、特许权使用费所得、财产租赁所得的个人所得税的计算

劳务报酬所得、稿酬所得、特许权使用费所得、财产租赁所得，每次收入不超过4 000元的，减除费用800元；4 000元以上的，减除20％的费用，其余额为应纳税所得额。

1.劳务报酬所得

劳务报酬所得属于一次性收入的，以取得该项收入为一次；属于同一项目连续性收入的，以一个月内取得的收入为一次。

（1）每次收入不足4 000元的：

$$应纳税额＝（每次收入－800）×20％$$

（2）每次收入在4 000元以上的：

应纳税额＝应纳税所得额×适用税率＝每次收入额×（1－20％）×适用税率－速算扣除数

2.稿酬所得

稿酬所得以每次出版、发表取得的收入为一次。同一作品再版取得的所得，应视作另一次稿酬所得计征个人所得税;同一作品先在报刊上连载,然后再出版,或先出版,再在报刊上连载的,应视为两次稿酬所得征税;同一作品在报刊上连载取得收入的,以连载完成后取得的所有收入合并为一次,计征个人所得税;同一作品在出版和发表时,以预付稿酬或分次支付稿酬等形式取得的稿酬收入,应合并计算为一次;同一作品出版、发表后,因添加印数而追加稿酬的,应与以前出版、发表时取得的稿酬合并计算为一次,计征个人所得税。我国为体现国家对文化事业的支持与鼓励,对稿酬的应纳税额减征 30%。

(1)每次收入不足 4 000 元的:

$$应纳税额=(每次收入-800)\times20\%\times(1-30\%)$$

(2)每次收入在 4 000 元以上的:

$$应纳税额=应纳税所得额\times适用税率=每次收入额\times(1-20\%)\times20\%\times(1-30\%)$$

3.特许权使用费所得、财产租赁所得

特许权使用费所得,以一项特许权的一次转让所取得的收入为一次;财产租赁所得,以一个月内取得的收入为一次。

(1)每次收入不足 4 000 元的:

$$应纳税额=(每次收入-800)\times20\%$$

(2)每次收入在 4 000 元以上的:

$$应纳税额=应纳税所得额\times适用税率=每次收入额\times(1-20\%)\times20\%$$

二、个人公益救济性捐赠、境外所得的税额扣除

1.个人公益救济性捐赠的税额扣除

个人公益救济性捐赠是指个人将其所得通过中国境内的社会团体、国家机关向教育和其他社会公益事业以及遭受严重自然灾害地区、贫困地区的捐赠。捐赠额未超过纳税义务人申报的应纳税所得额 30%的部分,可以从其应纳税所得额中扣除。

2.境外所得的税额扣除

纳税义务人从中国境外取得的所得,准予其在应纳税额中扣除已在境外缴纳的个人所得税税额。但扣除额不得超过该纳税义务人境外所得依我国税法规定计算的应纳税额。

纳税义务人从中国境外取得的所得,区别不同国家或者地区和不同所得项目,依照税法规定的费用减除标准和适用税率计算应纳税额;同一国家或者地区内不同所得项目的应纳税额之和,为该国家或者地区的扣除限额。

纳税义务人在中国境外一个国家或者地区实际已经缴纳的个人所得税税额,低于依照上述规定计算出的该国家或者地区扣除限额的,应当在中国缴纳差额部分的税款;超过该国家或者地区扣除限额的,其超过部分不得在本纳税年度的应纳税额中扣除,但是可以在以后纳税年度的该国家或者地区扣除限额的余额中补扣。补扣期限最长不得超过 5 年。

纳税义务人依照税法申请扣除已在境外缴纳的个人所得税税额时,应当提供境外税务机关填发的完税凭证原件。

三、支付劳务报酬、特许权使用费、稿费、财产租赁费的单位代扣代缴所得税

企业支付给个人的劳务报酬、特许权使用费、稿费、财产租赁费,一般由支付单位作为扣缴义务人向纳税人扣留税款,并计入该企业的有关费用账户。即企业在支付上述费用时,借记"无形资产""管理费用""财务费用""营业费用"等账户,贷记"应交税费——代扣代缴个人所得税""库存现金"等账户;实际缴纳时,借记"应交税费——代扣代缴个人所得税"账户,贷记"银行存款"账户。

> 第四步:计算李伟利息、股息、红利应交的个人所得税

【业务7】10 月,取得 5 年期国债利息收入 5 000 元;10 月 30 日取得于 7 月 30 日存入的 3 个月定期存款 90 000 元的利息(银行按年利率 1.71%结息),利息的个人所得税由银行代扣代缴。

李伟取得的国债利息收入是免税的。银行存款利息暂免征收个人所得税。

法理知识

一、利息、股息、红利所得,偶然所得和其他所得的应纳税额的计算

利息、股息、红利所得,偶然所得和其他所得,以每次收入额为应纳税所得额。利息、股息、红利所得,以支付利息、股息、红利时取得的收入为一次;偶然所得,以每次取得该项收入为一次;其他所得,以每次收入为一次。

1.利息、股息、红利所得应纳税额的计算

$$应纳税额=应纳税所得额×适用的税率=每次收入额×适用的税率$$

利息、股息、红利所得适用 20%的比例税率。2008 年 10 月 9 日起(含 10 月 9 日)对储蓄存款利息所得、个人投资者证券交易结算资金利息所得,暂免征收个人所得税。

2.偶然所得应纳税额的计算

$$应纳税额=应纳税所得额×适用的税率=每次收入额×20%$$

二、个人所得税的税收优惠

1.下列各项个人所得,免纳个人所得税

(1)省级人民政府、国务院部委和中国人民解放军军以上单位,以及外国组织、国际组织颁发的科学、教育、技术、文化、卫生、体育、环境保护等方面的奖金。

(2)国债和国家发行的金融债券利息。

(3)按照国家统一规定发给的补贴、津贴。

(4)福利费、抚恤金、救济金。

(5)保险赔款。

(6)军人的转业费、复员费。

(7)按照国家统一规定发给干部、职工的安家费、退职费、退休工资、离休工资、离休生活补助费。

(8)依照我国有关法律规定应予免税的各国驻华使馆、领事馆的外交代表、领事官员和其他人员的所得。

(9)中国政府参加的国际公约、签订的协议中规定免税的所得。

(10)乡、镇以上人民政府或经县以上人民政府主管部门批准成立的见义勇为基金会或者类似组织发给见义勇为者的奖金和奖品。

(11)企业和个人按照省级以上人民政府规定的比例提取并缴付的住房公积金、医疗保险金、基本养老保险金、失业保险金,不计入个人当期的工资、薪金收入,免征收个人所得税。超过规定的比例缴付的部分计征个人所得税。

(12)对个人取得的教育储蓄存款利息所得以及国务院财政部门确定的其他专项储蓄存款或者储蓄性存款的利息所得,免征个人所得税。

(13)经国务院财政部门批准免税的所得。

2.有下列情形之一的,经批准可以减征个人所得税

(1)残疾、孤老人员和烈属的所得。

(2)因严重自然灾害造成重大损失的。

(3)其他经国务院财政批准减税的。

3.下列所得,暂免征收个人所得税

(1)外籍个人以非现金形式或实报实销形式取得的住房补贴、伙食补贴、搬迁费、洗衣费。

(2)外籍个人按合理标准取得的境内、外出差补贴。

(3)外籍个人取得的探亲费、语言训练费等,经当地税务机关审核批准为合理的部分。

(4)个人举报、协查各种违法、犯罪行为而获得的奖金。

(5)个人办理代扣代缴税款手续,按规定取得的扣缴手续费。

(6)个人转让自用达5年以上并且是唯一的家庭居住用房取得的所得。

(7)对达到离休、退休年龄,但确因工作需要,适当延长离休、退休年龄的高级专家,在延长离休、退休期间的工资、薪金所得,视同退休工资、离休工资免征个人所得税。

(8)外籍个人从外商投资企业取得的股息、红利所得。

三、个人所得税的会计处理

1.支付利息代扣代缴个人所得税

借:应付利息

　　贷:应交税费——代扣代缴个人所得税

2.向股东支付股利代扣代缴所得税

企业向个人支付现金股利时,应代扣代缴个人所得税。公司应支付给个人的现金股利金额,借记"利润分配"账户,贷记"应付股利"账户;当实际支付现金时,借记"应付股利"账户,贷记"现金"(或"银行存款")、"应交税费——代扣代缴个人所得税"账户。

> **第五步:计算李伟财产转让所得应交的个人所得税**

【业务8】11月,以每份120元的价格转让企业债券600份,发生相关税费350元,债券申购价每份100元,申购时支付相关税费300元,个人所得税由证券公司代扣代缴。

李伟转让债券应以卖出价以及卖出时按照规定缴纳的有关费用与买入价以及买入时按照规定缴纳的有关费用之差作为应纳税所得额计算个人所得税。

应纳税所得额＝收入总额－财产原值－合理费用

　　　　　＝$600 \times 120 - 600 \times 100 - 300 - 350 = 11\,350$(元)

李伟转让债券由证券公司代扣代缴的个人所得税＝应纳税所得额×适用税率

　　　　　　　　　　　　　　　　　　＝$11\,350 \times 20\% = 2\,270$(元)

法理知识

一、财产转让所得的个人所得税的计算

财产转让所得,以转让财产的收入额减除财产原值和合理费用后的余额,为应纳税所得额。

$$应纳税额=应纳税所得额×适用税率$$
$$应纳税所得额=收入总额-财产原值-合理费用$$

(1)财产原值,是指:

①有价证券,为买入价以及买入时按照规定交纳的有关费用;

②建筑物,为建造费或者购进价格以及其他有关费用;

③土地使用权,为取得土地使用权所支付的金额、开发土地的费用以及其他有关费用;

④机器设备、车船,为购进价格、运输费、安装费以及其他有关费用;

⑤其他财产,参照以上方法确定。

纳税义务人未提供完整、准确的财产原值凭证,不能正确计算财产原值的,由主管税务机关核定其财产原值。

(2)合理费用,是指卖出财产时按照规定支付的有关费用。

二、向个人购买财产(财产转让)代扣代缴所得税

一般情况下,企业向个人购买财产属于购建企业的固定资产项目,支付的税金应作为购建固定资产的价值组成部分,购置固定资产时:

借:固定资产
　　贷:银行存款
　　　　应交税费——应交代扣代缴个人所得税

实际上缴个人所得税时:

借:应交税费——应交代扣代缴个人所得税
　　贷:银行存款

> 第六步:计算李伟个体工商生产经营所得应交的个人所得税

【业务 9】1—12 月,与两个朋友合伙经营一间咖啡厅,年经营收入为 180 000 元,全年费用包括:购进材料费用 45 000 元,水电费用 20 500 元,交纳其他税费 500 元,人工费 24 000 元,年底将生产经营所得在合伙人中进行平均分配。

该咖啡厅以该年度的收入总额,减除成本、费用以及损失后的余额,为应纳税所得额。

应纳税所得额=180 000-45 000-20 500-500-24 000=90 000(元)

李伟的应纳税所得额=90 000÷3=30 000(元)

应纳个人所得税=30 000×10%-750=2 250(元)

法理知识

一、查账征收的个体工商户

(一)个体工商户的应纳所得税的计算

个体工商户的生产、经营所得,以每一纳税年度的收入总额,减除成本、费用、税金、损失、

其他支出以及允许弥补的以前年度亏损后的余额,为应纳税所得额。

$$应纳税额＝应纳税所得额×适用税率－速算扣除数$$

个体工商户从事生产经营以及与生产经营有关的活动(以下简称生产经营)取得的货币形式和非货币形式的各项收入,为收入总额。包括:销售货物收入、提供劳务收入、转让财产收入、利息收入、租金收入、接受捐赠收入、其他收入。其他收入包括个体工商户资产溢余收入、逾期一年以上的未退包装物押金收入、确实无法偿付的应付款项、已作坏账损失处理后又收回的应收款项、债务重组收入、补贴收入、违约金收入、汇兑收益等。

成本是指个体工商户在生产经营活动中发生的销售成本、销货成本、业务支出以及其他耗费。

费用是指个体工商户在生产经营活动中发生的销售费用、管理费用和财务费用,已经计入成本的有关费用除外。

税金是指个体工商户在生产经营活动中发生的除个人所得税和允许抵扣的增值税以外的各项税金及其附加。

损失是指个体工商户在生产经营活动中发生的固定资产和存货的盘亏、毁损、报废损失,转让财产损失,坏账损失,自然灾害等不可抗力因素造成的损失以及其他损失。个体工商户发生的损失,减除责任人赔偿和保险赔款后的余额,参照财政部、国家税务总局有关企业资产损失税前扣除的规定扣除。个体工商户已经作为损失处理的资产,在以后纳税年度又全部收回或者部分收回时,应当计入收回当期的收入。

其他支出是指除成本、费用、税金、损失外,个体工商户在生产经营活动中发生的与生产经营活动有关的、合理的支出。

个体工商户发生的支出应当区分收益性支出和资本性支出。收益性支出在发生当期直接扣除;资本性支出应当分期扣除或者计入有关资产成本,不得在发生当期直接扣除。这里所称支出,是指与取得收入直接相关的支出。

除税收法律法规另有规定外,个体工商户实际发生的成本、费用、税金、损失和其他支出,不得重复扣除。

个体工商户生产经营活动中,应当分别核算生产经营费用和个人、家庭费用。对于生产经营与个人、家庭生活混用难以分清的费用,其40%视为与生产经营有关费用,准予扣除。

个体工商户纳税年度发生的亏损,准予向以后年度结转,用以后年度的生产经营所得弥补,但结转年限最长不得超过五年。

个体工商户使用或者销售存货,按照规定计算的存货成本,准予在计算应纳税所得额时扣除。

个体工商户转让资产,该项资产的净值,准予在计算应纳税所得额时扣除。

亏损,是指个体工商户依照《个体工商户个人所得税计税办法》规定计算的应纳税所得额小于零的数额。

(二)个体工商户不得扣除的支出

个体工商户下列支出不得扣除:①个人所得税税款;②税收滞纳金;③罚金、罚款和被没收财物的损失;④不符合扣除规定的捐赠支出;⑤赞助支出;⑥用于个人和家庭的支出;⑦与取得生产经营收入无关的其他支出;⑧国家税务总局规定不准扣除的支出。

(三)准予在所得税前列支的其他项目及列支标准

(1)个体工商户实际支付给从业人员的、合理的工资薪金支出,准予扣除。个体工商户业主的费用扣除标准,依照相关法律、法规和政策规定执行。个体工商户业主的工资薪金支出不得税前扣除。

(2)个体工商户按照国务院有关主管部门或者省级人民政府规定的范围和标准为其业主和从业人员缴纳的基本养老保险费、基本医疗保险费、失业保险费、生育保险费、工伤保险费和住房公积金,准予扣除。

个体工商户为从业人员缴纳的补充养老保险费、补充医疗保险费,分别在不超过从业人员工资总额5%标准内的部分据实扣除;超过部分,不得扣除。

个体工商户业主本人缴纳的补充养老保险费、补充医疗保险费,以当地(地级市)上年度社会平均工资的3倍为计算基数,分别在不超过该计算基数5%标准内的部分据实扣除;超过部分,不得扣除。

(3)除个体工商户依照国家有关规定为特殊工种从业人员支付的人身安全保险费和财政部、国家税务总局规定可以扣除的其他商业保险费外,个体工商户业主本人或者为从业人员支付的商业保险费,不得扣除。

(4)个体工商户在生产经营活动中发生的合理的不需要资本化的借款费用,准予扣除。

个体工商户为购置、建造固定资产、无形资产和经过12个月以上的建造才能达到预定可销售状态的存货发生借款的,在有关资产购置、建造期间发生的合理的借款费用,应当作为资本性支出计入有关资产的成本,并依照《个体工商户个人所得税计税办法》的规定扣除。

(5)个体工商户在生产经营活动中发生的下列利息支出,准予扣除:①向金融企业借款的利息支出;②向非金融企业和个人借款的利息支出,不超过按照金融企业同期同类贷款利率计算的数额的部分。

(6)个体工商户在货币交易中,以及纳税年度终了时将人民币以外的货币性资产、负债按照期末即期人民币汇率中间价折算为人民币时产生的汇兑损失,除已经计入有关资产成本部分外,准予扣除。

(7)个体工商户向当地工会组织拨缴的工会经费、实际发生的职工福利费支出、职工教育经费支出分别在工资薪金总额的2%、14%、2.5%的标准内据实扣除。

工资薪金总额是指允许在当期税前扣除的工资薪金支出数额。

职工教育经费的实际发生数额超出规定比例当期不能扣除的数额,准予在以后纳税年度结转扣除。

个体工商户业主本人向当地工会组织缴纳的工会经费、实际发生的职工福利费支出、职工教育经费支出,以当地(地级市)上年度社会平均工资的3倍为计算基数,在上述规定比例内据实扣除。

(8)个体工商户发生的与生产经营活动有关的业务招待费,按照实际发生额的60%扣除,但最高不得超过当年销售(营业)收入的5‰。

业主自申请营业执照之日起至开始生产经营之日止所发生的业务招待费,按照实际发生额的60%计入个体工商户的开办费。

(9)个体工商户每一纳税年度发生的与其生产经营活动直接相关的广告费和业务宣传费不超过当年销售(营业)收入15%的部分,可以据实扣除;超过部分,准予在以后纳税年度结转扣除。

(10)个体工商户代其从业人员或者他人负担的税款,不得税前扣除。

(11)个体工商户按照规定缴纳的摊位费、行政性收费、协会会费等,按实际发生数额扣除。

(12)个体工商户根据生产经营活动的需要租入固定资产支付的租赁费,按照以下方法扣除:

①以经营租赁方式租入固定资产发生的租赁费支出,按照租赁期限均匀扣除;

②以融资租赁方式租入固定资产发生的租赁费支出,按照规定构成融资租入固定资产价值的部分应当提取折旧费用,分期扣除。

(13)个体工商户参加财产保险,按照规定缴纳的保险费,准予扣除。

(14)个体工商户发生的合理的劳动保护支出,准予扣除。

(15)个体工商户自申请营业执照之日起至开始生产经营之日止所发生符合《个体工商户个人所得税计税办法》规定的费用,除为取得固定资产、无形资产的支出,以及应计入资产价值的汇兑损益、利息支出外,作为开办费,个体工商户可以选择在开始生产经营的当年一次性扣除,也可自生产经营月份起在不短于3年期限内摊销扣除,但一经选定,不得改变。

开始生产经营之日为个体工商户取得第一笔销售(营业)收入的日期。

(16)个体工商户通过公益性社会团体或者县级以上人民政府及其部门,用于《中华人民共和国公益事业捐赠法》规定的公益事业的捐赠,捐赠额不超过其应纳税所得额30%的部分可以据实扣除。

财政部、国家税务总局规定可以全额在税前扣除的捐赠支出项目,按有关规定执行。

个体工商户直接对受益人的捐赠不得扣除。

公益性社会团体的认定,按照财政部、国家税务总局、民政部有关规定执行。

(17)《个体工商户个人所得税计税办法》所称赞助支出,是指个体工商户发生的与生产经营活动无关的各种非广告性质支出。

(18)个体工商户研究开发新产品、新技术、新工艺所发生的开发费用,以及研究开发新产品、新技术而购置单台价值在10万元以下的测试仪器和试验性装置的购置费准予直接扣除;单台价值在10万元以上(含10万元)的测试仪器和试验性装置,按固定资产管理,不得在当期直接扣除。

二、核定征收的个体工商户、个人独资企业和合伙企业

实行核定征收方式的个人独资企业和合伙企业缴纳个人所得税,有两种情况:

1. 定额征收

个人独资企业和合伙企业按照税务部门依法核定的应纳个人所得税税额按期缴纳。

2. 核定应税所得率征收

应纳个人所得税税额的计算公式为:

$$应纳个人所得税税额 = 应纳税所得额 \times 适用税率$$
$$应纳税所得额 = 收入总额 \times 应税所得率$$
$$或\quad 应纳税所得额 = 成本费用支出额 \div (1 - 应税所得率) \times 应税所得率$$

应税所得率应按表6-7规定的标准执行。

表 6-7　应税所得率表

行业	应税所得率
工业、交通运输业、商业	5%～20%
建筑业、房地产开发业	7%～20%
饮食服务业	7%～25%
娱乐业	20%～40%
其他行业	10%～30%

企业经营多业的,无论其经营项目是否单独核算,均应根据其主营项目确定其适用的应税所得率。

实行核定征税的投资者,不能享有个人所得税的优惠政策。

第七步:计算李伟承包经营所得应交的个人所得税

【业务 10】2016 年 1 月 1 日,李伟与诚信律师事务所签订承包合同,承包期为 3 年。2017 年事务所实现承包经营利润85 000元,按合同规定承包人每年应从承包经营利润中上交承包费20 000元。

年应纳税所得额＝承包经营利润－上交费用－每月必要费用扣减合计
$$＝85\,000－20\,000－3\,500×12＝23\,000(元)$$

应纳税额＝年应纳税所得额×适用税率－速算扣除数
$$＝23\,000×10\%－750＝1\,550(元)$$

法理知识

个人对企事业单位的承包经营、承租经营所得,是指个人承包经营、承租经营以及转包、转租取得的所得,包括个人按月或者按次取得的工资、薪金性质的所得。

一、应纳税所得额

企业实行个人承包经营、承租经营后,承包、承租人按合同(协议)的规定只向发包、出租方交纳一定费用,企业经营成果归其所有的,承包、承租人取得的所得,按对企事业单位的承包经营、承租经营所得计算个人所得税。

如果承包人、承租人对企业的经营成果没有所有权,只是按照合同(协议)的规定取得一定的收入,则应当按照工资、薪金所得缴纳个人所得税。

对企事业单位的承包经营、承租经营所得按年计算,以每一纳税年度的收入总额,减除必要费用后余额为应纳税所得额。对企事业单位的承包经营、承租经营所得或者承租经营期限不足一年的,以其实际经营期为纳税年度。

每一纳税年度的收入总额,是指纳税义务人按照承包经营、承租经营合同规定分得的经营利润和工资、薪金性质的所得;所说的减除必要费用,是指按月减除3 500元。

二、应纳税额的计算

应纳税额＝应纳税所得额×税率－速算扣除数
　　　　＝(纳税年度收入总额－必要费用)×适用税率－速算扣除数

如果企业实行个人承包经营、承租经营后,工商登记改变为个体工商户的,承包人应当依照个体工商户的生产、经营所得计算缴纳个人所得税。企业实行承包经营、承租经营后,不能提供完整、准确的纳税资料,不能正确计算应纳税所得额的,由税务部门核定其应纳税所得额和缴税方式。

◆子任务二　个人所得税的纳税申报

任务分析

个人所得税,以所得人为纳税义务人,以支付所得的单位或者个人为扣缴义务人。个人所得超过国务院规定数额的,在两处以上取得工资、薪金所得或者没有扣缴义务人的,以及具有国务院规定的其他情形的,纳税义务人应当按照国家规定办理纳税申报。扣缴义务人应当按照国家规定办理全员全额扣缴申报。李伟个人所得税的计算与申报的步骤如图6-4所示。

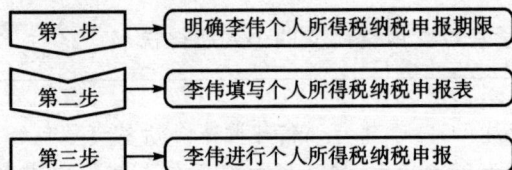

第一步	→	明确李伟个人所得税纳税申报期限
第二步	→	李伟填写个人所得税纳税申报表
第三步	→	李伟进行个人所得税纳税申报

图6-4　个人所得税的计算与申报步骤

任务操作

第一步:明确李伟个人所得税纳税申报期限

(1)李伟个人所得有代扣代缴义务人,纳税申报期限为:

①工资、薪金所得应纳的税款,由花宇服装有限责任公司按月代扣代缴,在次月15日内缴入国库;

②稿酬所得的应纳税款由出版社代扣代缴,于8月15日内缴入国库;

③转让企业债券所得的应纳税款由证券公司代扣代缴,于12月15日内缴入国库。

(2)李伟自行申报纳税的纳税申报期限为:

①咖啡厅所得应纳的税款,按月计算,由李伟在次月15日内预缴,年度终了后3个月内汇算清缴,多退少补;

②承包诚信律师事务所所得应纳的税款,按年计算,由李伟在年度终了后30日内缴入国库;

③从英国取得所得,应当在年度终了后30日内,自行申报,将应纳的税款缴入国库;

④为金成企业提供技术服务所得应纳税款应于3月15日之内自行申报纳税;

⑤小汽车出租所得应纳税款应于4、5、6月每月15日之内自行申报纳税;

⑥李伟的全年应纳税所得额超过12万元,从境外取得所得,符合个人所得税申报纳税的条件,应在2017年终了后的3个月内办理纳税申报。

法理知识

一、自行申报纳税的纳税申报期限

个人所得税,以所得人为纳税义务人,以支付所得的单位或者个人为扣缴义务人。个人所得超过国务院规定数额的,在两处以上取得工资、薪金所得或者没有扣缴义务人的,以及具有国务院规定的其他情形的,纳税义务人应当按照国家规定办理纳税申报。扣缴义务人应当按照国家规定办理全员全额扣缴申报。

1.中国境外所得的纳税申报期限

从中国境外取得所得的纳税义务人,应当在年度终了后30日内,将应纳的税款缴入国库,并向税务机关报送纳税申报表。

2.个体工商户的生产、经营所得的纳税申报期限

个体工商户的生产、经营所得应纳的税款,按年计算,分月预缴,由纳税义务人在次月15日内预缴,年度终了后3个月内汇算清缴,多退少补。

计算按月预缴税额和年终汇算清缴税额的计算公式为:

本月应预缴税额=本月累计应纳税所得额×适用税率-速算扣除数-上月累计已预缴税额

公式中的适用税率,是指与计算应纳税额的月份累计应纳税所得对应的税率,该税率从表6-5(年换算月)中查找确定。

全年应纳税额=全年应纳税所得额×适用税率-速算扣除数汇算清缴税额

=全年应纳税额-全年累计已预缴税额

3.企事业单位的承包经营、承租经营所得的纳税申报期限

对企事业单位的承包经营、承租经营所得应纳的税款,按年计算,由纳税义务人在年度终了后30日内缴入国库,并向税务机关报送纳税申报表。纳税义务人在一年内分次取得承包经营、承租经营所得的,应当在取得每次所得后的15日内预缴,年度终了后3个月内汇算清缴,多退少补。

4.年所得12万元以上的纳税申报期限

年所得12万元以上的纳税义务人,在年度终了后3个月内到主管税务机关办理纳税申报。

纳税义务人有下列情形之一的,应当按照规定到主管税务机关办理纳税申报:

(1)年所得12万元以上的;

(2)从中国境内两处或者两处以上取得工资、薪金所得的;

(3)从中国境外取得所得的;

(4)取得应纳税所得,没有扣缴义务人的;

(5)国务院规定的其他情形。

二、代扣代缴的纳税申报期限

扣缴义务人每月所扣的税款,自行申报纳税人每月应纳的税款,都应当在次月15日内缴入国库,并向税务机关报送纳税申报表。

工资、薪金所得应纳的税款,按月计征,由扣缴义务人或者纳税义务人在次月15日内缴入国库,并向税务机关报送纳税申报表。特定行业的工资、薪金所得应纳的税款,可以实行按年计算、分月预缴的方式计征,具体办法由国务院规定。

> 第二步:李伟填写个人所得税纳税申报表

李伟被代扣代缴的税款,由代扣代缴义务人填写扣缴个人所得税报告表(本书略);李伟自行申报纳税的,填写个人所得税自行申报表(本书略);李伟年收入超过12万元,2018年3月之前,填写个人所得税纳税申报表(见表6-8),进行纳税申报。

表6-8 个人所得税纳税申报表

(适用于年所得12万元以上的纳税人申报)

所得年份:2017年　　填表日期:2018年1月15日　　金额单位:元(列至角分)

纳税人姓名	李伟	国籍(地区)	中国	身份证照类型	身份证	身份证照号码	
任职、受雇单位	略	任职受雇单位所属行业	略			职务	略
在华天数		境内有效联系地址	略			职业	略
						境内有效联系地址邮编	

此行由取得经营所得的纳税人填写:经营单位纳税人识别号　　经营单位纳税人名称

所得项目	年所得额 境内	年所得额 境外	年所得额 合计	应纳税所得额	应纳税额	已缴(扣)税额	抵扣税额	减免税额	应补税额	应退税额	备注
1. 工资、薪金所得	105 600		105 600	53 040	4 044	4 044					
2. 个体工商户的生产、经营所得	30 000		30 000	30 000	2 250						
3. 对企事业单位的承包经营、承租经营所得	65 000		65 000	23 000	1 550						
4. 劳务报酬所得	60 000	30 000	90 000	72 000	17 200						
5. 稿酬所得	48 000		48 000	26 880	3 763.2	3 763.2					
6. 特许权使用费所得		130 000	130 000	104 000	20 800		12 500		8 300		
7. 利息、股息、红利所得	95 000		95 000	95 000	0						
8. 财产租赁所得	9 000		9 000	6 600	1 320						
9. 财产转让所得	72 000		72 000	11 350	2 270	2 270					
其中:股票转让所得				—	—	—			—	—	
个人房屋转让所得											
10. 偶然所得				—	—	—			—	—	
11. 其他所得											
合　计	484 600	160 000	644 600		53 197.2	10 077.2	12 500		8 300		

我声明,此纳税申报表是根据《中华人民共和国国个人所得税法》及有关法律、法规的规定填报的,我保证它是真实的、可靠的、完整的。　纳税人(签字)李伟

代理人(签字):　　　　　联系电话:

税务机关受理人(签字):　　　税务机关受理时间: 年 月 日　　受理申报税务机关名称(盖章):

法理知识

个人所得税纳税申报表(表6-8)说明:

(1)本表根据《中华人民共和国个人所得税法》及其实施条例和《个人所得税自行纳税申报办法(试行)》制定,适用于年所得12万元以上纳税人的年度自行申报。

(2)负有纳税义务的个人,可以由本人或者委托他人于纳税年度终了后3个月以内向主管税务机关报送本表。不能按照规定期限报送本表时,应当在规定的报送期限内提出申请,经当地税务机关批准,可以适当延期。

(3)填写本表应当使用中文,也可以同时用中、外两种文字填写。

(4)本表各栏的填写说明如下:

①所得年份和填表日期:申报所得年份,填写纳税人实际取得所得的年度;填表日期,填写纳税人办理纳税申报的实际日期。

②身份证照类型:填写纳税人的有效身份证照(居民身份证、军人身份证件、护照、回乡证等)名称。

③身份证照号码:填写中国居民纳税人的有效身份证照上的号码。

④任职、受雇单位:填写纳税人的任职、受雇单位名称。纳税人有多个任职、受雇单位时,填写受理申报的税务机关主管的任职、受雇单位。

⑤任职、受雇单位税务代码:填写受理申报的任职、受雇单位在税务机关办理税务登记或者扣缴登记的编码。

⑥任职、受雇单位所属行业:填写受理申报的任职、受雇单位所属的行业。其中,行业应按国民经济行业分类标准填写,一般填至大类。

⑦职务:填写纳税人在受理申报的任职、受雇单位所担任的职务。

⑧职业:填写纳税人的主要职业。

⑨在华天数:由中国境内无住所的纳税人填写在税款所属期内在华实际停留的总天数。

⑩中国境内有效联系地址:填写纳税人的住址或者有效联系地址。其中,中国有住所的纳税人应填写其经常居住地址。中国境内无住所居民住在公寓、宾馆、饭店的,应当填写公寓、宾馆、饭店名称和房间号码。经常居住地,是指纳税人离开户籍所在地最后连续居住一年以上的地方。

⑪经营单位纳税人识别码、纳税人名称:纳税人取得的年所得中含个体工商户的生产、经营所得和对企事业单位的承包经营、承租经营所得时填写本栏。纳税人识别码:填写税务登记证号码。纳税人名称:填写个体工商户、个人独资企业、合伙企业名称,或者承包承租经营的企事业单位名称。

⑫年所得额:填写在纳税年度内取得相应所得项目的收入总额。年所得额按《个人所得税自行纳税申报办法》的规定计算。各项所得的计算,以人民币为单位。所得以非人民币计算的,按《中华人民共和国个人所得税法实施条例》第43条的规定折合成人民币。

⑬应纳税所得额:填写按照个人所得税有关规定计算的应当缴纳个人所得税的所得额。

⑭已缴(扣)税额:填写取得该项目所得在中国境内已经缴纳或者扣缴义务人已经扣缴的税款。

⑮抵扣税额:填写个人所得税法允许抵扣的在中国境外已经缴纳的个人所得税税额。

⑯减免税额：填写个人所得税法允许减征或免征的个人所得税税额。

⑰本表为 A4 横式，一式两联，第一联报税务机关，第二联纳税人留存。

> 第三步：李伟进行个人所得税纳税申报

李伟从英国取得所得，向中国境内户籍所在地主管税务机关申报；咖啡厅所得，向咖啡厅经营所在地主管税务机关申报；承包所得、小汽车租赁所得及提供技术服务所得，应当向取得所得所在地主管税务机关申报。李伟年所得 12 万元以上，应在 2018 年 3 月之前，去花宇服装有限责任公司的主管税务机关安达市地税局，进行个人所得税的纳税申报。

法理知识

年所得 12 万元以上的纳税人，无论取得的各项所得是否已足额缴纳了个人所得税，均应当按照《个人所得税自行纳税申报办法（试行）》的规定，于纳税年度终了后向主管税务机关办理纳税申报。

一、年所得 12 万元以上的纳税人，自行纳税申报地点

（1）在中国境内有任职、受雇单位的，向任职、受雇单位所在地主管税务机关申报。

（2）在中国境内有两处或者两处以上任职、受雇单位的，选择并固定向其中一处单位所在地主管税务机关申报。

（3）在中国境内无任职、受雇单位，年所得项目中有个体工商户的生产、经营所得或者对企事业单位的承包经营、承租经营所得（以下统称生产、经营所得）的，向其中一处实际经营所在地主管税务机关申报。

（4）在中国境内无任职、受雇单位，年所得项目中无生产、经营所得的，向户籍所在地主管税务机关申报。在中国境内有户籍，但户籍所在地与中国境内经常居住地不一致的，选择并固定向其中一地主管税务机关申报。在中国境内没有户籍的，向中国境内经常居住地主管税务机关申报。

二、除年收入 12 万元以外，自行纳税申报地点

（1）从两处或者两处以上取得工资、薪金所得的，选择并固定向其中一处单位所在地主管税务机关申报。

（2）从中国境外取得所得的，向中国境内户籍所在地主管税务机关申报。在中国境内有户籍，但户籍所在地与中国境内经常居住地不一致的，选择并固定向其中一地主管税务机关申报。在中国境内没有户籍的，向中国境内经常居住地主管税务机关申报。

（3）个体工商户向实际经营所在地主管税务机关申报。

（4）个人独资、合伙企业投资者兴办两个或两个以上企业的，区分不同情形确定纳税申报地点：

①兴办的企业全部是个人独资性质的，分别向各企业的实际经营管理所在地主管税务机关申报。

②兴办的企业中含有合伙性质的，向经常居住地主管税务机关申报。

③兴办的企业中含有合伙性质，个人投资者经常居住地与其兴办企业的经营管理所在地不一致的，选择并固定向其参与兴办的某一合伙企业的经营管理所在地主管税务机关申报。

（5）除以上情形外，纳税人应当向取得所得所在地主管税务机关申报。

项目演练

1. 花蕾服装生产企业为增值税一般纳税人，2017 年度账面记载注册资本 3 000 万元，有员工 500 人，当年相关生产、经营资料如下：

（1）销售服装实现不含税销售额 8 000 万元，取得送货的运输费收入 58.5 万元；购进布匹，取得增值税专用发票，注明价款 5 800 万元，增值税税额 986 万元；"五一"节前，将自产的西服套装作为福利发给每位员工，市场销售价每套 1 638 元；全年扣除的产品销售成本 6 650 万元。

（2）年初，购进一服装商标权并投入使用，6 月让渡商标使用权取得收入 200 万元。

（3）年初，以银行存款从股票市场购入甲公司（适用企业所得税税率 25%）股票 20 万股作为投资，每股价款 3.5 元，支付 3 000 元相关税费，2017 年 6 月 20 日，取得甲公司派发的股利 12 万元，10 月 20 日以每股 7.9 元的价格将上述股票全部卖出，支付 7 000 元的相关税费。

（4）全年取得国债利息收入 36 万元，国家重点建设债券利息收入 14 万元。

（5）全年发生财务费用 200 万元，其中包含支付银行贷款利息 60 万元，支付向关联企业借款 2 000 万元的年利息 120 万元，因逾期归还贷款支付银行罚息 20 万元（同期银行贷款年利率是 5%）。

（6）全年发生管理费用 400 万元，其中包括业务招待费 45 万元、技术开发费 260 万元。

（7）发生销售费用 800 万元，其中包括广告费 740 万元，业务宣传费用 60 万元。

（8）企业实行计税工资制，全年计入生产成本、费用中的工资总额 720 万元，已按实际工资总额提取了职工福利费、教育经费和工会经费 133.2 万元。

（9）"营业外支出"账户列支了对市服装展销会的赞助 25 万元和直接向市青少年宫的捐款 10 万元。

（10）经税务机关核准结转到本年度的待弥补亏损额为 325.3 万元，前三个季度已预缴企业所得税额 54 万元。

要求：根据上述资料，为该服装生产企业代理企业所得税的纳税会计处理及纳税申报。

2. 赵晶因其原任职的国有企业依法破产而成为一名自由职业者。2017 年 8 月，赵晶取得以下所得：

（1）依照国家有关法律规定取得一次性安置费收入 180 000 元，当地上年的企业职工年平均工资为 12 000 元；取得失业保险金 600 元。

（2）转让所持有的原企业在改组改制过程中分给该个人以股份形式拥有的企业量化资产，取得转让所得 40 000 元；该个人转让时共支付有关费用 3 000 元。

（3）将其所持有的一项专利的使用权分别转让给甲和乙两个厂商，分别取得转让收入 5 000 元和 8 000 元。

（4）为 B 公司进行营销筹划，取得不含税报酬 35 000 元，该公司为其代付个人所得税。

要求：根据上述资料为赵晶进行个人所得税的纳税申报。

3. 严林受聘于一家财务投资公司，每月领取工资 5 800 元。2017 年 6 月 30 日，任职 15 年的严林与公司解除了聘用合同，取得了一次性补偿金 200 000 元（该公司所在地上年度职工平均工资为 30 000 元）。2017 年在 7—12 月严某又取得以下收入：

(1)下半年取得财务咨询报酬50 000元,将其中5 000元、10 000元通过国家机关分别捐赠给农村义务教育和贫困地区;

(2)7月1日—12月31日将自有住房按市场价格出租给个人居住,月租金4 000元(不考虑其他税费);

(3)7月20日,严林购入某企业债券40 000份,每份的买入价格3元,支付有关税费645元,12月20日转让其中的20 000份,每份转让价格8元,转让时支付有关税费483元;

(4)2017年与一家证券交易所签订期限为6个月的劳务合同,合同约定严林每月为该交易所的股民讲课4次,每次报酬1 000元。

要求:根据上述资料,请代严林进行个人所得税的纳税申报。

项目小结

通过本项目的学习,学生应掌握企业所得税、个人所得税的计算,能够根据计算的应纳税额进行会计处理,掌握所得税的纳税申报的时间和地点、纳税申报表的填写,能够根据具体项目完成纳税申报。

拓展活动

企业所得税资产的税务处理

【任务】

丰乐公司2017年发生如下的资产业务:

(1)接受捐赠设备一台,取得增值税专用发票上注明价款为25万元,支付相关税费2万元;

(2)盘盈机器一台,新旧程度为60%,现在市场的价格为15万元;

(3)外购无形资产一项,价款12万元,支付相关费用3万元;

(4)符合税法规定条件的租入固定资产的改建支出4万元;

(5)以抵债方式取得原材料的公允价8万元,支付相关税费1万元;

(6)与关联企业发生购销业务,销售产品一批,售价为5万元,市场价为9万元,价格明显偏低。

请为丰乐公司进行企业所得税的税务处理。

【法理知识】

一、固定资产税务处理

1.固定资产的计税基础

(1)外购的固定资产,以购买价款和支付的相关税费以及直接归属于使该资产达到预定用途发生的其他支出为计税基础;

(2)自行建造的固定资产,以竣工结算前发生的支出为计税基础;

(3)融资租入的固定资产,以租赁合同约定的付款总额和承租人在签订租赁合同过程中发生的相关费用为计税基础,租赁合同未约定付款总额的,以该资产的公允价值和承租人在签订租赁合同过程中发生的相关费用为计税基础;

(4)盘盈的固定资产,以同类固定资产的重置完全价值为计税基础;

(5)通过捐赠、投资、非货币性资产交换、债务重组等方式取得的固定资产,以该资产的公允价值和支付的相关税费为计税基础;

(6)改建的固定资产,除《中华人民共和国企业所得税法》第十三条第(一)项和第(二)项规定的支出外,以改建过程中发生的改建支出增加计税基础。

2.固定资产折旧的范围

在计算应纳税所得额时,企业按照规定计算的固定资产折旧,准予扣除。

下列固定资产不得计算折旧扣除:

(1)房屋、建筑物以外未投入使用的固定资产;

(2)以经营租赁方式租入的固定资产;

(3)以融资租赁方式租出的固定资产;

(4)已足额提取折旧仍继续使用的固定资产;

(5)与经营活动无关的固定资产;

(6)单独估价作为固定资产入账的土地;

(7)其他不得计算折旧扣除的固定资产。

3.固定资产折旧的计提方法

固定资产按照直线法计算的折旧,准予扣除。

企业应当自固定资产投入使用月份的次月起计算折旧;停止使用的固定资产,应当自停止使用月份的次月起停止计算折旧。

企业应当根据固定资产的性质和使用情况,合理确定固定资产的预计净残值。固定资产的预计净残值一经确定,不得变更。

4.固定资产计算折旧的最低年限

(1)房屋、建筑物,为20年;

(2)飞机、火车、轮船、机器、机械和其他生产设备,为10年;

(3)与生产经营活动有关的器具、工具、家具等,为5年;

(4)飞机、火车、轮船以外的运输工具,为4年;

(5)电子设备,为3年。

二、无形资产税务处理

1.无形资产按照以下方法确定计税基础

(1)外购的无形资产,以购买价款和支付的相关税费以及直接归属于使该资产达到预定用途发生的其他支出为计税基础;

(2)自行开发的无形资产,以开发过程中该资产符合资本化条件后至达到预定用途前发生的支出为计税基础;

(3)通过捐赠、投资、非货币性资产交换、债务重组等方式取得的无形资产,以该资产的公允价值和支付的相关税费为计税基础。

2.下列无形资产不得计算摊销费用扣除

(1)自行开发的支出已在计算应纳税所得额时扣除的无形资产;

(2)自创商誉;

(3)与经营活动无关的无形资产;

(4)其他不得计算摊销费用扣除的无形资产。

3.无形资产按照直线法计算的摊销费用,准予扣除

无形资产的摊销年限不得低于 10 年。

作为投资或者受让的无形资产,有关法律规定或者合同约定了使用年限的,可以按照规定或者约定的使用年限分期摊销。

外购商誉的支出,在企业整体转让或者清算时,准予扣除。

三、长期待摊费用税务处理

长期待摊费用指企业发生的应在一个年度以上或几个年度进行摊销的费用。

下列长期待摊费用,按规定摊销的,准予扣除:

(1)已足额提取折旧的固定资产的改建支出。

(2)租入固定资产的改建支出。

(3)固定资产大修理支出。

(4)其他应当作为长期待摊费用的支出。

固定资产的改建支出,是指改变房屋或者建筑物结构、延长使用年限等发生的支出。已足额提取折旧的固定资产的改建支出,按照固定资产预计尚可使用年限分期摊销;租入固定资产的改建支出,按合同约定的剩余租赁期限分期摊销。

固定资产的大修理支出,是指同时符合下列条件的支出:修理支出达到取得固定资产时的计税基础 50% 以上;修理后固定资产的使用年限延长 2 年以上。固定资产的大修理支出,按照固定资产尚可使用年限分期摊销。

其他应当作为长期待摊费用的支出,自支出发生月份的次月起,分期摊销,摊销年限不得低于 3 年。

四、存货的税务处理

存货,是指企业持有以备出售的产品或者商品、处在生产过程中的在产品、在生产或者提供劳务过程中耗用的材料和物料等。

1.存货的计税基础

存货按照以下方法确定成本:

(1)通过支付现金方式取得的存货,以购买价款和支付的相关税费为成本;

(2)通过支付现金以外的方式取得的存货,以该存货的公允价值和支付的相关税费为成本;

(3)生产性生物资产收获的农产品,以产出或者采收过程中发生的材料费、人工费和分摊的间接费用等必要支出为成本。

2.存货的成本计算方法

企业使用或销售存货的成本计算方法,可以在先进先出法、加权平均法、个别计价法中选用一种。计价方法一经选用,不得随意变更。

五、特别纳税调整

企业与其关联方之间的业务往来,应按独立交易原则收取或支付价款。凡不符合独立交易原则而减少企业或者其关联方应纳税收入或者所得额的,税务机关有权按合理的方法调整。

1.对关联交易不实所得的调整方法

对关联交易不实所得的调整方法主要有:可比非受控价格法、再销售价格法、成本加成法、

交易净利润法等。

2.关联交易资料不全时对应纳税所得额核定方法

参照同类或者类似企业的利润水平核定;按照企业成本加合理的费用和利润的方法,按关联企业集团整体利润的合理比例核定。

3.特别纳税调整的加收利息的规定

税务机关根据规定作出的纳税调整决定,应在补征税款的基础上,从每一调整年度次年6月1日超到税款入库之日止计算加收利息(按同期贷款基准利率加5%计算)。

4.特别纳税调整的追溯

企业与关联方之间的业务往来,不符合独立交易原则,或者企业实施其他不具有合理商业目的的安排,税务机关有权在该业务发生的纳税年度起10年内,进行纳税调整。

【任务完成】

丰乐公司税务处理:

(1)通过捐赠方式取得的固定资产,以该资产的公允价值和支付的相关税费为计税基础,会计处理如下:

借:固定资产　　　　　　　　　　　270 000

　　应交税费——应交增值税(进项税额)　42 500

　　贷:营业外收入　　　　　　　　　312 500

(2)盘盈的固定资产,以同类固定资产的重置完全价值为计税基础,会计处理如下:

借:固定资产　　　　　　　　90 000

　　贷:营业外收入　　　　　　90 000

(3)外购的无形资产,以购买价款和支付的相关税费以及直接归属于使该资产达到预定用途发生的其他支出为计税基础,会计处理如下:

借:无形资产　　　　　　　　150 000

　　贷:银行存款　　　　　　　150 000

(4)符合税法规定条件的租入固定资产的改建支出计入长期待摊费用,可以在税前扣除,会计处理如下:

借:长期待摊费用　　　　　　40 000

　　贷:银行存款　　　　　　　40 000

(5)通过支付现金以外的方式取得的存货,以该存货的公允价值和支付的相关税费为成本,会计处理如下:

借:原材料　　　　　　　　　90 000

　　贷:应收账款　　　　　　　90 000

(6)丰乐公司与关联企业发生购销业务,凡不符合独立交易原则,减少丰乐公司的所得额,税务机关有权按可比非受控价格法、再销售价格法、成本加成法、交易净利润法等方法调整丰乐公司的所得额。

参考文献

[1] 中国注册会计师协会.税法[M].北京:经济科学出版社,2009.

[2] 郭华.涉税会计岗位实务[M].北京:中国财政经济出版社,2008.

[3] 裴淑红,李军.纳税申报实务[M].北京:化学工业出版社,2010.

[4] 奚卫华.国税报税实务[M].北京:北京大学出版社,2010.

[5] 宋凤轩,于艳芳.税法与税收筹划[M].北京:人民邮电出版社,2010.

[6] 王荃.轻松纳税[M].北京:机械工业出版社,2010.

[7] 周伟华.税务会计[M].北京:北京交通大学出版社,2010.

图书在版编目(CIP)数据

纳税会计与申报/赵秀云主编. —3 版. —西安:西安交通大学出
版社,2018.5
　　ISBN 978 - 7 - 5693 - 0593 - 7

　　Ⅰ.①纳… Ⅱ.①赵… Ⅲ.①税收会计②税收管理-中国 Ⅳ.
①F810.42②F812.42

　　中国版本图书馆 CIP 数据核字(2018)第 087648 号

书　　名	纳税会计与申报(第三版)	
主　　编	赵秀云	
责任编辑	史菲菲	
出版发行	西安交通大学出版社	
	(西安市兴庆南路 10 号　邮政编码 710049)	
网　　址	http://www.xjtupress.com	
电　　话	(029)82668357　82667874(发行中心)	
	(029)82668315(总编办)	
传　　真	(029)82668280	
印　　刷	陕西元盛印务有限公司	
开　　本	787mm×1092mm　1/16　印张 13.625　字数 337 千字	
版次印次	2010 年 12 月第 1 版　2015 年 8 月第 2 版	
	2018 年 8 月第 3 版第 1 次印刷　累计第 4 次印刷	
书　　号	ISBN 978 - 7 - 5693 - 0593 - 7	
定　　价	39.80 元	

读者购书、书店添货,如发现印装质量问题,请与本社发行中心联系、调换。
订购热线:(029)82665248　(029)82665249
投稿热线:(029)82668133
读者信箱:xj_rwjg@126.com